转型中的中国经济：
从外部到内部的再平衡

阿诺普·辛格（Anoop Singh）
马尔哈·纳巴（Malhar Nabar） 主编
帕帕·恩迪亚耶（Papa N'Diaye）

中国财经出版传媒集团
中国财政经济出版社

China's Economy in Transition: From External to Internal Rebalancing
Copyright © 2013 International Monetary Fund

Translation by the China Financial and Economic Publishing House, Beijing, 2015
This translation is published under license. The International Monetary Fund does not accept any responsibility for the accuracy of the translation. In case of any discrepancies, the original language shall goven.

《转型中的中国经济：从外部到内部的再平衡》
版权 © 2013 国际货币基金组织
中国财政经济出版社组织翻译。
本翻译作品经授权出版。国际货币基金组织对该翻译作品的准确性不承担任何责任。如存在差异，一律以英文原版为准。

图书在版编目（CIP）数据

转型中的中国经济：从外部到内部的再平衡／（印）阿诺普·辛格，（美）马尔哈·纳巴，（法）帕帕·恩迪亚耶主编；庄玲丽译．—北京：中国财政经济出版社，2016.12
ISBN 978-7-5095-7215-3

Ⅰ.①转… Ⅱ.①阿… ②马… ③帕… ④庄… Ⅲ.①中国经济-研究 Ⅳ.①F12

中国版本图书馆 CIP 数据核字（2016）第 010792 号

责任编辑：罗亚洪　孙　腾　　　　责任校对：黄亚青
封面设计：孙俪铭　　　　　　　　版式设计：录文通

中国财政经济出版社 出版
URL：http：//www.cfeph.cn
E-mail：cfeph@cfeph.cn
(版权所有　翻印必究)
社址：北京市海淀区阜成路甲28号　邮政编码：100142
营销中心电话：88190406　北京财经书店电话：64033436　84041336
北京财经印刷厂印刷　各地新华书店经销
710×1000 毫米　16 开　17.75 印张　256 000 字
2017 年 9 月第 1 版　2017 年 9 月北京第 1 次印刷
定价：45.00 元
ISBN 978-7-5095-7215-3
图字：01-2017-0338
(图书出现印装问题，本社负责调换)
本社质量投诉电话：010-88190744
打击盗版举报热线：010-88190414　QQ：447268889

目 录

致谢 iii
编写人员 v
缩写 ix

引言与概述 1

第一部分 焦点转移：从外部到内部的失衡

第一章 中国失衡的终结？ 9
　　　　阿什文·阿胡加（Ashvin Ahuja）、奈杰尔·查克
　　　　（Nigel Chalk）、马尔哈·纳巴（Malhar Nabar）、
　　　　帕帕·恩迪亚耶（Papa N'Diaye）和内森·波特
　　　　（Nathan Porter）
第二章 中国的投资：过犹不及？ 30
　　　　李一衡（Il Houng Lee）、司马喆（Murtaza Syed）和
　　　　刘雪雁（Liu Xueyan）
第三章 中国的快速投资、潜在产出及产出差距 46
　　　　帕帕·恩迪亚耶（Papa N'Diaye）和史蒂夫·巴奈特
　　　　（Steve Barnett）
第四章 企业在中国投资的决定因素：源于跨国企业面板数据
　　　　的证据 55
　　　　耿楠（Nan Geng）和帕帕·恩迪亚耶（Papa N'Diaye）
第五章 中国城市的利率、投放和家庭储蓄 81
　　　　马尔哈·纳巴（Malhar Nabar）

第二部分　对中国贸易伙伴的意义

第六章　中国再平衡对亚洲的意义 …………………………… 109
　　　　奥拉夫·安特罗伯多尔斯特（Olaf Unteroberdoerster）

第七章　中国投资导向型增长：全球溢出 …………………… 118
　　　　阿什文·阿胡加（Ashvin Ahuja）和马尔哈·纳巴
　　　　（Malhar Nabar）

第八章　中国房地产投资衰退的溢出效应 …………………… 139
　　　　阿什文·阿胡加（Ashvin Ahuja）和阿拉·密尔维达
　　　　（Alla Myrvoda）

第三部分　政策意义

第九章　衰退预言实录：中国是否已达"刘易斯拐点"？
　　　　……………………………………………………………… 159
　　　　米塔利·达斯（Mitali Das）和帕帕·恩迪亚耶
　　　　（Papa N'Diaye）

第十章　从国际视角看中国的减贫式和包容性增长 ………… 182
　　　　拉维·巴拉科瑞斯南（Ravi Balakrishnan）、查德·
　　　　斯坦伯格（Chad Steinberg）和司马喆（Murtaza Syed）

第十一章　消除垄断以实现中国的长期繁荣 ………………… 203
　　　　　阿什文·阿胡加（Ashvin Ahuja）

第十二章　转型中国：从日本20世纪80年代的经历中得出的
　　　　　见解 ……………………………………………………… 218
　　　　　帕帕·恩迪亚耶（Papa N'Diaye）

第十三章　下一个大爆炸：中国金融改革路线图 …………… 243
　　　　　奈杰尔·查克（Nigel Chalk）和司马喆（Murtaza
　　　　　Syed）

第十四章　总结 ………………………………………………… 268
　　　　　马库斯·罗德劳尔（Markus Rodlauer）

致　谢

特此感谢在中国和其他亚洲地区工作并对本书章节构成提供帮助的国际货币基金组织（IMF）的同仁，特别要感谢史蒂夫·巴奈特（Steve Barnett）、奈杰尔·查克（Nigel Chalk）和马库斯·罗德劳尔（Markus Rodlauer）等几位同事。在中国、亚洲其他地区以及美国华盛顿工作的IMF官员和分析员的讨论也对本书的分析带来了帮助。

我们还要感谢艾梅尔·余（Imel Yu）和阿拉·密尔维达（Alla Myrvoda）协助汇集书稿内容，感谢乔·普罗科皮奥（Joe Procopio）编辑并整理书稿。

本书中呈现的观点以及出现错误均由作者负责，并不代表国际货币基金组织其他工作人员、亚洲各国及地方政府、执行董事和管理部门的观点。

编写人员

阿什文·阿胡加（Ashvin Ahuja）为国际货币基金组织（以下简称 IMF）亚太部的高级经济学家并曾率代表团至老挝人民民主共和国。他于 2010～2012 年负责 IMF 在中国内地和香港特别行政区的事务。在 2010 年加入 IMF 之前，阿胡加先生就职于泰国银行。他拥有明尼苏达大学经济学博士学位。

拉维·巴拉科瑞斯南（Ravi Balakrishnan）在伦敦经济学院获得经济学博士学位。自加入 IMF 以来，他已经在包括美国在内的多个国家工作过，在就任现职前，暨 IMF 新加坡驻地代表，还在《世界经济展望》编辑部工作过。他的政策主张研究兴趣和涉及劳工和职业动态、通货膨胀动态、汇率动态和资本流动、资本市场和金融体系。他的研究已经在《欧洲经济评论》、《国际货币和金融期刊》以及《IMF 文集》中发表。

史蒂夫·巴奈特（Steve Barnett）是 IMF 亚太部总监。他在过去 10 年的大部分时间里负责亚洲事务，包括担任 IMF 亚太部东京办事处的助理主任、中国驻地代表和泰国驻地代表。在 1997 年加入 IMF 之前，他曾获美国马里兰大学的经济学博士学位，并在斯坦福大学获得经济学学士学位及关于俄罗斯和东欧研究的硕士学位。

奈杰尔·查克（Nigel Chalk）为 IMF 亚太部的副主任，并在 2008 年到 2011 年间率 IMF 代表团至中国内地和香港特别行政区。在此之前，他曾在俄罗斯、韩国、巴西和阿根廷等新型市场国家工作。他拥有伦敦经济学院的硕士学位和加州大学洛杉矶分校的经济学博士学位。

米塔利·达斯（Mitali Das）是 IMF 研究部的一名高级经济学家。在入职 IMF 前，达斯女士于 1998～2006 年曾任教于哥伦比亚大学，于 2006～2009 年任教于加利福尼亚大学。在 IMF，她就职于研究部的开放型经济宏观经济学和多边监督部门。她于 1998 年获得麻省理工学院经济学博士学位。

耿楠（Nan Geng）是 IMF 欧洲部门的经济学家。自从加入 IMF 后，她曾从事于对亚洲包括中国和欧洲的经济研究，在通货膨胀和货币政策、汇率统一、去杠杆化和信贷增长、溢出以及财政调整和债务可持续性研究方面多有建树。Geng（耿）女士，汉族，拥有加州圣克鲁兹大学经济学博士学位。

李一衡（Il Houng Lee）2010~2013 年曾担任 IMF 驻中国北京首席代表。李先生在 1989 年通过经济学家计划加入 IMF。此后，他已经在多个部门工作过，并在日本、泰国、马来西亚、菲律宾和越南等多个亚洲经济体中任过职。来中国之前，他担任亚太部顾问和菲律宾使团团长。李先生拥有伦敦经济学院经济学学士学位和英国华威大学经济学博士学位，曾在华威大学和越南国家经济大学任教。

刘雪雁（Liu Xueyan）在中国国家发展和改革委员会的宏观经济研究院担任高级研究员。刘女士拥有南开大学经济学博士学位。在其为 IMF 北京办事处的访问学者期间，她与驻中国代表李一衡（Il Houng Lee）、司马喆（Murtaza Syed）合著书稿，为此书的出版作出了贡献。

阿拉·密尔维达（Alla Myrvoda）是 IMF 亚太部的研究分析员，研究范围覆盖中国大陆、香港特别行政区和中国台湾省。在 2011 年加入 IMF 之前，密尔维达女士曾在城市研究所任职。她拥有约翰霍普金斯大学的经济学硕士学位。

马尔哈·纳巴（Malhar Nabar）在 IMF 亚太部担任高级经济学家，研究范围覆盖中国内地和香港特别行政区。他之前任职于亚太区地区研究部门。他的研究方向主要包括金融发展、投资和生产力增长。在 2009 年加入 IMF 之前，纳巴先生任职于韦尔斯利学院的经济系。他拥有布朗大学经济学博士学位。

帕帕·恩迪亚耶（Papa N'Diaye）是 IMF 战略、政策和评估部的副总监。此前，恩迪亚耶曾在中国、日本和马来西亚工作。他曾就读于巴黎索邦大学宏观经济学和计量经济学专业，并在巴黎第九大学为本科学生讲授宏观经济学。恩迪亚耶先生已就多项课题发表了众多作品，内容涉及货币政策、资产价格、宏观审慎政策、财政政策以及中国的再平衡增长。

内森·波特（Nathan Porter）在 IMF 战略、政策和评估部担任副总监。他在之前曾任职于亚太部，负责中国内地和香港特别行政区的相关事务。波特先生拥有宾夕法尼亚大学的经济学博士学位。

马库斯·罗德劳尔（Markus Rodlauer）为 IMF 亚太部的副主任，2012 年和 2013 年曾为与中华人民共和国的"第四条款磋商"团队的负责人。他之前曾担任西半球部的副主任、亚洲部的助理主任以及波兰和菲律宾的 IMF 驻地代表。罗德劳尔先生在加入 IMF 之前曾在奥地利外交部工作。学术经历方面，他取得了法律、经济和国际关系的相关学位。

阿诺普·辛格（Anoop Singh）从 2008 年 9 月开始担任 IMF 亚太部主任。在此之前，辛格先生为西半球部门主任。辛格先生为印度人，拥有孟买大学、剑桥大学和伦敦经济学院的学士和硕士学位。他在 IMF 的其他任职包括总裁办公室特别业务主任、政策发展和评估部高级顾问、欧洲部助理主任和 IMF 驻斯里兰卡代表。他还曾是印度储备银行行长的特别顾问（I. G. 帕特尔和曼莫汉·辛格）、世界银行亚洲区副总裁的高级经济顾问、乔治城大学的副教授以及孟买大学讲师。辛格先生曾从事宏观经济、监督和危机管理等问题研究并有相关著作，帮助设计针对南亚和东南亚、东欧和拉丁美洲的新兴市场、转型以及发展中国家的 IMF 支持项目。他曾带领使团到访过很多国家，如在亚洲危机时期，访问过泰国、印度尼西亚和马来西亚；在越南、保加利亚和阿尔巴尼亚的转型早期，也到访过；还到访过包括阿根廷、澳大利亚、中国、印度、日本和菲律宾在内的一些其他亚洲和美洲国家。

查德·斯坦伯格（Chad Steinberg）是 IMF 战略、政策和评估部的高级经济学家。他在 2002 年加入 IMF 并于 2008 年到 2012 年期间就职于 IMF 亚太地区东京办事处。他的研究方向主要包括国际贸易、经济发展和劳工市场。他拥有哈佛大学博士学位。

司马喆（Murtaza Syed）是 IMF 驻中国副代表。他之前已经负责诸多亚洲经济体事务，包括日本、韩国、中国香港特别行政区和老挝。他还曾参与 IMF 在亚洲的地区监督以及相关的多米尼加和缅甸的项目。他的研究方向包括贸易、投资、不均等、财政可持续性和金融溢出。司马先生曾获得牛津大学（纳菲尔德学院）的经济学博士学位。在加入 IMF 前，他曾就职于伦敦的财政研究所和伊斯兰堡的联合国开发计划项目资助的人类发展中心。

奥拉夫·罗伯多尔斯特（Olaf Unteroberdoerster）担任 IMF 亚太区地区研究部门的副总监。他的研究方向包括国际贸易、金融一体化和自由化以及经济再平衡。他目前担任 IMF 赴柬埔寨代表团团长，并于 2007 年至 2009 年期间,担任 IMF 驻香港特别行政区代表。在 1998 年加入 IMF 之前,安特罗伯多尔斯特先生曾在位于东京的一桥大学和联合国大学担任访问研究员。他曾在德国、法国和美国从事经济和商业管理研究,并获得布兰迪斯大学的国际经济和金融学博士学位。

缩 写

BVAR	贝叶斯向量自回归模型
CD	存款单
DOTS	《世界贸易统计年鉴》
FAI	固定资产投资
FAVAR	因子增强型向量自回归模型
FDI	外国直接投资
G7	七国集团
G20	二十国集团
GIMF	全球综合货币和财政模型
LTP	刘易斯拐点
NAIRU	非加速型通货膨胀失业率
NIE	新兴工业化经济体
OLS	普通最小二乘法
PBC	中国人民银行
PPP	购买力平价
REER	实际有效汇率
SAR	特别行政区
TFP	全要素生产率
UN	联合国
WEO	《世界经济展望》
WTO	世界贸易组织

引言与概述

阿诺普·辛格（Anoop Singh）、马尔哈·纳巴（Malhar Nabar）和帕帕·恩迪亚耶（Papa N'Diaye）*

当中国于2001年加入世界贸易组织（WTO）时，中国经济已经历了二十多年的改革开放。在加入WTO之前，中国也由内向型计划经济转向外向型市场主导型经济。这一转变使中国晋升到世界十大出口国之列。成为WTO的成员国之后，中国经济接下来的发展顺理成章，但是，中国跻身世界前列的速度之快仍然让人震惊。下面的比较有助于客观看待这种增长，2001年中国的出口额是日本的3/4，是德国的1/2，是美国的1/3；2003年，中国已经赶超日本，成为世界第三大出口国；2006年，中国超过美国，跻身世界第二大出口国；2008年，中国出口额超过彼时最大的出口国德国。

入世余波中的外部失衡

统计资料显示中国出口产品在全球市场中急速增长，这也表明中国经济越来越依赖外部需求。作为中国国民经济的一部分，中国出口额从2001年的20%增长到了2007年的35%，相比20世纪90年代，现在的外部需求对中国经济增长的净贡献率已翻番；同时，中国国际收支经常账户盈余引起的外部失衡已经由2001年占GDP的1.25%增长到2007年占GDP的10%。

在中国外向型经济飞速发展的这几年间，分析家们开始担心在全球失衡加剧背景下中国经常性账户规模的日益扩大而全球失衡主要是由于为美国外部赤字提供资金，同时伴随的是东亚、德国和石油生产国的盈余增加①。问题是，这种巨大的失衡是无法持续的，一旦投资者开始对为美国外部赤字提供资金表现出谨慎态度，这种失衡

---

* 除篇（章）名下的作者，全书中的人名基本沿用英文原名，以利于检索。
① 参见Obstfeld和Rogoff, 2005；Roubini和Setser, 2005。

就会以无序的状态呈现出来。然后，高启的借款成本会使美国经济陷入衰退。那些依赖美国需求的新兴市场就会遭遇经济崩溃和失业率增长①，甚至表面看起来势不可挡的中国经济也不能独善其身。基于这种背景，中国的领导层公开承认对经济增长模式的关注②。

正如突然出现的中国对外贸易顺差，已显现的收缩迹象也显得很突然。中国国际收支经常账户盈余从 2007 年占 GDP 总额高于 10% 的峰值降至 2011 年占 GDP 总额低于 2%。专家曾预言，这场自大萧条以来最严重的全球经济活动紧缩是美国房地产市场崩溃造成的，而不是广义上的美元标价的有价证券的崩溃造成的。经济顺差收缩的诱发因素与上述专家预言有所不同。作为 GDP 的一部分，中国的出口份额在 2011 年降至 26%。因过去四年中有两年是全球金融危机时段，中国的净外部需求减缓了其经济增长。引人注目的是，在某种程度上，由于中国当局强有力的政策响应，中国经济每年以高于 9% 的速度持续增长。

中国外部失衡的减弱为中国经济的发展带来了新的前景，即国内增长引擎将发挥更重要的作用。首先，这符合中国经济的最大利益，使其巨大的制造能力能够在国内部署，并减少对不确定的外部需求的依赖性，确保可持续发展。其次，随着中国为其他国家的出口提供稳步扩大的市场，这种转变将置世界经济于一种更坚固的基础上，这也帮助弥补一些发达经济体的需求疲软。考虑到中国对稳定的、可持续的全球经济增长的重要性，我们关注的主要问题是中国正在进行的转型会到何种程度。更具体地说，中国经常性账户的收缩是否是在经济增长不依赖出口和投资因素而依靠消费驱动的、持续性的转变？

---

① 该下行预测是在 IMF 2006 年多边磋商会议上提出的。会上，最大的国际收支经常账户盈余国和赤字国（中国、欧元区、日本、沙特阿拉伯和美国）作出承诺，将通过体制改革、财政整顿和加大汇率弹性等共享性战略来减轻全球经济失衡。

② 参见 2007 年 3 月温家宝总理在全国人民代表大会记者招待会上的讲话内容，http：// www.china.org.cn/200714/2007 - 03/16/content_ 1203204.htm。温家宝总理承认："中国经济存在机构性问题，这导致了发展的不稳定、不平衡、不协调和不可持续。所谓不稳定，就是指投资增长率过高，信贷投放过多，货币流动性过大，外贸和国际收支不平衡。所谓不平衡，就是指城乡之间、地区之间、经济与社会发展之间发展不平衡。所谓不协调，就是指第一、第二、第三产业发展不协调，投资与消费之间不协调，经济增长过多依赖投资和外贸出口。所谓不可持续，就是指我们还没能很好地解决节能降耗问题和生态环境问题。这些问题都是摆在我们面前需要解决的紧迫问题，而且是需要长期努力的问题。"

外部失衡减弱而内部失衡加剧

本书收录了 IMF 职员关于中国正在进行的再平衡的最新研究。国际收支经常账户盈余减少至危机前峰值的近 1/5，这无疑大大缓解了中国外部失衡，并且政策的加持对将经济发展调整到依靠国内需求上起到了重要作用。然而，时至今日，对外顺差减少了，而基于消费的经济增长并没伴随而至。反而，通过国民经济的一分子——固定资产投资的增加，对外盈余减少的部分得到了补充。对投资的持续依赖引发了问题：对外盈余的收缩到底能持续多久，现存的增长模式虽然在过去三十年间帮助 5 亿人民摆脱贫困并取得空前成功，但其是否能持续？简言之，当外部失衡表现为正在减弱时，内部失衡似乎仍呈上升趋势。这一形势的变化带来了诸多危险，如持续性产能过剩、通货紧缩压力和巨额经济损失。另一种可能，如果国内消费需求增加没有如期而至，那么中国企业将冒着压低价格和诱发报复性贸易活动的风险，把剩余生产力转投到国际市场。

本书分析涵盖三个主题：中国经常性账户盈余减少的原因和内部失衡加剧的迹象；对中国贸易伙伴的意义；在持续观察直至形成稳定、可持续和包容性的中国经济增长模式的转变过程中的政策教训。第一部分，在全球经济失衡和自 2007 年来导致盈余骤减的因素的大背景下综述中国国际收支经常账户盈余的情况。毋庸置疑，随着全球金融危机的爆发和随后缓慢的复苏，收缩的外部失衡会受到外部需求崩溃的直接影响。但是其他因素看似也起到一些作用，包括贸易条件指数的变化、人民币的逐渐升值、对中国基础设施建设和制造业新领域产能投资的阶梯式增长。

第一部分其他章节考察内部失衡加剧的不同维度。第二章至第四章重点是投资。探讨中重要的是区别存量资本和投资流动。这些章节发现，尽管中国资本产出比率与其他新兴市场的比率处在同一范围内，但依据多种衡量标准其投资回报仍显过高。按部门分析显示制造业、房地产业和基础建设行业是近几年投资增长的主要驱动力。对投资的过度依赖和资本的积累意味着产能已远大于最终需求，在已经过去的 21 世纪的大部分时间里，中国一直是产能过剩的。

第五章从更多细节上探究了家庭储蓄和消费。在中国城市中，居民生活在一个快速发展、社会保障体系改革、购房欲望膨胀的环境下，他们大多采取自我保险的方式来缓冲薪资波动和健康状况起伏带来的问题。存款收益率的下降会导致人们将可支配收入更多地用于存储以达到储蓄目标。因此，关键之处在于储蓄回报的增长将使居民更容易达到储蓄目标并抑制高储蓄倾向。

对贸易伙伴的影响

本书的第二部分探究中国内部失衡的加剧对其他经济体带来的潜在结果。第六章和第七章分析了中国外部再平衡和投资倾向对贸易伙伴造成的影响。如果内部失衡将会制约中国的经济增长，那么受益于中国投资快速增长的那些经济体的出口可能会受到影响，特别是相对而言经济结构较简单的地区供应链经济体和商品出口国最容易受到中国投资减缓的影响。中国的投资溢出效应也将会强势席卷二十国集团贸易伙伴的一系列的宏观经济、贸易和金融变量，尤其是德国和日本。

第八章中所考察的相关问题则是房地产投资活动对贸易伙伴更加具体的影响以及房地产行业无秩序调整所带来的潜在后果。房地产投资约占中国固定资产投资总量的1/4。中国房地产投资的突然下滑将会对中国的整体活动造成显著影响，也会对商品价格和中国在二十国集团内的贸易伙伴国的经济增长产生较大的溢出效应。二十国集团中的机械和商品出国商将会最大限度地受到中国房地产调整活动的影响。

政策意义

本书的最后部分探究了为确保中国向以消费为基础并更具包容性的增长模式的转变所需采取的措施。第九章通过人口状况找到了改革动因。到目前为止，中国的发展奇迹与出口导向型加工企业吸收农村剩余劳动力而迅速发展息息相关。虽然中国仍然有大量剩余劳动力并且预期在2020年前不会到达刘易斯拐点（即劳动力供应过剩将会结束的节点），但时不待我。届时，现有架构就可以通过相对较低的调整成本进行改良。

本次调整的关键部分是要让增长更具有包容性。从2000年起，中国的城乡收入差距已经扩大，并且各省份间的薪酬差距也已增大。

第十章考察了促进中国包容性增长的政策，关键之处是存在空间以加大医疗教育支出以及通过提升劳动力市场的机能来扩大增长效益。更宽泛的是，加强增长的包容性和加大劳动力市场的机会必将瓦解进入各类行业的壁垒。正如第十一章内容所示，消除上述壁垒对服务与国内导向型产业具有重大意义。鼓励新企业进入和提高可竞争性会通过全要素生产率的增长来大幅提升中国的人均收入。

中国在作出上述调整时所面临的挑战类似于该区域内其他经济体在过去数十年里遇到的挑战。第十二章深刻剖析了日本在20世纪80年代向服务型经济转型的经验和中国类似转型可能面对的潜在阻碍。日本在诸多方面提供了教训，如出口导向型增长战略的局限性、针对非贸易行业经济再平衡的囊括宏观经济、结构化的和汇率的混合政策的失调以及金融行业在结构改变中扮演角色的失误。

有关金融自由化的见解与中国发展的当前阶段特别相关。金融业改革，尤其是放松利率管制和持续的实际有效汇率升值，将会降低投资并有助于向个人消费带动增长的模式转变。如第十三章关注的，推迟金融自由化或者同时在多方面推行改革，可能会对中国造成诸多风险。反之，在后五年内若按照明确规划次序推进改革，将会有助于扩大整体经济的就业机会，帮助提升生活水平，以及在保持稳定强势增长的同时，允许中国针对个人消费的经济再平衡。

国内再平衡过程对中国和世界经济具有重大利害关系。2011年，中国成为世界消费增长的最大贡献国（Barnett，Myrvoda和Nabar，2012），展现出其作为最后需求动力的潜能。但是在全球消费比重中的大幅增长是中国整体经济发展快于其他经济体发展的结果，而不是缘于作为中国国民经济中一部分的居民消费的显著增长。就像书中所指出的，可从多方面再平衡中国的增长模式，即经济增长从依赖出口和投资转向依靠个人消费。解决了上述各个方面的问题将会使中国的增长更加稳定、更可持续，甚至更具包容性。反过来，世界第二大经济体的上述发展成果将会实质上提升全球经济的中期展望。

参考文献

Barnett, S., A. Myrvoda, and M. Nabar, 2012, "Sino-Spending," *Finance and Development*, Vol. 9, No. 3 (September).

Obstfeld, M., and K. Rogoff, 2005, "Global Current Account Imbalances and Exchange Rate Adjustments," *Brookings Papers on Economic Activity*, Vol. 1, pp. 67–123.

Roubini, N., and B. Setser, 2005, "Will the Bretton Woods 2 Regime Unravel Soon? The Risk of a Hard Landing in 2005–2006," Paper presented at the Symposium on the "Revived Bretton Woods System: A New Paradigm for Asian Development?" organized by the Federal Reserve Bank of San Francisco and the University of California Berkeley, San Francisco, February 4.

第一部分

焦点转移：
从外部到内部的失衡

第一章

中国失衡的终结？

阿什文·阿胡加（Ashvin Ahuja）、奈杰尔·查克（Nigel Chalk）、马尔哈·纳巴（Malhar Nabar）、帕帕·恩迪亚耶（Papa N'Diaye）和内森·波特（Nathan Porter）

在过去十年的大多时间里全球性失衡已经成为国际经济政策争论的中心主题，这缘于美国庞大的、持续增长的经常账户赤字和中国、德国和许多其他产油经济体相对应的盈余。本章的重点放在中国的外部失衡上，剖析2008年以后中国经常账户盈余下降的因素和外部盈余的前景。本章认为中国的经常账户盈余在未来的一年中应该会保持适度。尽管中国中期经常账户可能会保持危机前低值水平，但做出中国已经切实达到"再平衡"的论断还为时尚早。虽然当前似乎尚未表现出中国外部账户失衡的特性，但是因为经济发展持续依赖高水平投资，已经显露出内部失衡的迹象。

简介

早在2005年，分析员和学者开始关注世界最大经济体的前景和持续性、经常账户失衡的加剧（参见Obstfeld和Rogoff，2005）。在美国，储蓄率低和居民消费增长——部分原因是受后来被证实的房地产泡沫的推动——从国外吸收进口，造成贸易和经常账户赤字激增。当然，美国主要贸易伙伴中也有赤字产生。在石油生产国中，需求强烈和价格上涨导致了贸易顺差增长和外国净资产头寸增长。在德国和日本，外部盈余在21世纪初期稳定增长，主要是由于贸易顺差的增长，但是，日本的情况是其大量的国外存量资产自然增值带来的快速增长的收益流。最后，从2004年开始，中国的贸易顺差史无前例地增长,反过来对人民币增值造成了重大压力①。

研究人员把增长的全球盈余和赤字系统视作"布雷顿森林体系Ⅱ"(Dooley、Folkerts-Landau 和 Garber,2003,2004;Roubini 和 Setser,2005)。评论员的主要担心为,在某种时候,全球系统将不会继续向美国的增长失衡提供资金(尤其向美国财政头寸提供资金),这将会导致流向美国的资本骤停、债券收益飙升、美元贬值及外部赤字和盈余崩溃。预计这种无序循环将会带来不良后果,导致宏观经济和金融的不稳定和全球增长的崩溃。

全球经济的确陷入过危机——大萧条后最混乱的时期——却远远不是布雷顿森林体系Ⅱ支持者们所预测的方式来展现的(参见 Delong,2008;Dooley、Folkerts-Landau 和 Garber,2009)。所暴露出来的风险管理和金融监管的灾难性失败——美国房地产市场溢出效应——以雷曼兄弟令人震惊的破产、国际金融体系几近崩溃和全球经济急剧衰退为标志而达到顶点,所有出现的情况都伴随着赤字经济体和盈余经济中实际有效汇率相应的适度变动(见图1.1)。

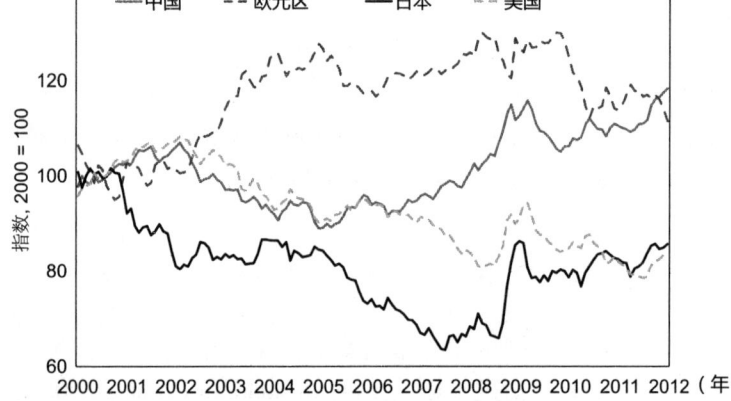

图 1.1 实际有效汇率(指数,2000 年为 100)

资料来源:IMF 的 INS 数据库和工作人员的计算结果。

---

① 还有其他观点认为全球失衡是新兴经济体中欠发达金融市场的副产品(例如,Cooper,2007;Caballero、Farhi 和 Gourinchas,2008)。在这个解释中,来自新兴经济的储蓄被导向发达经济,特别是美国,以寻求安全的流动资产(缘于那些国家的国内经济结构中缺乏上述资产)。但是就像 Obstfeld 和 Rogoff(2010)所争论的,以 Gruber 和 Kamin(2008),以及 Acharya 和 Schnabl(2010)的发现为基础,少有证据表明从新兴经济体到发达经济体的资本流动与金融发展状况系统性相关,或者向美国经常账户赤字提供资金体现了新兴经济体对无风险资产的首要需求。

受到大萧条带来的影响，全球范围内的经常账户盈余和赤字已缩减。美国的储蓄率急剧上升，外部需求崩溃。日本的经常账户盈余从 2007 年占 GDP 的 4.8% 降至 2010 年 GDP 的 2.8%；德国的经常账户盈余在相同时期内从占 GDP 的 7.5% 降至 GDP 的 5.75%。除了相对而言较高的石油价格以外，石油出口国的经常账户盈余已经减半，大概占全球 GDP 的 0.5%（见图 1.2）。

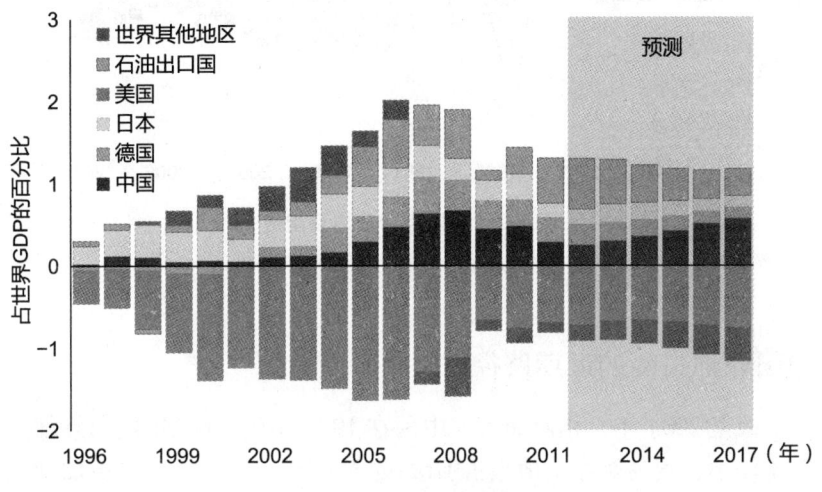

图 1.2　全球经济失衡

数据来源：IMF 的《世界经济展望》和工作人员的计算结果。

接下来看看中国的情况。在世界第二大经济体中，其经常账户盈余从 2007 年至 2009 年已减半，总计缩减了 1500 亿美元。随着全球经济复苏，经常账户盈余在 2010 年开始趋向平稳状态，但是随后在 2011 年，经常账户盈余再次减少近乎一半（见图 1.3）。预测中国的外部账户通常具有挑战性，在某种程度上可以反映出快速的结构变化、中国贸易方面的不确定性以及难以预测的全球经济复苏路径——但是这次经常账户的逆转规模比预期更加剧烈和持久。

本章主要叙述了导致中国外部盈余从 2007 年后减少的因素，旨在评估导致外部经济失衡收缩的原因并对中期经常账户的变化予以全新的展望。

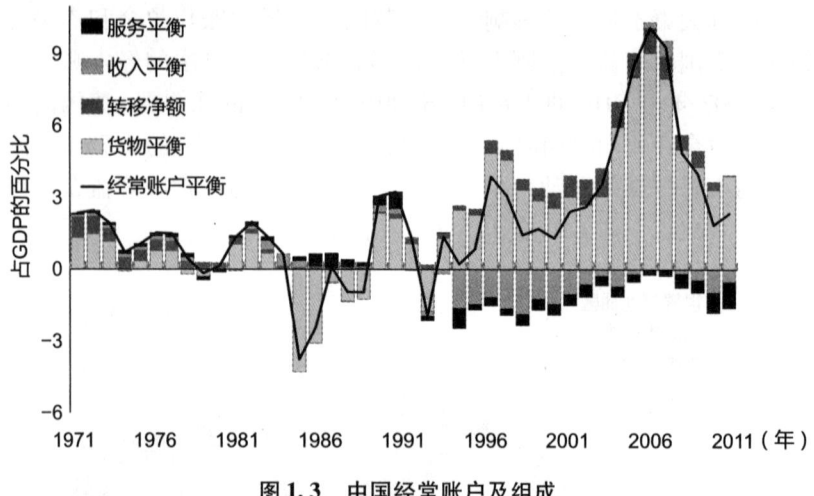

图1.3 中国经常账户及组成

数据来源：IMF 的《世界经济展望》和工作人员的计算结果。

中国外部失衡的近期路径

截至 2004 年，相对而言，中国在 1994 年到 2003 年期间外部失衡比较小，贸易顺差均值只占 GDP 的 3%（见图 1.4）。从更加细化角度看，虽然在该时期内纺织物的贸易顺差稳定增长，但是多种产品结构的贸易顺差或者赤字还非常小。从 2004 年开始，中国经济不平衡加剧，最明显的结果是机械装置和机械设备的净出口上升。在某种程度上，这个增长可以抵消中国在矿产（主要是金属和能源产品）方面的贸易赤字大规模扩大。除了上述均衡因素以外，作为 GDP 的组成部分，中国的经常账户在全球经济危机爆发前可以增长至两位数。那时，几乎没有迹象表明不平衡的增长步伐很快会有所减慢。

然而，接下来发生的一系列非同寻常的全球性现象合力引发了"二战"后最严重的全球性金融危机。在这样的外部背景下，中国的经常账户盈余在 2007 年到 2009 年期间减半，直到 2011 年，已经跌落至 GDP 的 1.9%。此次外部盈余的缩减很大程度上是贸易额下降（从 2007 年占 GDP 的 9% 到 2011 年占 GDP 的 3.3%）的结果。

贸易额的下降当然具有周期性。毕竟，全球经济的增长和需求受损于全球性经济危机，通过修复资产负债表和持续的去杠杆化来恢复增长预期是中期目标。与此同时，中国应对全球金融危机政策

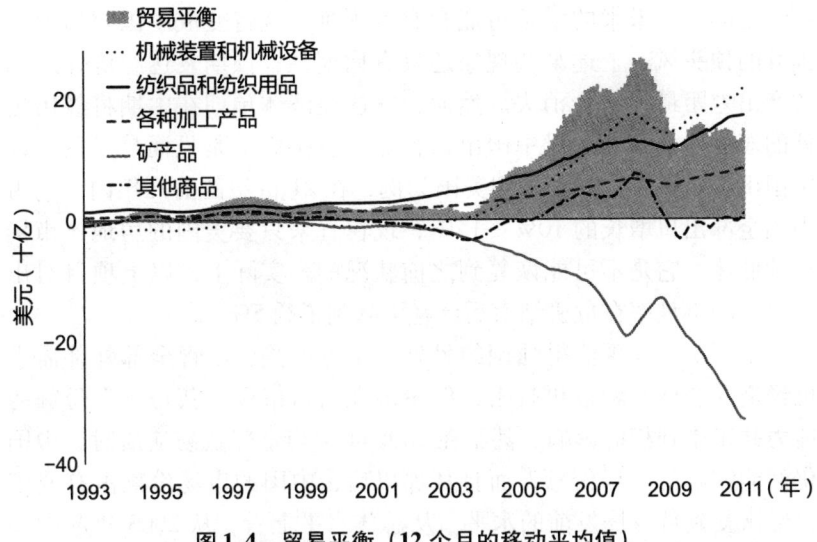

图 1.4　贸易平衡（12 个月的移动平均值）

数据来源：CEIC 数据和 IMF 工作人员的计算结果。

的副作用表现为对矿产进口（见图 1.4）和能源的更大需求——中国政府的主要刺激方案是通过信贷高增长来实现基础建设驱动经济增长。

虽然如此，更多持续力量已经开始发挥作用，双方向影响贸易盈余。国内成本上涨，进口资源（特别是大宗商品）的成本已经提高，并且中国加入世界贸易组织（WTO）对贸易所产生的促进作用可能有所减弱。不过，全球制造能力向中国转移的势头仍会继续（通过外国直接投资资金的流入），并且随着中国快速提高产品质量，其新产业的制造能力也将形成。接下来的讨论首先分析了造成近期盈余下滑的主要因素，然后总结汇总其对中国外部失衡加剧的影响，通过这些旨在评估上述多种竞争性因素。

什么在使盈余下滑？

全球需求崩溃

从 2008 年开始，中国所面对的全球环境已经发生了翻天覆地的变化。较为清楚的是，发达经济体在"大缓和"时期的发展路径非长久之计，其建立在过度消费和杠杆作用的基础上。结果，在 2008 年，发达经济体的 GDP 水平大幅下降。另外，由于资产负债表余额已经足够大，未来的增长可能会有点困难。这将变成中国贸易业绩提升的顶头风。上述某些现象还具有周期性；预期发达经济体之间的产出差距最终将会消失。然而，发达经济体预期在中期将经历更低的潜在增长率。这对中国出口行业的直接影响是显而易见的。以中国出口机械装置和设备到美国为例，在21世纪的前几年内，它占中国全部出口增长的10%—15%，现在看来只要美国的房地产市场持续低迷，它是不可能恢复到之前状况的。实际上，以上项目对出口增长的贡献率在危机结束后已经下降到了约5%。

中国出口表现值得强调的另外一个方面是，尽管全部外部需求已经遭受全球金融危机打击，但中国在出口市场中获得更多份额的能力并未受到相应影响。甚至在2008年，当全球贸易崩溃时，中国仍然能够赢得市场份额，而且从那以后，中国的市场份额占有速度已经恢复到危机爆发前的水平。从总体水平上看，从2003年起中国已经做到按每年平均增加0.75个百分点的速度提高世界出口占比。

在立足于传统贸易领域的同时，中国还开始协调推动向由更多发达经济体主要控制的行业发展，这些新型增长领域包括风力发电机、太阳能电池板、汽车和半导体设备等。例如，在风能行业，中国风力发电量占全球总量的比重从2009年的16.5%提高到2010年的22.75%，中国已取代美国成为世界风力发电的领导者。同时，中国已经把其风能设备出口的全球市场份额从五年前的几乎没有提高到约6%（截至2011年9月）。类似地，中国已经迅速建设太阳能电池板的生产设施，中国在这个行业的全球出口份额增长是由日本和德国买单的（上述国家的部分跨国公司把生产设施转移到中国）。

投资的阶段性增长

在2008年，就在全球金融体系崩溃时，中国迅速而坚定地推出了重大的刺激方案，即支持内部需求并抵消外部需求即将崩溃带来的巨大震动。这些刺激为投资占GDP的比重从42%急剧上升至47%（见图1.5）创造了条件。这些投资多数集中于交通运输、公共事业和房地产建设。其直接结果是消除了基础建设的瓶颈并增强了省份之间的联系。最终，上述改进将提高中国的产业竞争力，部分原因是在某种程度上这些改进可以促进向中国低成本区域的产业再转移（特别是中部和西部省份）。

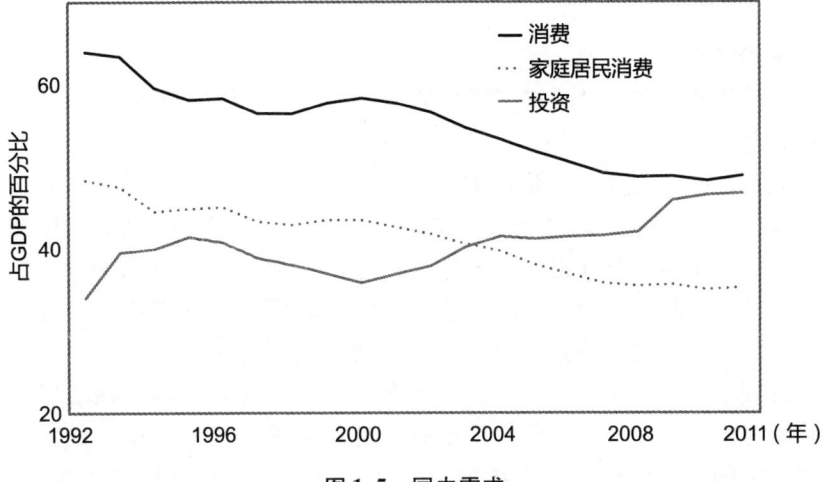

图1.5 国内需求

数据来源：CEIC 数据和 IMF 工作人员的计算结果。

伴随着全球经济的复苏，中国基础设施开支开始减少，所形成的总需求的漏洞由私营部门生产投资的迅速增长来填补，体现出在一定范围内相对高端制造产业的制造能力显著提升。在接下来的几年里，这种制造能力的增长可能导致未来出口的增长（随着中国在国际市场出售上述产品）。或者，通过将产品卖到中国工业部门和家庭手中，这种产能得以在国内有效配置。最后，也可能该能力仍处于未充分利用状态（这将提出该类投资会如何及能否发挥作用的问题）。在这一点上，新产能运用的目的仍是一个重要但难以预测的问题。

商品和生产资料的角色

正如所讨论的，固定资产投资增加的副产品之一是中国商品需求显著增长。这种需求增长首先体现在金属领域，随后是机械装置和能源产品的大规模进口。私人和公共的投资项目都特别密集。一些商品投机周期性囤积已经出现，并且库存量数据显示了上流产业的囤积，例如含铁金属开采（在 2011 年，同比年增长了 15%）和有色金属（同比年增长了 25%）。不过总体而言，鲜有证据指出存货长期在增长，这表明这些进口需求已经广泛投入国内生产中（更多内容参见 Ahuja 和其他人等，2012）。

贸易条件指数

商品和矿产进口的持续强劲加强了当前已经作用数年的推动力，可以追溯到全球金融危机之前。在过去的几年里，进口和商品及矿产的联系变得更加紧密，商品和矿产的供应缺乏弹性且全球价格一直在上涨。同一时间，出口已经越来越多地倾向机械装置和设备，机械装置和设备供应具有弹性，竞争激烈，而且相对价格一直在下降。

结果，除了2009年和2012年，中国的贸易条件指数已经持续恶化。从历史角度看这个结果并不意外。已经经历过出口导向型增长的其他几个经济体（特别是日本和新兴工业化经济体）在发展道路中也曾受到相似贸易条件恶化的影响（见图1.6）。在中国的案例中，中国在出口和进口市场规模强大以致不再只是价格的接受者，这进一步助长了这股推动力。结果，在一定程度上，中国很有可能会降低自身贸易条件，通过全球价格，创造能够驱动中国贸易条件指数改善并抵消中国外部盈余压力的自我平衡机制①。

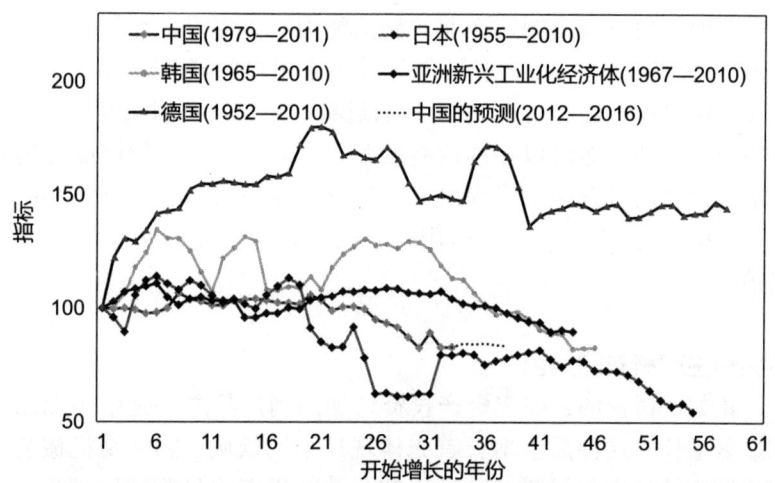

图1.6 所选经济体在增长开始后的贸易条件指数

数据来源：IMF的《世界经济展望》和工作人员的计算结果。

注：NIW = 亚洲新兴工业化经济体。

---

① 随着进口商品价格上涨，贸易条件指数的恶化也会引起负收入效应，这可能会降低国内需求并部分抵消外部盈余的收缩。在中国的案例中，虽然进口价格已经上涨，国内支出（尤其是投资）仍持续快速增长，这种减少却呈现出相对缓和的状态。

汇率升值

在 2008 年 4 月到 2011 年 12 月期间，汇率按实值计算增长了 14.75%，但是如前所述，这种变化掩盖了间歇期的重大变化。大部分升值发生在 2008 年，随后在经济危机和恢复期间，增长速度明显减慢（包括间隔期的实质贬值）。大部分实际升值源于主要贸易伙伴货币名义汇率的变动，而由相关贸易伙伴的通货膨胀差异引起的实际升值部分相对较小（见表 1.1）。

表 1.1　　　　　　　　　　中国汇率的分解

	百分比变化（2008 年 4 月—2011 年 12 月）
REER 升值	14.7
通货膨胀差异贡献值	1.6
NEER 增值	13.0
与美元汇率升值贡献值	2.4
与其他国家货币汇率升值	10.6
备注项：	
与美元汇率双边升值	10.6

数据来源：IMF 工作人员的估算。
注：NEER = 名义有效汇率，REER = 实际有效汇率。

净收入流

最后简略介绍一下净收入流。令人感到迷惑的是，中国的国外净资产头寸加速增长时，净收入流却没有相应地增长。先看资产这一边，中国的国外资产增长很大程度上沿袭了中央银行外汇储备资产组合和中国投资有限公司投资地位的演变过程。不过债务真实地反映了 FDI 流向中国的增长部分。低净收入流量值表明流入中国的 FDI 的回报和中央银行储备的回报之间存在显著差异。实际上，这也显现出在过去几年的多数时间里，回报差异已经接近三到四个百分点，造成了国外净资产头寸增长但净收入流量几乎为零（Ahuja 和其他人等，2012）的情况。

综述

虽然较经济危机前中国的增长已经有所减缓，但是随着出口更多倾向于生产资料和商品，进口量仍然处于上升阶段。投资支出的逐步增长和与之相关产品的进口量保持高位（特别是主要商品）加剧了中国贸易条件指数的持续长期恶化。将 2007 年到 2011 年期间的实际发展与反事实方案（基于经常账户的简化模型和单独的贸易回归分析）作比较（更多细节请参考本章节的附件 1A），有助于理解上述影响。反事实方案建立在分解 2007 年以后经常账户盈余变化的基础上，假设：(1) 伙伴国出口在 2007 年至 2011 年期间具有可能性；(2) 实际汇率已保持稳定；(3) 贸易条件指数和 GDP 投资占比保持在 2007 年的水平。

计算结果表明贸易条件指数的降低在 2007 年到 2011 年期间贡献了 1/5—2/5 的经常账户盈余减少（见表 1.2），投资积累则导致了 1/4—1/3 的减少，而货币增值的贡献率介于 1/5—1/3。伙伴国的低增长只有较轻微的影响。从整体上来看，国内投资的增长、贸易条件指数的恶化、外部需求的减弱和 REER 的升值是经济危机后经常账户盈余降低的主要原因。即便如此，需要注意的是，上述计算结果是以局部均衡方法为基础的，必须谨慎解读。例如，该计算结果不能解释以上各种因素之间的反馈效应（例如中国的高投资和全球商品价格上涨之间的联系）。

表 1.2 中国 2007—2011 年经常账户盈余下降的估算贡献值
（占 GDP 百分比）

	贸易弹性估值[1]	经常账户简化等式
实际值 2007	10.1	10.1
实际值 2011[2]	2.8	2.8
下降	-7.3	-7.3
贡献因素：		
贸易条件指数	-1.6	-3.6
国外需求	-1.1	-1.4
投资	-1.8	-2.6
REER	-2.1	-1.3
其他	-0.8	1.5

数据来源：IMF 工作人员的计算结果。

注：REER = 实际有效汇率。

[1] 弹性以进出口货物和服务项目的评估计算结果为基础。

[2] 初期实际值。

政策改革、人口统计特征和成本压力

政策改革

自全球金融危机发生后，中国政府准确地把政策导向集中于多个领域，以加快中国经济的转型，提高生活水平和拉动国内消费。通过建设新型医疗设施，尤其通过改善早先医疗服务水平低下的农村社区中的设施，初级医疗保障体系建设得到了发展。已经在全国范围内实施新的政府医疗保险项目，并且出台了一系列核心处方药物的补助办法。另外，现行政府退休金方案将会扩展覆盖全国城市失业工人并使得在国内养老金发放更加方便。还有，特别是针对贫困老年人，养老金的绝对水平也已提升。

除了医疗保障和养老金以外，提高民众获得经济适用房的可能性也已经成为重要的政策目标。2011年制定的"十二五"规划的目标是到2016年建设3600万个低收入住房单元。经济适用房更加广泛的可获得性可能放宽低收入群体的预算约束并释放当前用于购房的锁定存款。

不过到目前为止，尚且不能给出定论：打造社会安全网络和增加社会住房供给的举措会促进预防性储蓄下滑，或者会创造家庭消费的充足动力，以持续性逆转消费占GDP比重自2000年后持久下滑的状况。

在推动房产和社会改革的同时，政策将更多地聚焦于以市场为基础的投入要素定价机制和缩减补助规模。然而，中国许多投入要素的低成本——包括土地、水、能源、劳工和资金——仍为过度追求资本密集型生产方式提供了动因。投入要素价格低于供需平衡时的价格及低于国际比价者的价格。比如，在许多案例中，中国无偿向企业提供工业用地以吸引投资，以及中国的水价大约是国际比价者价格的1/3。多国的能源成本数据显示，中国的汽油和电力价格相对低于世界上大部分地区。研究估计中国的要素市场扭曲总值可能达GDP的近10%[1]。但是，中国在促使能源成本与国际水平看齐方面正在取得进步：石油产品价格已经编入国际原油价格加权索引。

---

[1] 参考 Huang 和 Tao (2010) 或者 Huang (2010)，或者参考 IMF (2011) 比较中国和其他经济体的有关要素成本的更多讨论。

天然气价格稳定增长，并且能源密集型产业的优惠能源关税已经取消。

迄今，薪酬的增加、货币的增值以及上述成本的增加企业储蓄的影响甚微。地理位置、强大的生产力和出口价格的适度增长则将有助于缓解公司可能面对的成本压力。

总体看来，尽管已经推行的政策改革是有价值的且必要的，组织力量通过协助重新分配资源和转换行为正在发挥着作用，但是很少有证据表明这些努力会给涉及企业或者家庭层面的国家储蓄行为带来决定性转变。但是，许多政策在对储蓄行为产生明显影响之前可能有较长的时滞效应。这种对家庭收入和消费的稳定影响将会在下一年看得更清楚。

城市化

除了政府为减少外部失衡、提高家庭收入、发展服务业及刺激消费所作出的政策努力外，一些根本性结构改变也在进行中。几十年以来，城市化进程稳步向前推进，现在一半的中国人口居住于城市地区。这种进程往往会带来对商品的密集需求，建设新的房屋和基础设施以满足新增城市居民的需要，这些对贸易顺差会产生了下行压力。在同一时间，这种转变会提高许多中国人的生活标准，帮助数百万人脱贫并形成充满生机的中产阶级。毫无疑问，这个过程也会带动一些进口需求，但主要促进对中国产商品的消费增长。因此，当制造能力正在以惊人的速度扩大时，很大一部分生产能力则用于向国内市场供应商品。当看到随着国内经济——特别是国家内部——发展，企业把生产设施从沿海地区迁出而重新配置到更加靠近那些市场快速增长的地区时，上述事实变得更加突显[①]。

人口统计上的改变

第二重要的结构要素是中国特有的人口统计特征。中国正在快速接近其劳动力数量将要开始缩减的临界点；先前，年龄低于24岁的劳动力数量已经开始下降。这种改变自然会缩紧劳动市场，并且随着劳动力供应曲线会从具有完全弹性变化呈温和向上趋势，会给

---

① 这种进程得益于类似重庆的特定内部城市地区的户口登记限制的放松。更多细节请参考《经济学家》（2012）。

薪酬方面带来上行压力，就如现在所发生的情况。尽管中国尚未有处于所谓的刘易斯拐点，但中国的实际薪酬已进入持续上涨阶段且其上涨速度超过了生产力的增长速度①。那些要素市场——劳动力和其他投入——正在发生的转变显得非常重要，随着时间流逝，会引起生产成本上涨。这也将会对外部失衡产生影响。尽管如此，我们还不能断言成本压力上涨从某种意义上说是中国外部盈余收缩的原因。就如表1.1中REER增值分解所示，通货膨胀差异（从某种程度上来说反应要素成本差异的影响）的贡献值一直相对较小。

中国外部盈余的前景展望

如上所述，中国外部盈余的前景展望与近期下降的外部需求，与投资水平，与未来中国贸易及国内成本的发展趋势等重要驱动因素的前景密切相关。这一展望是利用附件1A中描述的多种建模方法加上一定程度上的不确定判断所得出的结论。因此，这些推测是建立在假设之上的，假设支撑减少盈余的近期转变多数是会持久的，特别是在以下方面：

- 中国继续以过去十年间平均速度不断获得国际市场的份额，但与其主要贸易伙伴的增长缓慢中（如2012年4月《世界经济展望》中所描述的）
- 投资支出水平不断提高，并保持投资占GDP比例接近当前水平并高于危机前平均水平。
- 中国贸易条件指数每况愈下（以每年0.5%的速度）。
- 《世界经济展望》通常假定中国人民币实际有效汇率保持不变，这一假设依旧正确。
- 当全球经济复苏处于中期蓄势时，中国外汇储备投资组合的回报率会上升，导致收益账户上的盈余增长。
- 在这些情况下，净出口极有可能随着全球经济需求的缓慢复苏而实际增长，但是，其国际收支经常账户盈余将不会上升到接近于全球金融危机前的水平。反而，国际收支经常账户盈余有望在短期内保持当前水平，并在中期时有所增长，但到2017年仅增长到占GDP总的4%到4.5%（见图1.7）。

---

① 本话题的详细讨论见第九章。

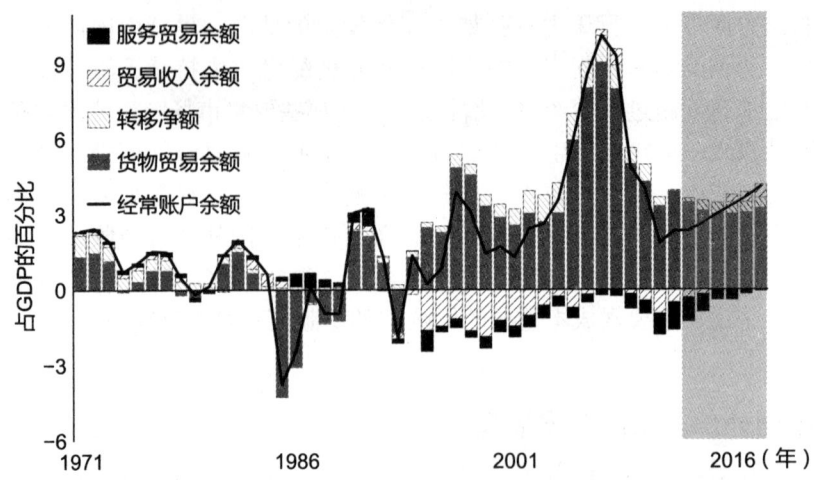

图 1.7　2016 年中国经常账户及其构成要素的预测

数据来源：IMF 的《世界经济展望》。

- 经常账户前景的下行风险是值得注意的。它们在一定程度上与世界经济前景相关，但是中国经济持久性结构改变的速度也具有不确定性。例如，国家出口市场份额自 21 世纪初期以来快速增长源于多重因素，包括 2001 年加入 WTO 的有利影响、制造业生产力的强劲增长、全球生产在中国的再布局以及中国生产要素的低成本。中国有望继续扩大其出口市场份额并将其产品结构转向高端制造业。然而，此过程也许会受制于全球需求的缓慢复苏。随着中国出口商品结构更接近于技术前沿并拥有技术转让的机会，以及海外生产再布局的减少，市场份额的获得速度相对于 21 世纪初期的速度也有可能较温和。最后，从过去的经验可以推测，中国的实际汇率将继续上涨，这也可缩小外部盈余的规模。

修订的中国经常账户前景展望对全球失衡路径有何意义？

中国经常账户的变化对全球失衡的意义是一个大问题，该问题并没有确切的答案。这一问题不仅只讨论中国的情况，而是也需要检验其他几大经济体的失衡。无论如何，应包括以下三方面内容：

- 其一，中国经济发展迅速，因此即使中国失衡规模的增长从中期看相对较小，其仍能在未来转化为盈余经济体中总外部失衡的上升份额。此外，相对于世界经济的规模，快速发展的中国经济预示着从中期看其经常账户占全球GDP的比重由2012年的0.2%会增长0.6%（高增长保证了中国在经过一段时间后占全球产出的比重越来越大）。虽然相对于中国2007年和2008年的经常账户盈余占全球GDP的比重小了很多，但按度量标准看其经常账户盈余仍不可小觑。
- 其二，中国外部盈余的减少并不意味着全球失衡问题的解决。相反，全球失衡很有可能在其到不同地域出现。中国的外部盈余很有可能已转移到其他地方，这很大程度上源于中国对全球价格的影响及其自身的贸易条件。
- 其三，除非消费在短时间内能刺激起来，否则外部盈余的下降将会使中国国内经济失衡加剧。然而，这样的失衡不只是中国国内的问题。若此问题不解决，它可能导致中国宏观经济和金融体系的不稳定，而由于中国经济的规模大且重要，这必然会给全球宏观经济和金融的稳定性带来影响。

结论

中国外部盈余的下降让人印象深刻，并且应该受到认可。然而，这一调整主要缘于高水平的投资、疲软的全球经济环境以及高于中国产品价格上涨速度的大宗商品价格的上涨。虽然上述三因素可能会继续给外部失衡带来下行压力，但是IMF多年前提出的中国"再平衡"的发展模式还没有出现[①]。当然，中国"十二五"规划的政策推力着重于提高家庭收入、促进消费和促进第三产业发展。在未来几年，若继续推进正在进行的结构调整，中国外部失衡的下降将有可能从主要依靠投资转变为依靠消费。如果取得成功的话，这将从根本上证实其是一场更持久的转变，这种转变将提高中国人民的福利，并对全球经济的强劲、持久、均衡发展作出贡献。

附件1A 实证分析

通过估算大量不同模型来解释外部盈余——参见，例如，Aziz和

[①] 参见，IMF（2010，2011）。

Li（2007），Cheung、Chinn 和 Qian（2012），或者 Mann 和 Pluck（2007）。附件中的分析从四种方法入手，分别是结构上的动态随机一般均衡模型、多元的贝叶斯向量自回归（BVAR）模型、简化的经常账户时间序列模型和简单贸易等式的应用，并且该分析检验了对中国经常账户盈余未来发展的预测。

大部分情况下，这些预测都假定：实际有效汇率（REER）保持不变、《世界经济展望》（WEO）对全球需求的推测准确以及中国坚持稳健的中期财政巩固政策。如果汇率实质性升值（因更快速的名义上升值，或因国内成本压力的持续增加转化成对贸易伙伴更大的通货膨胀差异）或者外部需求更加疲软，那么经常账户毋庸置疑将低于预计的范围。

- 全球综合货币和财政模型（GIMF）。第一种方法运用了 IMF 的多国动态一般均衡模型①。该模型表现出了纵向贸易结构以及中国、发达经济体、新兴经济体和其他世界经济体间贸易的主要特征。使用 GIMF 模型的模拟结果表明，强劲的全球需求和稍低的财政赤字结合起来为提高出口和降低商品进口创造了条件。因此，预测经常账户盈余将在中期增长约 4%。
- 贝叶斯向量自回归模型（BVAR）。第二种方法基于 BVAR 方法论运用了高频季度数据（Österholm 和 Zettelmeyer，2007）。该模型囊括了贸易伙伴需求、国内需求、房地产价格、居民消费价格指数通胀率、大宗商品价格变动、利率、财政收支平衡（以占 GDP 的百分比表示）、经常账户收支平衡（以 GDP 的百分比表示）、货币供应量以及 REER 等指标。与 GIMF 方法相似，非样本预测假定了财政巩固的稳定实施和全球经济复苏符合 WEO 所预测的。使用 BVAR 模型的模拟结果显示贸易顺差将会更强更早的上升。该模型预测经常账户盈余将在 2014 年上升到占 GDP 总额的 5%（见图 1A.1）。
- 简化的经常账户模型。第三种方法运用了和 BVAR 模型相同的一系列变量。特别是，该模型把中国经常账户占 GDP 份额和实际 GDP 的增长、中国的贸易伙伴实际 GDP 的增长、REER、进出口交换比率以及对 GDP 滞后的经常账户的比例相结合。

---

① 参见 Kumhof 及其他人（2010）对模型的描述。

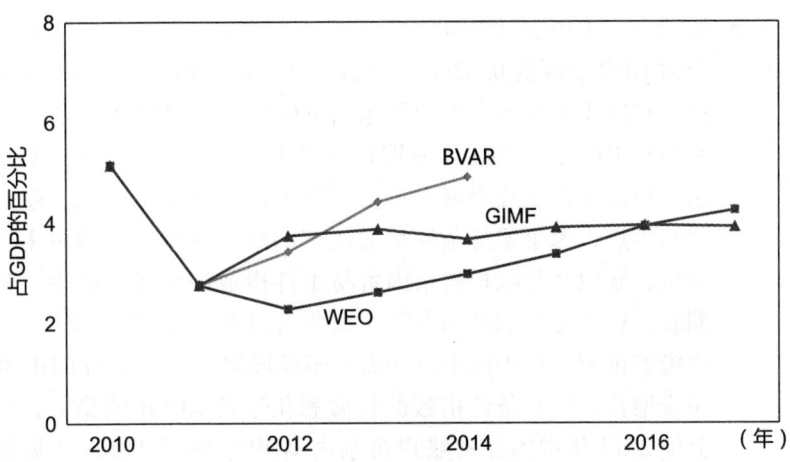

图1A.1 不同模型对经常账户平衡的推测

数据来源：IMF工作人员的计算结果。

注：GIMF – 全球综合货币和财政模型；VAR – 向量自回归；WEO – IMF 的《世界经济展望》。

- 该模型运用广义矩方法对1986年至2011年进行估计。所有参数都是有效的且与经济理论相一致（见表1A.1）。

表1A.1　经常账户余额广义矩方法估计
（占 GDP 的百分比）

	参数估计
实际 GDP 增长	−0.30 [0.001]
贸易伙伴实际 GDP 增长	0.43 [0.000]
REER	−0.09 [0.006]
贸易条件指数（滞后1年）	0.42 [0.000]
贸易条件指数的平方（滞后1年）	−2.8E−03 [0.000]
经常账户余额（滞后1年）	0.64 [0.000]
2009—2011 年的模拟值	−2.99 [0.000]
J – stat	3.01

数据来源：IMF工作人员的计算结果。

注：广义矩方法估计用于1985—2011年样本。括号内数据均为假定值。
REER—实际有效汇率。

- 短期内,中国实际 GDP 增长一个百分点,将减少经常账户盈余占 GDP 总额的 0.33%;贸易伙伴实际 GDP 增长一个百分点,将减少中国经常账户盈余占 GDP 总额的 0.5%;实际汇率增长 10%,将减少经常账户盈余占 GDP 总额的 1%;贸易条件指数改善至临界值,将会改善中国经常账户盈余。超过此临界点,源于贸易条件指数改善的收入效应将开始占主导地位,导致经常账户盈余因贸易条件指数的改善而减少。长期看,这些变量的影响力将比短期内的多 2.75 倍。

- 该模型预测,对中国出口的需求不断增加、中国年均 GDP 的稳步增长、贸易条件指数的轻微恶化以及 REER 的稳定,将会使 2017 年中国经常账户盈余占 GDP 总额低于 4%(见图 1A.2)。该预测并没在意 2011 年经常账户盈余占 GDP 总额比率样本内高估达 2.25%(例如,与 2011 年经常账户盈余 GDP 占比为 1.9% 的实际结果相比,该模型预测 2011 年经常账户盈余占 GDP 为 4.25%)。

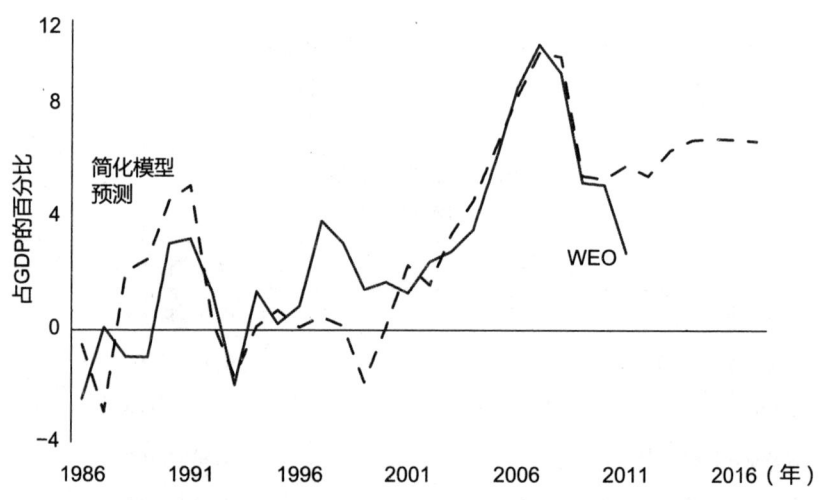

图 1A.2　基于时间序列模型的经常账户预测

数据来源:IMF 的《世界经济展望》和工作人员的计算结果。

注:WEO—《世界经济展望》。

- 贸易等式。估算中国贸易等式的一个重复主题就是预计出口对外部需求的弹性是非常大的①。同时,从进口侧看,一个重要的进口驱动因素是出口的水平(约一半的进口注定会以某种形式作为要素投入到加工品中并最终出口到第三国)。考虑到中国贸易的这两个特征,运用了改进的简单贸易模型②。特别是,作为中国贸易商品生产发展和更多地分享跨国产品生产的代理人,外商直接投资(FDI)被纳入出口等式中。从进口侧看,进口等式中包含出口,这反映了加工贸易的影响。随着 FDI 出现在出口回归分析中,出口对国外需求的弹性从 5 跌至 2,而包含出口的进口等式使进口对国内需求的弹性从 1.4 减少至 0.6(见表 1A.2)。运用模型推测,假定作为 GDP 一分子的外商直接投资的流入适度减少,那么贸易顺差在中期将减少到占 GDP 总额的 3%。然而,该预测有很大的不确定性,并且对未来 FDI 流入方式十分敏感;如果 FDI 保持和 2011 年相同的 GDP 占比份额,那么该模型预测贸易顺差将会在中期占比 GDP 总额高出 6 个百分点。

表 1A.2　　　　　　　　　　贸易弹性

关于:	出口弹性		进口弹性	
	标准模型	增强模型	标准模型	增强模型
国外需求	5.46***	2.28**		
FDI/GDP		2.15***		
国内需求			1.39***	0.62*
出口				0.49**
RREE	−0.32	−0.30**	0.52**	0.42*

数据来源:IMF 工作人员的计算结果。
注:* 为 10% 的显著性水平;** 为 5% 的显著性水平;*** 为 1% 的显著性水平。
FDI/GDP = 外国直接投资除以 GDP;REER = 实际有效汇率。

---

① 比如,在 Aziz 和 Li(2007)的文中,外部需求增长 1%,与之相连的中国出口增长 5% 或 6%。这远超出其他国家的典型弹性,也对应了中国全球出口市场占有率快速增长。虽然何时下降无法确定,但是这种出口强烈反应是无法持续的,而且最终是会下降的。
② 细节详见 Bems 等(即将发表)。

参考文献

Acharya, Viral V., and Philipp Schnabl, 2010, "Do Global Banks Spread Global Imbalances? The Case of Asset-Backed Commercial Paper during the Financial Crisis of 2007-09," *IMF Economic Review*, Vol. 58, No. 1, pp. 37–73.

Ahuja, Ashvin, Nigel Chalk, Malhar Nabar, Papa N'Diaye, and Nathan Porter, 2012, "An End to China's Imbalances," IMF Working Paper 12/100 (Washington: International Monetary Fund).

Aziz, Jahangir, and Xiangming Li, 2007, "China's Changing Trade Elasticities," IMF Working Paper 07/266 (Washington: International Monetary Fund).

Bems, Rudolfs, Joshua Felman, David Reichsfeld, and Shaun Roache, forthcoming, "Why Has China's Current Account Surplus Declined?" IMF Working Paper (Washington: International Monetary Fund).

Caballero, Ricardo, Emmanuel Farhi, and Pierre-Olivier Gourinchas, 2008, "An Equilibrium Model of 'Global Imbalances' and Low Interest Rates," *American Economic Review*, Vol. 98, No. 1, pp. 358–393.

Cheung, Yin-Wong, Menzie Chinn, and XingWang Qian, 2012, "Are Chinese Trade Flows Different?" *Journal of International Money and Finance*, Vol. 31, No. 8, pp. 2127–2146.

Cooper, Richard N., 2007, "Living with Global Imbalances," *Brookings Papers on Economic Activity*, Vol. 2, pp. 91–110.

De Long, J. Bradford, 2008, "The Wrong Financial Crisis," VOX. http://www.voxeu.org/index.php?q=node/2383.

Dooley, Michael P., David Folkerts-Landau, and Peter Garber, 2003, "An Essay on the Revived Bretton Woods System," NBER Working Paper No. 9971 (Cambridge, Massachusetts: National Bureau of Economic Research).

———, 2004, "The Revived Bretton Woods System: The Effects of Periphery Intervention and Reserve Management on Interest Rates and Exchange Rates in Center Countries," NBER Working Paper No. 10332 (Cambridge, Massachusetts: National Bureau of Economic Research).

———, 2009, "Bretton Woods II Still Defines the International Monetary System," *Pacific Economic Review*, Vol. 14, No. 3, pp. 297–311.

The Economist, 2012, "Changing Migration Patterns: Welcome Home," February 25.

Gruber, Joseph W., and Steven B. Kamin, 2008, "Do Differences in Financial Development Explain the Global Pattern of Current Account Imbalances?" International Finance Discussion Paper No. 923 (Washington: Board of Governors of the Federal Reserve System).

Guo, Kai, and Papa N'Diaye, 2009, "Is China's Export-Oriented Growth Sustainable?" IMF Working Paper 09/172 (Washington: International Monetary Fund).

Huang, Yiping, 2010, "Krugman's Chinese Renminbi Fallacy," VoxEU.org, March 26.

———, and Kunyu Tao, 2010, "Causes and Remedies of China's External Imbalances," China Center for Economic Research Working Paper No. E2010002 (Beijing: Peking University).

International Monetary Fund (IMF), 2010, "People's Republic of China Article IV Consultation—Staff Report; Staff Statement; Public Information Notice on the Executive Board Discussion," IMF Country Report 10/238 (Washington).

———, 2011, "People's Republic of China Article IV Consultation—Staff Report; Staff Statement; Public Information Notice on the Executive Board Discussion," IMF Country Report 11/192 (Washington).

Kumhof, Michael, Douglas Laxton, Dirk Muir, and Susanna Mursula, 2010, "The Global Integrated Monetary and Fiscal Model—Theoretical Structure," IMF Working Paper 10/34 (Washington: International Monetary Fund).

Mann, Catherine L., and Katharina Plück, 2007, "Understanding the U.S. Trade Deficit: A Disaggregated Perspective," in *G-7 Current Account Imbalances: Sustainability and Adjustment*, ed. by Richard Clarida (Chicago: University of Chicago Press) pp. 247–282.

Obstfeld, M., and K. Rogoff, 2005, "Global Current Account Imbalances and Exchange Rate Adjustments," *Brookings Papers on Economic Activity*, 2005, Vol. 1, pp. 67–123.

——, 2010, "Global Imbalances and the Financial Crisis: Products of Common Causes," in *Asia and the Global Financial Crisis*, ed. by Reuven Glick and Mark M. Spiegel (San Francisco: Federal Reserve Bank of San Francisco).

Österholm, P., and J. Zettelmeyer, 2007, "The Effect of External Conditions on Growth in Latin America," IMF Working Paper 07/176 (Washington: International Monetary Fund).

Roubini, Nouriel, and Brad Setser, 2005, "Will the Bretton Woods 2 Regime Unravel Soon? The Risk of a Hard Landing in 2005-2006," Paper presented at the Symposium on the "Revived Bretton Woods System: A New Paradigm for Asian Development?" organized by the Federal Reserve Bank of San Francisco and the University of California Berkeley, San Francisco, February 4.

第二章

中国的投资：过犹不及？

李一衡（Il Houng Lee），司马喆（Murtaza Syed）和
刘雪雁（Liu Xueyan）

正如第一章所述，中国经常账户盈余的下降大部分已通过促进投资得到了解决。本章着重分析中国当前投资水平的适当性。尽管中国资本产出比率与其他新兴市场的比率处在同一范围内，但由于自2000年来投资飙升，中国的经济增长速度显得更突出。此外，中国的投资远远高于跨国面板估值所建议的水平。此项偏差自2000年来不断累积，投资占GDP总额接近10%，这一数据远比20世纪90年代末亚洲危机之前其他亚洲经济体的要大且持久。然而，因为中国的投资主要由国内储蓄提供资金，所以评估对外部资金的依赖性时可以发现，金融危机在中国不太可能出现。但是，这并不意味着零成本。相反地，这些会通过不易察觉的资源的转移转移到经济体中的其他领域，估计平均每年占GDP总额的4%。

简介

无资源的富裕国家的经济发展大多与高投资水平有着重要关联。亚洲就是一个特别典型的例子，即通过高投资促进了经济的快速发展[1]。当然，投资并不能单独解释这些增长故事。全要素生产率（TFP）、劳动力供给、新古典主义意义上的储蓄和宏观层面的市场准入及有效的金融中介，这些因素都发挥着重要作用。此外，在亚洲案例中，经济发展得益于出口。即使从长期趋势看＝投资处于较

---

[1] 1970年至2010年期间，发展中亚洲的投资占GDP的5年移动平均值与经济增长之间的关联指数约为0.83。发达国家（如G7）的相应关联指数略低，为0.74。

低时期，亚洲经济仍通过进入不断扩张的全球市场而快速发展，最显著的是在20世纪70年代，一些新兴工业经济体一跃而起。

然而，高投资也是成本高昂的。虽然亚洲国家一般都拥有高储蓄率，但仍有一些国家靠国外融资来维持过高的投资率。虽然此战略能在一段时间内使国家快速发展起来，但是通常它最终会引发一场银行或外汇危机，并花费数年时间来复苏（见图2.1）。这些危机之所以会发生，是因为高投资的筹资成本往往会被定错价，并在某一时点突然纠正过来。在新兴经济体中，错误定价通常涉及货币流通和偿还期的错配，其风险会被隐性担保或者信息缺失所掩盖。换句话说，这种人为的低成本融资支持过度投资，包括投资于房地产和制造业，最终都会导致一场危机。该模式在除亚洲国家之外的其他新兴市场上也出现了，比如20世纪80年代的拉丁美洲。

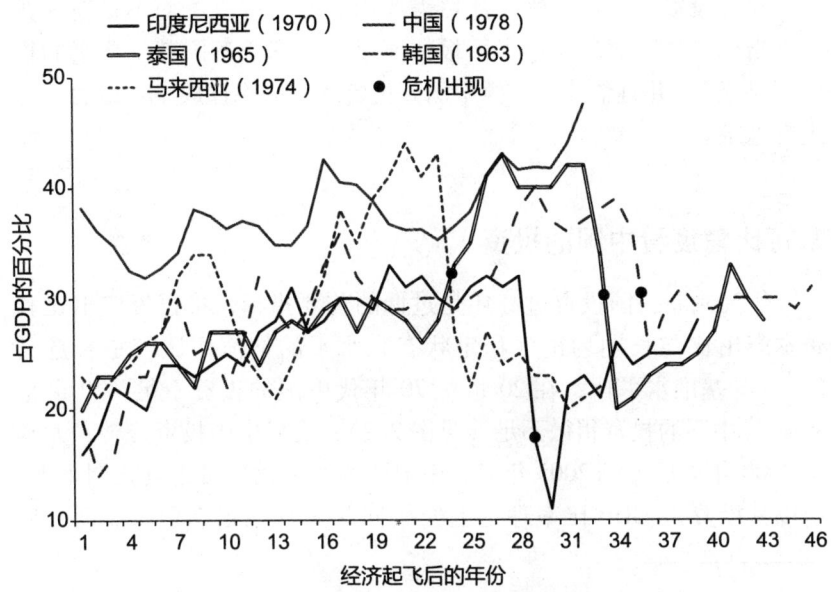

图2.1　资本形成总额

数据来源：IMF工作人员的估算。

注：括号中给出了每一经济体经济起飞的年份。

本章比较了中国和其他比较经济体的当前投资水平[①]。本章发现，虽然中国资本产出比率与其他新兴市场的比率处在同一范围内，但由于自2000年来投资的飙升，中国的增长速度显得更突出。此外，若用跨国面板估计的基准来度量，其投资显得过高。虽然通过评估对外部资金的依赖性可知道金融危机不太可能发生，但是与维持高投资水平相关的潜在的国内融资压力越来越引起关注，因为这些融资毫无疑问是由家庭来承担的。本章对著作的贡献在于见解独到、假设较少以及有更大的研究自由度，这些与使用最新的比较经济体面板数据有关，而面板数据中国家和时间范围的选择也与中国经济特征和发展阶段相匹配。

本章其他部分的结构如下：下一部分通过比较中国和一群新兴市场经济体的投资来推动分析。接着介绍了简单的福利最大化模型，用以评估投资水平适当性，评估需要用更全面的方法而不是新古典主义指标。之后部分运用了面板估值以得到基于各国基本要素的投资"基准"，并且估算了支撑中国高投资水平的隐性成本。最后部分进行总结。

从可比角度看中国的投资

作为判断一国投资过高还是过低的首要指标，将投资产出比和资本产出比与长期均衡（稳定状态）水平的估值作比较是有意义的[②]。与基准水平比，在20世纪70年代中国的投资不足，20世纪80年代中国的投资稍微不足（见图2.2）。之后中国投资好转，尤其是2000年以后。到2005年时，中国资本产出比率接近其长期水平，所以其投资占GDP比率理论上开始回落至其稳定态值。然而，在

[①] 从宏观水平得出的最新研究结果看，关于中国是否过度投资仍是不确定的问题，Bai、Hsieh 和 Qian (2006) 以及 Lu 等人 (2008) 认为不是，而 Rawski (2002)；Dong, Zhang, 和 Shek (2006)；Barnett 和 Brooks (2006) 以及 Qin 和 Song (2009) 则认为是。宏观经济学研究趋向于寻找投资分配不当的有力证据，包括了 Liu 和 Siu (2009)；Dollar 和 Wei (2007)；Hsieh 和 Klenow (2009)；Ding、Guariglia 和 Knight (2010) 以及 Geng 和 N'Diaye (2012)。然而，大多数著作运用了大量的强假设，很少有文章比较中国的投资和世界其他国家的投资。

[②] 根据新古典主义模型的黄金法则，此投资水平定义为 $i^* = k^* (g+d) / (1+g)$，(i) 指基于稳定状态资本产出比估值 (k)、折旧率 (d) 以及潜在产出增长率 (g) 的稳定投资水平。与黄金法则均衡相比，中国目前处于过度投资。详见本章附件2A。

2007—2011 年，中国进一步提高投资以消除全球金融危机的不利影响。根据假设，相对于此期间的稳定态值，中国已过度投资，并占 GDP 总额的 12% 到 20%。

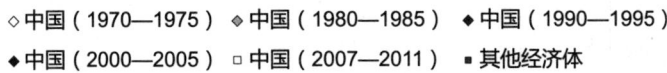

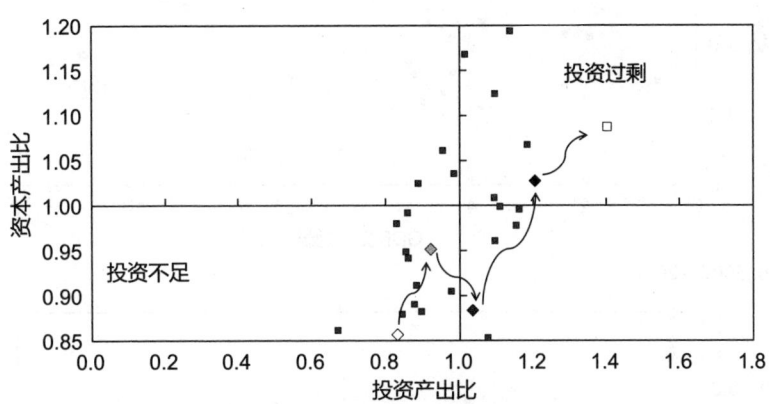

图 2.2　资本产出比和投资产出比（新兴市场经济体，
与 2007—2011 年稳定状态比较）

数据来源：《佩恩表》；IMF 的《世界经济展望》数据库和工作人员的计算结果。

当然，评估投资水平适当性的方法存在一些局限性。特别是，估算无法获得结构变化的数据信息，如资本集约型增长的转变或一段时间内投资效益转变。确实，没有一个先验性理由会假定一个为了赶上发达经济体而快速发展的经济体应该有较低的资本产出比，换句话说，低于自身的长期水平，又或者假定其投资率就该高于自身的长期水平。这取决于其他几个因素，特别是 TFP。

基于简单的度量标准，中国的投资效益仍大体上与其他新兴经济体的投资效益一致。如图 2.3 所示，相对于其他新兴市场，中国的资本产出比自 1990 年来有所上升。但是，其仍然大体上属于多国平均范围内。中国的发展较为突出，彰显了其在此期间独一无二的成果。

然而，中国的强势表现是有代价的。世界各地的新兴市场得出了投资率和资本产出比两者间关系的界限经验值，20 世纪 90 年代的中国虽仍处于该界限内（见图 2.4），但是，中国已经滑向极度的离群位置，这暗示存在潜在的过度投资。目前中国需要更多的投资才能形成相同的生产量。除非 TFP 剧增，否则，随着出口业绩在中期

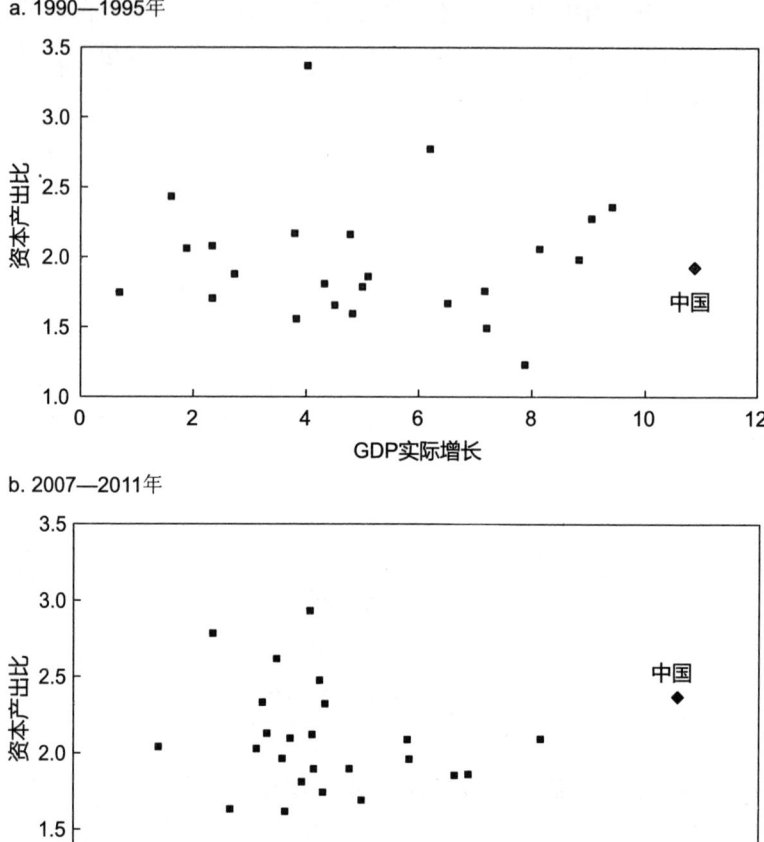

**图 2.3　1990—1995 年和 2007—2011 年新兴市场经济的
增长和资金产出比**

数据来源：《佩恩表》；IMF 的《世界经济展望》数据库和工作人员的计算结果。

注：小方块代表其他新兴市场经济体。

保持弱势（考虑到国外需求的不景气和中国市场份额明显增加的机会的减少），投资对增长的贡献率需达到 60% 到 70%，才能获得相同的增长量（见图 2.5）。此战略下，中国经济的脆弱性将会加大并表现为隐性债务重担，该债务在将来会以某种形式予以偿还。

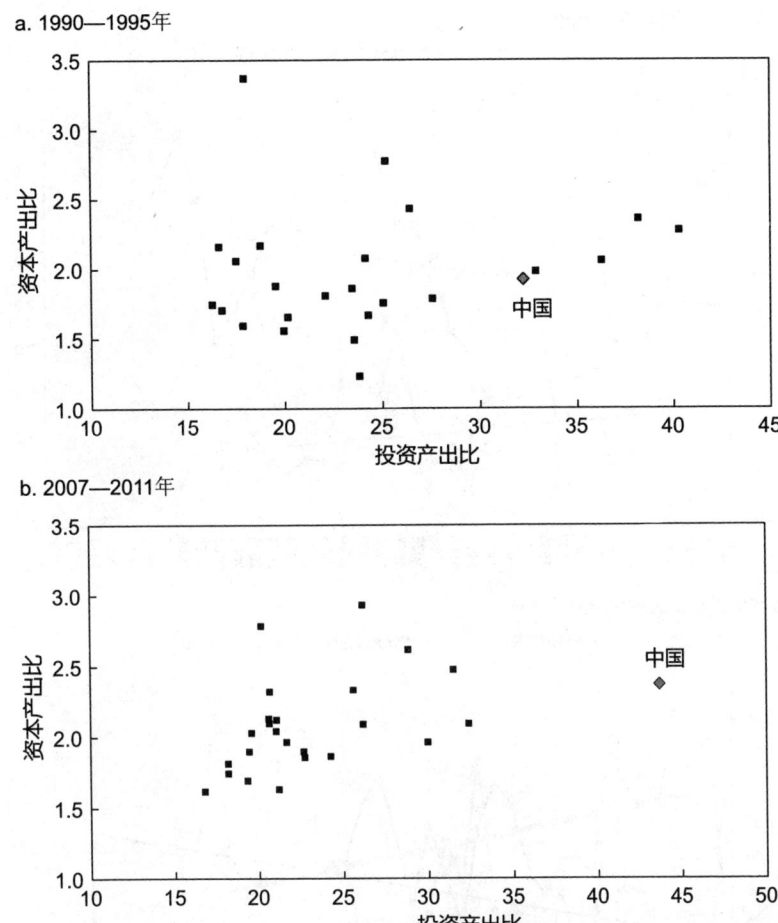

图 2.4　1990—1995 年和 2007—2011 年新兴市场经济的资本和投资产出比率

数据来源：《佩恩表》；IMF 的《世界经济展望》数据库和工作人员的计算结果。
注：小方块代表其他新兴市场经济体。

此外，一定程度上由于作为 GDP 一分子的家庭收入的下降，消费也已下降至占 GDP 总额的 40%。事实上，除了比综合 GDP 增速慢之外，家庭收入增长已十分迅速。正如前文所述，综合 GDP 增速是因投资的贡献增加而提高的。经济增长通过提供给居民更多附加值来改善生活标准质量，从这个意义上看，不断下降的消费份额引发了对当前投资型增长模式真正目的的质疑。

a. 投资对GDP增长的贡献率

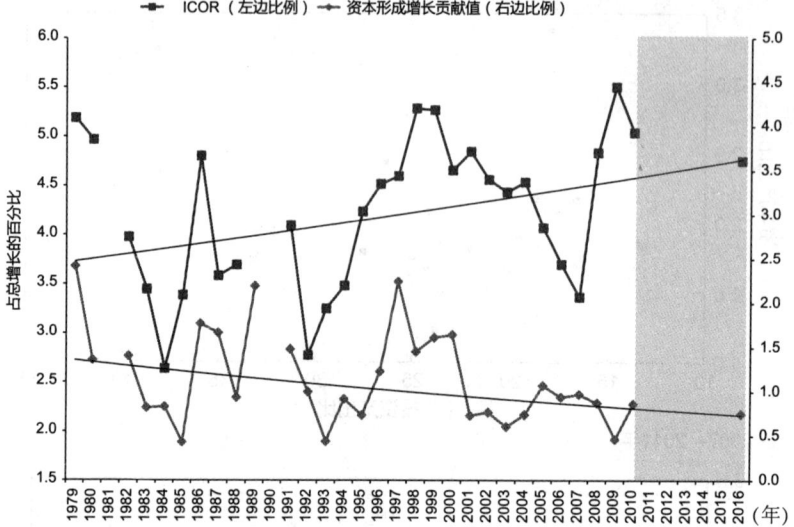

b. 其他因素对GDP增长的贡献率

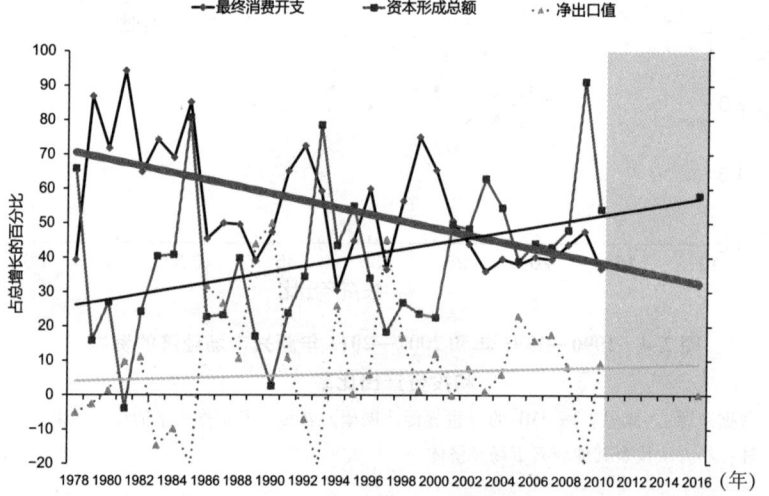

图 2.5 对 GDP 增长的贡献率

数据来源：IMF 工作人员的计算结果。

注：ICOR——增量资本产出率。

多国数据的汇总能够揭示些什么？

在福利最大化的情况下，跨期消费偏好将会决定消费水平。但是，相对消费时间偏好是不能直接观察到的。测量跨期消费偏好的间接方法将作出假设：多个相对大的样本国家的平均消费水平或投资水平近似有这样的偏好。然后，最佳投资水平或者所谓"投资标准"则可定义为使得社会福利或者家庭福利最大化的投资水平。该投资水平由实际利率和贬值率（详细内容见 Lee、Syed 和 Xueyan，2012）等基本经济要素决定。我们并将一段时间的多国投资率和一套基本法则结合起来进行回归分析可以估算出投资水平。

动态面板数据模型在 1955—2009 年期间运用于 36 个经济体。面板数据难免有失公允，即使在做着创新，即每个经济体的基期都有所修正以获得经济腾飞的时点（和相关投资水平的提高）。这种国别特性的基期修正确保了投资标准不会向下偏倚并且实际上比往常更能检测出任何可能的投资过剩。样本包括新兴市场经济体、日本以及中国台湾省，大约 1/3 的样本由亚洲经济体组成。经验主义策略允许一段时间内的消费偏好变化，但是在涉及基本要素方面会在新兴市场中强加"正常"跨期消费偏好。通过在发展期仔细校正偏好和纳入趋向于过分依赖投资的中国的亚洲同类型经济体，这个平均值很可能具有足够的代表性。

模型把 X 国在 t 时间的投资的 GDP 占比与理论上的一些解释变量联系起来（Lee、Syed 和 Xueyan，2012）。这些变量包括滞后的因变量；储蓄的 GDP 占比和信贷的 GDP 占比，用以度量获得融资的可靠性；实际贷款利率，用以获取资本成本；出口的 GDP 占比，用以获得对投资的外部贡献值；实际增长率，用以表示资本回报；GDP 的实际水平，用以获得经济发展水平；供养人口比，用以获取人口统计特征的潜在影响；GDP 实际增长的三年滚动窗口的标准偏差和储备的 GDP 占比（测量各国应对不稳定的资本流动的储蓄需求），用以测度宏观经济的不确定性。以上变量是 Lee、Syed 和 Xueyan（2012）在文中概括的基本模型以及本文献中其他模型的基础变量，这样，采用原有结构而不是简约形式进行评估应该更好些。

使用广义矩方法从一阶差分（控制固定效应）方面评估模型，以说明存在滞后因变量（使得普通最小二乘法固定效应模型存在不一致性）、测量误差和（通过把滞后值用作工具变量）回归量的潜在内生性等。[①] 评估还包括时间模拟，时间上覆盖了 20 世纪 90 年代

---

① 详细内容见本章的附件 2A。

末的亚洲金融危机和 2008 年至 2009 年的全球金融危机。假设残差中不存在高阶序列相关并且工具变量有效，这种方法就应该形成公正一致的参数估值。所有上述条件都会通过标准检验进行检测。

评估过的投资等式符合多数经济体的实际数据并提出以下建议（通过表格 2.1 的第 5 列作出首选详细说明）：

- 投资持久而稳固。滞后因变量大且有效，它显示投资总水平的惯性。
- 产出增长越大会导致更高的投资。参数中包括出口额并未形成有效的系数（第 6 列），表明全球化影响投资的基本路线主要通过加强整体经济增长和提高资本回报来实现的。
- 资本成本上升会降低投资。不出所料，更高的实际利率会降低投资。
- 信贷的可获得性增加和更高的投资有关。该分析把信贷变化和储蓄的 GDP 占比用作相关性度量，并且发现前者致使后者无足轻重。
- 经济发展通常需要有更高的投资。为了获取潜在非线性特性和阀值（超过此阀值，正相关不再有效），该分析还包括了人均 GDP 的平方值。然而，这项数值没有显著性，表明样本中的经济体仍普遍处于发展中。只要多数保持在中等收入范畴，这就并不意外。

表 2.1　　　　　　　　　投资回归分析结果

	(1)	(2)	(3)	(4)	(5)	(6)
滞后因变量	0.652**	0.628**	0.630**	0.615**	0.652**	0.664**
	(0.07)	(0.06)	(0.07)	(0.06)	(0.08)	(0.07)
人均实际 GDP 增长	0.372**	0.339**	0.350**	0.329**	0.364**	0.390**
	(0.05)	(0.04)	(0.04)	(0.05)	(0.05)	(0.53)
信贷增长		0.033**	0.030**	0.023*	0.032	0.031*
（每年占 GDP 的百分比）		(0.01)	(0.01)	(0.01)	(0.02)	(0.02)
人均实际 GDP			0.0002*	0.0003*	0.0002*	0.0002
（美元）			(0.00)	(0.00)	(0.00)	(0.00)
抚养比[1]			-0.560*	-0.696*	-0.612*	-0.622**
			(0.35)	(0.39)	(0.36)	(0.36)

续表

	(1)	(2)	(3)	(4)	(5)	(6)
不确定性[2]				-0.271**	-0.200**	-0.201**
				(0.09)	(0.07)	(0.06)
实际利率					-0.043**	-0.041**
					(0.02)	(0.02)
出口额占GDP的比重						-0.036
						(0.04)
设定检验的 p - 值						
m2 检验（残差无二阶序列相关）	0.201	0.241	0.239	0.266	0.25	0.23
Hansen 检验（工具有效性）	1.000	1.000	1.000	1.000	1.000	1.000
经济体数目	36	36	36	36	36	36
观察数目	892	892	892	892	718	718
时间段	1955—2009	1955—2009	1955—2009	1955—2009	1955—2009	1955—2009

数据来源：世界银行的《世界发展指标》；IMF的《世界经济展望》和工作人员的计算结果。

注：因变量为GDP投资率。一阶差分广义矩方法设定，以年为样本。工具为回归量的滞后值，稳健t-统计位于括号中，* 和 ** 分别表示10%和5%水平的显著性。

1. 年龄超过65岁和年龄在15到64岁的人口比率。
2. GDP实际增长三年滚动窗口的标准偏差。

- 宏观经济的不确定性导致投资减少。以GDP增长三年滚动窗口的标准偏差为条件，储备变化的替代变量没有显著性。这一结果表明较高的不确定性确实会造成投资较低，但是这种影响可通过增长的波动性更好地获得，而不是通过储备积累（毕竟这是由考量而不是由预防动机促成的）。
- 人口老龄化减少投资，很可能是因为人口老龄化会引起增长减慢，从而降低投资回报。如果没有科技的进步和提高劳动生产率的其他结构化改变，投资将会不可避免地下降。这样的结果表明，随着企业投入更多以弥补在劳动力资本的减少，并以此作为应对劳工短缺加剧的方法，这种影响会在短期内主导投资增长①。

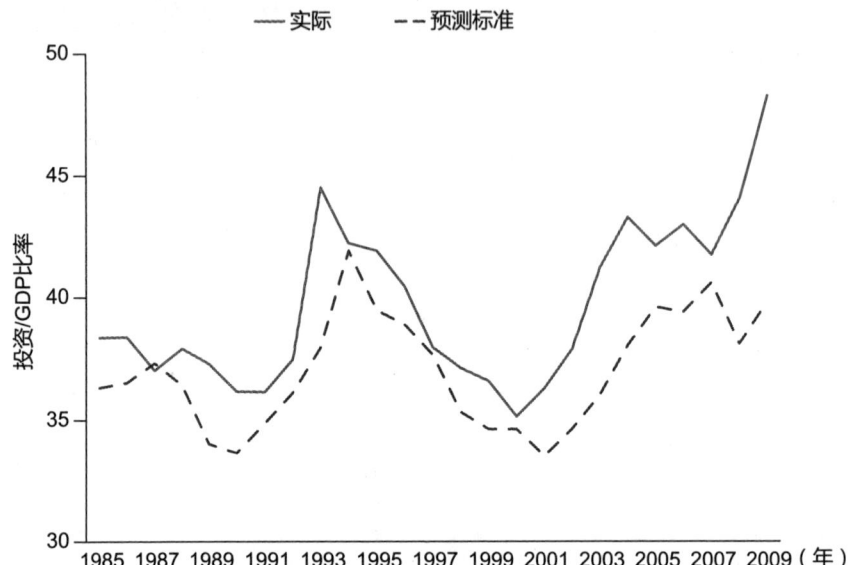

图 2.6　中国实际和预测的投资/GDP 比率

数据来源：IMF 工作人员的计算结果。

利用这些参数估值，中国的投资目前可能比基本因素显示（见表2.6）的结果高出约 GDP 的 10%。尽管允许提高与多数腾飞阶段经济体有关的投资水平，但计量经济学方面的迹象表明中国仍处于投资过剩阶段。中国 1985 年后的投资标准预测一直介于 GDP 的 33% 到 43% 之间。而实际上，它一直在 GDP 的 35% 至 49% 之间一个更大的范围内波动。这个模型始终预测一个较低的中国标准，直到 2000 年，这种偏差已经不再如以往一般有显著性并且在五年的时间范围内消失。

概率模型显示，误差项和危机产生的可能性呈正相关（见表 2.2）。这个分析利用上述回归分析的误差项，以及之前认为对预测经济危机具有解释力的一些其他变量，用来衡量投资过剩。以 Reinhart 和 Rogoff（2008）的银行危机数据为基础，根据危机出现的时

---

① 因为解释变量的规模不同，影响的相对大小也理所当然会小于评估系数估测的大小。因为对一阶差分的估算，人口统计变量的年度变化非常小。结果，其他变量对投资的实际影响明显较大。比如，在参数中排除人口统计变量，对中国投资的预测水平仅能提高为 2009 年 GDP 的 1%。

表 2.2　　　　　　　　概率：经济危机的可能性

	(1)	(2)
实际利率	-0.016**	-0.016**
	(0.003)	(0.003)
实际人均 GDP 增长	-0.015**	-0.015**
	(0.011)	(0.011)
信贷增长（占 GDP 的年度百分比）	-0.001	-0.002
	(0.003)	(0.003)
经常账户（占 GDP 的百分比）	-0.022**	-0.026**
	(0.008)	(0.008)
投资过剩（占 GDP 的百分比）		0.031**
		(0.013)
经济体数量	36	36
观察数量	752	752
时间段	1955—2009	1955—2009

数据来源：世界银行的《世界发展指标》；IMF 的《世界经济展望》和工作人员的计算结果。

间，在样本中注明了危机日期。一般来说，在其他条件相同的情况下，过度投资达到各国回归分析测量的 GDP 的 1%，则会造成产生经济危机的可能性增长 0.03 个百分点。

迄今，当前中国投资的预测情况和实际情况之间的偏差最大，而且从 2000 年以后一直在积累。虽然可以把 2009 年后进一步扩大的偏差当做 2009 年刺激方案的暂时性结果，但是在那之前分歧就已经出现，甚至还大于其他亚洲经济体在 20 世纪 90 年代末造成亚洲金融危机的隐性投资过剩或者日本 20 世纪 80 年代时（即"失去的十年"开端之前）的隐性投资过剩（见表 2.3）。这两阶段阵痛期都伴随着经济增长和投资的持久下滑。和其他国家的经历进行对比，近些年中国的信贷增长（特别是危机后）和资本成本也开始出现在危险范围内。若机械地套用概率模型的系数评估来估算中国的投资过剩，结果表明中国经济危机爆发的可能性将会从 2005 年的 8% 上升至 2013 年的 20%，不过这些数值仅仅具有指向性。不仅这些参数评估确实具有不确定性，而且正如下面的讨论，中国投资模型的本质于其他新兴经济体的有很大的不同，而且相对于样本中的一般国家，更趋向于降低经济危机爆发的可能性。

表 2.3　　　　　　经济危机前五年的变量演变

	投资过剩（GDP百分比，平均值）	投资过剩（GDP百分比，累计）	投资过剩（年数）	信贷/GDP（年百分比变化）	实际资本成本（年平均值）	人均实际GDP（年百分比变化）
印度尼西亚	1.6	7.9	4	6	9.2	5.3
日本	1	4.9	5	2.9	3.7	4.1
马来西亚	2.1	10.6	4	8.1	5.7	6.2
菲律宾	-2.4	-12.1	1	22.6	6.9	2.3
泰国	1.7	8.3	4	11	7.7	5.1
备注项：						
中国（2005—2009）	4.3	21.6	5	5.6	1.5	10.8

数据来源：IMF 工作人员的估算。

然而，中国经济危机（如果曾发生的话）的触发原因可能会不同于其他国家的触发原因。使中国不同于其他国家的是，中国的国内投资相对而言不依赖于外部资金。在很大程度上，这种情况是因为中国的高储蓄率。但是，多种研究表明，储蓄过高是缘于经济领域的控制，这种控制实际上导致了补贴资金从家庭和中小型企业转移到大型企业，估计将近占每年 GDP 的 4%[①]。然而在其他国家，过度投资的高成本已经通过银行压力或者外汇市场危机的形式暴露出来；在中国，过度投资的高成本则可能由隐性补贴体系的某一薄弱环节引起或者触发。

结论

毫无疑问，在很大程度上，中国在 1980 年后非比寻常的经济表现由投资引起。尽管经历了长期的大量投资，但中国的资本产出率仍处于其他新兴市场经济体的资本产出率范围内，而中国的增长率在 1990 年以后已远远超过其他国家。虽然如此，每增加一单位投资所带来增长的边际贡献一直在下滑，需要更多的投资才能带来等量的经济增长。现在，随着 GDP 投资率已经接近 50%，当前的增长模

---

① 本评估的细节见 Lee、Syed 和 Xueyan（2012）。为过度投资的融资负担的很大一部分是由家庭承担的。与此同时，由于大型企业获得了资金优先权，中小型企业则需要支付更高的资本价格才能获得资金。

式可能已经走到尽头了。

基于很多国家面板数据评估的标准,中国正处于投资过剩状态。而且,从2000年以后累积的偏差也比其他亚洲经济体在20世纪90年代末造成亚洲金融危机的预计过剩投资更大更持久。最新的发散则可理解为2009年用于遏制全球金融危机溢出效应所采取措施的结果。中国政府很好地意识到过分依赖投资而形成的挑战,因此,正在努力通过减缓投资并同时刺激消费来重新调整经济。

尽管在评估对外部经济的依赖性时,金融危机不太可能发生,但是为过度投资而融资所带来的潜在负担仍存在且非常大。假设把其他新兴市场经济体在金融危机之前和之后所存在的条件运用到中国,机械地看,中国爆发金融危机的可能性大约有1/5。不过,由于融资投资形式的差异,许多其他新兴市场经济体经历过的所谓外部危机看上去好像不会在中国发生。但是,这并不意味着就没有成本。相反,这种成本则会以资源的隐性的,间接转移分布于经济的其他领域,预计平均达到每年GDP的4%。

这种挑战将会间接使得投资逐渐减少而朝着社会福利最大化的道路发展。因为这条道路尚未明确,所以使用大量新兴市场经济样本的标准评估可以提供一些指导。以各国的回归分析为基础,在一段时间内降低相当于GDP十个百分点的投资,可以使投资处于和其他基本要素相同的水平。否则的话,经济将更加脆弱。中国在后危机时期投资的增长水平已经有所异常,而且这种增长是受外部投资的急剧减少逼迫所致,从这个意义上来说,现在的挑战是如何在不损害经济增长和宏观经济稳定性的情况下回归更"正常"的投资水平。显然,自身达到该水平并不是唯一目标,还应该在确保不同的经济元素,特别是中国普通家庭能够平等分享非凡增长成果的同时,进行能够提高生产力和生产效率的改革。国际经验表明这些是任一国家可持续增长的先决条件。

附件2A. 运用新古典方法

- **新古典模型**:投资稳定水平($i*$)可由$i* = k* (g + d)/(1 + g)$得出,式中计算基于稳定资本产出率($k*$)、贬值率(d)和潜在产量增长率(g)的估值。
- **资本存量**:来源于标准永续盘存法。1950年—1980年期间的实际固定投资总额数据来源于《佩恩表》,1980年以后的数据来源于IMF的《世界经济展望》(WEO)数据库。假设国家处于1950年的稳定资本产出率,从而得出资本存量的初始估值。为了得出这个资本产出率,需要使用1950—1960年期间的k、g和d的平均数(Easterly和Levine,2001,采取了相似的方法论)。利用其他假设(例如,把其设定为投资初始水平的10倍),结果显示,数十年后对初始资本存量的猜想变得相对不重要。

- k^*:对于给出的贬值率,发现k^*为在1950年到2011年之间长周期内(15到20年)的平均资本产出率的最大值。这有助于确保稳健性,特别是相对繁荣和萧条阶段。样本中各国的平均资本产出率约为1950年—2011年期间的2½,而对于工业国家而言,则相似于1970年至2011年的值。
- d:使用了若干**贬值率**——5%、7%和10%。文中展示的结果选用的贬值率为7%,但是结果对其他可选值也较稳健。
- g:两组用于潜在增长的假设——1950年到2011年期间每个国家长周期的最大增长率(限制为5)以及来自最新WEO数据库的中期增长预测(大约在8%,高于中国)。文中展示的结果以后者为基础,但是普遍合理。因为这些增长率高于中国,由于i^*更大,所以它们展示出更为严格的投资过剩测试。

跨国投资回归分析

总水平面板数据用于评估下列投资模型:

$$\Delta\left(\frac{1}{GDP}\right)_{it} = c_t + b\Delta Z_{i,t} + \Delta\varepsilon_{it} \qquad (2\text{A}.1)$$

在这个公式中,I/GDP(来源于WEO数据库)是投资占GDP的比重率,Z为额外变量的矢量,包括滞后因变量、实际人均GDP增长、不确定性(按照实际GDP三年滚动出口的标准偏差来衡量)(全部来自WEO);信贷增长的GDP百分比、以美元为单位的实际人均GDP增长、抚养率(定义为年龄超过65岁人口占工作年龄人口的比率),以及实际利率(全部来自世界银行的《世界发展指标》数据库)。

样本具有不平衡性,覆盖了1955年到2009年的时间范围,并包含了以下新兴市场经济体（括号里为开始年份）：阿尔巴尼亚（1993）；阿尔及利亚（1994）；阿根廷（1970）；亚美尼亚（1995）；白俄罗斯（1995）；玻利维亚（1979）；巴西（1970）；保加利亚（1991）；智利（1970）；中国（1982）；哥伦比亚（1970）；克罗地亚（1994）；捷克共和国（1997）；埃及（1970）；匈牙利（1989）；印度（1970）；印度尼西亚（1971）；伊朗（2004）；以色列（1980）；日本（1955）；韩国（1963）；马来西亚（1970）；墨西哥（1971）；摩洛哥（1978）；巴基斯坦（2004）；秘鲁（1986）；菲律宾（1970）；波兰（1991）；罗马尼亚（1994）；南非（1964）；斯里兰卡（1978）；中国台湾省（1965）；泰国（1970）；土耳其（1973）；委内瑞拉（1984）和越南（1993）。

参考文献

Bai, Chong-en, Chang-Tai Hsieh, and Yingyi Qian, 2006, "The Return to Capital in China," *Brookings Papers on Economic Activity*, No. 2, pp. 61–88.

Barnett, S., and R. Brooks, 2006, "What's Driving Investment in China?" IMF Working Paper 06/265 (Washington: International Monetary Fund).

Ding, S., A. Guariglia, and J. Knight, 2010, "Does China Overinvest? Evidence from a Panel of Chinese Firms," Economics Series Working Paper No. 520 (Oxford: University of Oxford).

Dollar, D., and S.J. Wei, 2007, "Das (Wasted) Capital: Firm Ownership and Investment Efficiency in China," IMF Working Paper 07/9 (Washington: International Monetary Fund).

Dong, H., W. Zhang, and J. Shek, 2006, "How Efficient Has Been China's Investment? Empirical Evidence from National and Provincial Data," HKMA Working Paper No. 0619 (Hong Kong SAR: Hong Kong Monetary Authority).

Easterly, W., and R. Levine, 2001, "It's Not Factor Accumulation: Stylized Facts and Growth Models," *World Bank Economic Review*, Vol. 15, No. 2, pp. 177–219.

Geng, N., and P. N'Diaye, 2012, "Determinants of Corporate Investment in China: Evidence from Cross-Country Firm Level Data," IMF Working Paper 12/80 (Washington: International Monetary Fund).

Hsieh, C.T., and P.J. Klenow, 2009, "Misallocation and Manufacturing TFP in China and India," *Quarterly Journal of Economics*, Vol. 124, No. 4, pp. 1403–1448.

Lee, I., M. Syed, and L. Xueyan, 2012, "Is China Over-investing and Does it Matter?" IMF Working Paper 12/277 (Washington: International Monetary Fund).

Liu, Q., and A. Siu, 2009, "Institutions and Corporate Investment: Evidence from Investment-Implied Return on Capital in China," *Journal of Financial and Quantitative Analysis*, Vol. 46, No. 6, pp. 1831–1863.

Lu, F., G. Song, J. Tang, H. Zhao, and L. Liu, 2008, "Profitability of China's Industrial Firms (1978–2006)," *China Economic Journal*, Vol. 1, No. 1, pp. 1–31.

Qin, Duo, and H. Song, 2009, "Sources of Investment Inefficiency: The Case of Fixed-Asset Investment in China," *Journal of Development Economics*, Vol. 90, No. 1, pp. 94–105.

Rawski, T., 2002, "Will Investment Behavior Constrain China's Growth?" *China Economic Review*, Vol. 13, No. 4, pp. 361–372.

Reinhart, C.M., and K.S. Rogoff, 2008, "Banking Crises: An Equal Opportunity Menace," NBER Working Paper No. 14587 (Cambridge, Massachusetts: National Bureau of Economic Research).

第三章

中国的快速投资、潜在产出及产出差距

帕帕·恩迪亚耶（Papa N'Diaye）和史蒂夫·巴奈特（Steven Barnett）

中国自2000年以来快速增长的投资率对潜在经济产出和产出差距有着重大影响。本章评估中国的潜在产出和提供产出差距的估算。结果表明，中国存在很大的产出差距，并且需要花费时间去弥补，也需要超出标准需求管理工具的结构化改革。

简介

中国自2000年来的快速增长的投资对产能的实质增强有着巨大贡献。使用永续盘存法估算的中国资本存量显示，中国的资本产出率比处于相同发展阶段的国家的数值高出2.25到2.5倍（见图3.1）。尽管如此，有人认为与发达经济体相比，中国人均资本存量过低，这表明中国仍有进一步投资的空间。

此观点不成立的原因有几个：其一，中国相对于发达经济体较低的人均资本存量是其投资快速增长的正当理由，此说法并非清楚无误。其二，毫无疑问的是，中国存在投资需求，尤其是基础设施方面。比如说，经济合作与发展组织（OECD）报告表示，尽管中国与美国有差不多大小的陆地面积且中国人口总数高达美国的四倍，但中国以铺平道路的总长度也只有美国的一半。同样地，中国铁路总长度是美国的1/3。但是，如第二章中所述，中国的投资大大超过基本要素所要求的量以及有相似增长战略的国家在繁荣期的投资（见图3.2）。投资是否有效分配到各领域，这点也不是很清楚。尤其是自2008年以来，中国投资的增长带来了几大关键经济领域未能充分利用产能的问题（见图3.3）。钢铁、水泥及汽车等重要行业的平均产能利用率从危机前的近80%下降至2013年的60%。产能的

第三章　中国的快速投资、潜在产出及产出差距 | 47

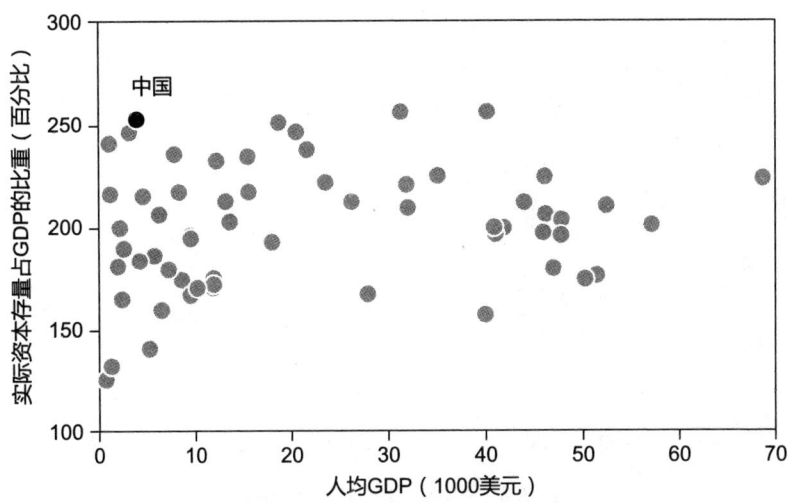

图 3.1　资本存量占 GDP 比重和人均 GDP（选择工业化及新兴市场经济体 2006—2012 年的平均数）

数据来源：IMF 的《世界经济展望》和工作人员的估算。

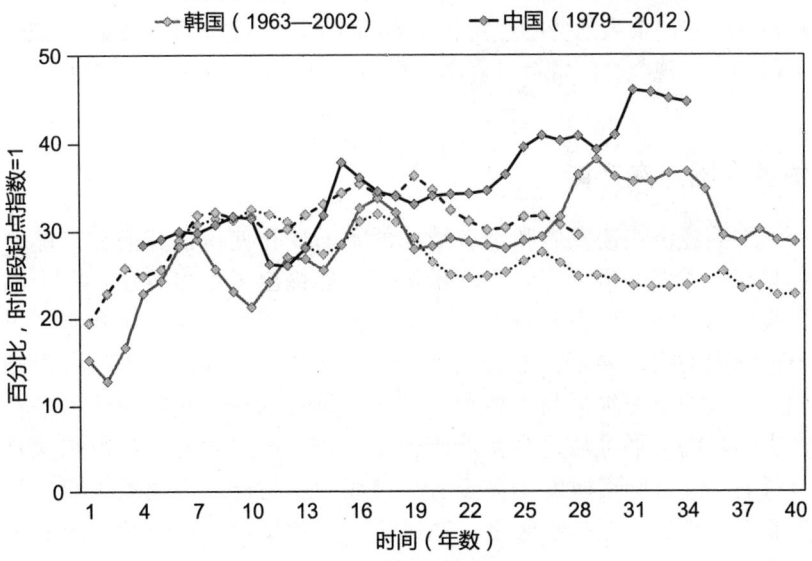

图 3.2　投资占 GDP 的份额＊

数据来源：IMF 的《世界经济展望》和工作人员的估算。

＊固定资本形成总额。

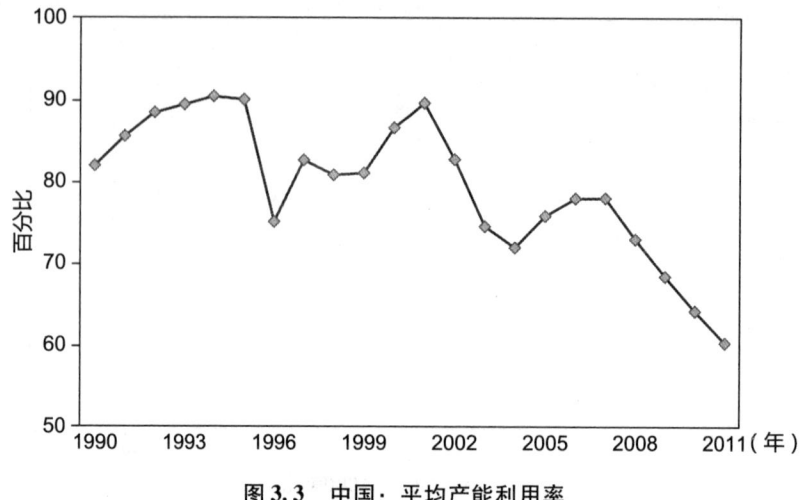

图3.3 中国：平均产能利用率

数据来源：IMF 工作人员的计算结果。

未充分利用，一方面反映了自全球金融危机以来中国贸易伙伴的需求降低，另一方面反映了中国决定先构建资本存量而不是未来的国内需求。预期来自中国贸易伙伴的需求将弱于危机发生前，因此，成功地进行趋向个人消费的经济再平衡对中国来说是非常重要的。该再平衡将保证现今的闲置存量资本再利用，使潜在投资富有生产性。

估算中国潜在产能

中国经济快速发展和经济结构的不断变化使得估算潜在产能尤其具有挑战性。历年来，为衡量潜在产能提出了很多方法。一个贴近表象的想法是在当前技术水平一定的前提下一些生产函数把产出与可利用的投入要素，如劳动力、资本及原材料联系起来。考虑到固定投入的当前水平与可变投入的可持续性水平，此想法认为潜在产出的当前水平可从这个生产函数中得出。虽然此想法一般来说是可行的，并且确实激发了关于劳动市场条件与产品市场条件存在某种联系的想法，但是实际上，通过生产函数结构，对超额需求的度量并没有增加太多精确性。制约潜在产出的不确定性简单转化为全要素生产率的不确定性[①]。此外，对于一个经历过重大结构变化的经

---

① 这不意味着生产函数在其他方面不可用。在更复杂的存量模型中，投资支出和创造产能的有着显性联系是非常重要的。

济体来说，生产函数方法没有那么可靠，因为其不可能完全解释已过时的资本存量份额的增加。

度量潜在产出的新式标准方法是使用一些过滤变量。从而，时间序列方法透过数据来拟合趋势线，且这些趋势线可衡量潜在的"均衡"值①。重点强调的是，把这些值看做均衡值，此视角也就是通货膨胀影响下的视角。趋势线用来定义差距——趋势线中实际观测值的偏差——也依次用来描述通货膨胀和政策控制过程的驱动力。至少在某种程度上，这些度量方法是由其表现这些过程的能力来决定的。以下情况与上述情况不同，比如说，以过滤为主的潜在产出衡量法意味着能够做到不受限制地最大可能地使用所有资源是最好的。比如说，不同条件下落实到位的资本也许在新兴产业中并不能适用或有用。劳动力也许需要新的技巧或者重新分配，以达到长期的生产函数可能性边界。考虑到所有的约束条件，用过滤技术所衡量的产出代表了如今所能生产的，且不会产生通货膨胀的压力。

正如 IMF（2006）所述，用来评估中国潜在产出的方法是将上述的生产函数和过滤技术两者结合起来的。其使用来自供给方和需求方的信息来确定潜在产出估值的条件。此方法背后的本质想法是不只考虑产出数据将让人们受益。特别是，既然我们知道劳动力输入与产出间存在联系，那么探究劳动力市场超额需求程度的信息可能是有用的。类似地，通货膨胀的行为告知我们可能存在产品市场的超额需求/供给。

此方法把过滤问题看做一个小系统，在这个系统内可以同时估算潜在产出、劳动参与率趋势、工作时间、设备使用率和非加速通货膨胀失业率（NAIRU）以及决定一些动态模型参数，允许分析并解释失业、产出、投入变量及通货膨胀之间的相互作用。产出、投入变量及失业率的最终估值趋势应看做可利用的不会引起通货膨胀起伏的水准；换言之，潜在性指在充分利用可利用的产能和劳动力时经济体有多少且不会形成通货膨胀的产出。

此系统包括了五种结构等式（见附件 3A），即生产函数、菲利普曲线、NAIRU、奥肯定律及资源利用关系，以及数个恒等式。

- 生产函数，见附录中的等式（3A.4），把产出和工作时间、

---

① "趋势线"是用来描述潜在产出、非加速通货膨胀失业率等系列数据。它们不一定是直线。

资本及总全要素生产率结合起来，把工作时间和资本份额分别固定在平均值 0.5 和 0.5。在潜在性上，工作时间是劳动年龄人口数、参与率趋势、平均工作时间趋势以及 1 − NAIRU 的结果。参与率趋势、平均工作时间趋势以及 NAIRU 同时确定下来，并与稳定的通货膨胀率相一致。在此同时，潜在资本存量级数是资本存量和产能利用率趋势的结果，全要素生产率取决于过去全要素生产率的实现。

- 菲利普曲线，见附录中等式（3A.2），把通货膨胀与预期通货膨胀、贸易条件指数震动（进口价格和石油价格的变化）和产出差距的过去值联系起来。超额需求的影响是通过产出差距获得的。该模型是一种回顾过去的自回归模型，被广泛用来估算简化型预期增强的菲利普曲线参数。通胀预期模式化为一种单纯的过去通货膨胀的滞后分布，限制条件为回归系数之和为 1。进口价格和石油价格转嫁的影响也添加到通货膨胀的过程中。要重点强调的是，因为通胀预期级数在菲利普曲线中十分重要，所以对通胀预期过程的替代性规范会改变差距的估算。

- NAIRU 等式，见附件中等式（3A.7），将失业率与过去失业率联系起来，从失业动态中捕捉一些持续性信息。

- 奥肯定律等式，见附件中等式（3A.8），将失业动态与产出差距动态联系起来。失业差距动态中的持久性程度从失业差距滞后值中反映的。同理，资源利用等式（附件中的等式（3A.11））将产能利用率与产出差距联系起来，将超额需求转化为产能紧缩。

对潜在产出增长与产出差距的意义

中国潜在增长率的估值表明过去十年里平均年率约 10%（见图 3.4）。潜在产出以 10% 的速度持续增长，而此时正值全球金融危机初期，中国的实际 GDP 增长率已下降至 9.3%，其原因是政府实施大规模的刺激方案而进一步促进了投资。该估值也表明，资本积累贡献了潜在产出增长的 57%，全要素生产率增长约占潜在产出增长的 38%，以及劳动力投入约占 5%。

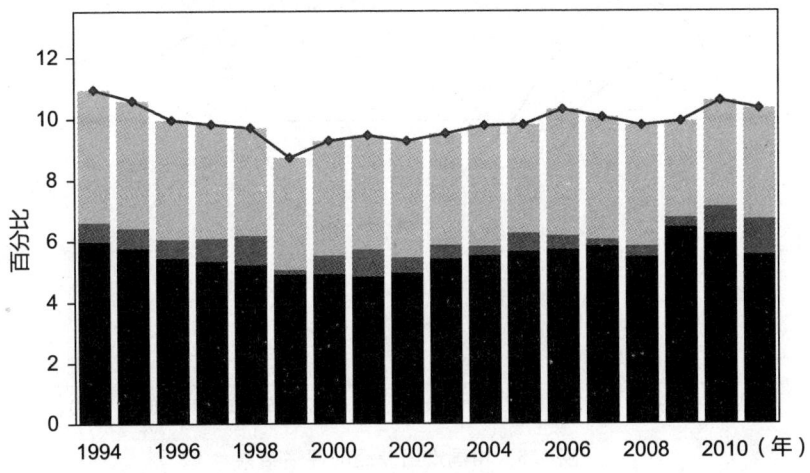

图 3.4　中国：潜在产出增长

数据来源：IMF 工作人员的估算。

注：TFP—全要素生产率。

面对缓慢的经济活动，如此高的潜在增长将带来经济大萧条。和基于 Hodrick – Prescott 滤波或类似标准过滤技术的产出差距评估不同，IMF 工作人员对产出差距的评估表明中国经济在 2011 年底低于潜在产出 5%（见图 3.5）。虽然这个数字确实不理想，但是需要记住的是中国已经在最好的十年里拥有了结构化产出差距。该差距会在金融危机前期消失，却会在外部需求水平不稳定的基础上起作用。甚至在 2007 年，即使增长超过了 14%，非食品通胀依然很低且稳定，表明经济仍然在低于产能中运作。之后，在 2008 年，政府将巨大的投资刺激落到实位以支撑增长，但在一些地区也增强了产能。

展望未来，需要清楚的是，结束中国过大的产出差距需要一段时间，当然也需要更多的标准需求管理工具。确实，产能过剩是经济过于依赖投资的反映，而投资的可持续性有待商榷，它只是如第四章中所说的受到低资本成本、劳动力、公用事业、污染、能源、土地及税收优惠等多种成本优势的支持。因此，结束产出差距需要加速结构化改革，推动经济由投资转向消费的再平衡，这将意味着降低潜在产能的增长。

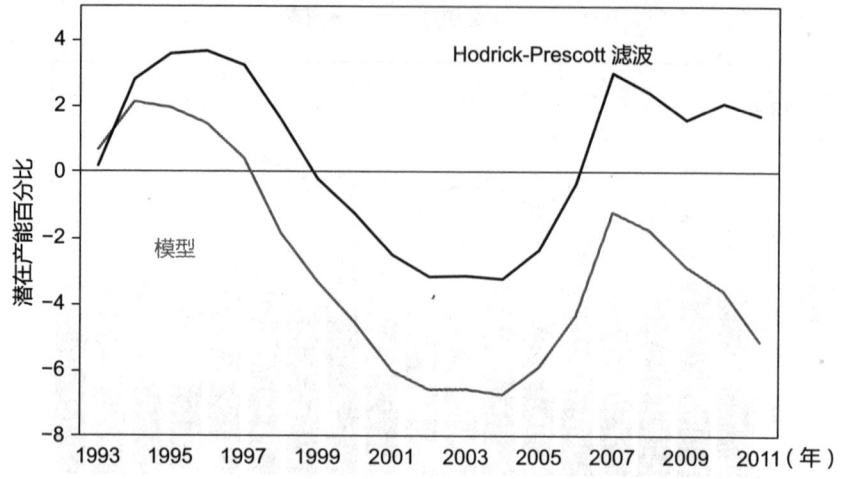

图 3.5 中国产出差距的评估结果

数据来源：IMF 工作人员的估算。

附件 3A 模型中的公式

（3A.1）产出分解

$$y_t = \bar{y}_t + \frac{ygap_t}{100}$$

（3A.2）菲利普曲线

$$\eth_t = \Psi_1 \eth_{t-1} + \Psi_2 \eth_{t-2} + \Psi_3 \eth_{t-3} + (1 - \Psi_1 - \Psi_2 - \Psi_3)\eth_{t-4}$$
$$\eth + \Psi_5^{imp} \eth + \Psi_6^{oil} \eth + \beta ygap_t + \Omega \Delta ygap_t + \varepsilon_t^{\eth}$$

（3A.3）失业率

$$unr_t = \bar{u}_t - ugap_t$$

（3A.4）潜在产出的随机过程

$$\bar{y}_t - \lambda \bar{k}_t - (1-\lambda)\bar{n}\,\bar{h}_t = \rho_1[\bar{y}_{t-1} - \lambda \bar{k}_{t-1} - (1-\lambda)\bar{n}\,\bar{h}_{t-1}] + \varepsilon_t^{\bar{y}}$$

（3A.5）潜在资本存量

$$\bar{k}_t = k_t + cu_t$$

（3A.6）产出差距的随机过程

$$ygap_t = \delta_1 ygap_{t-1} + \varepsilon_t^{ygap}$$

（3A.7）NAIRU 的随机过程

$$\bar{u}_t = \bar{u}_{t-1} + \varepsilon_t^{\bar{u}}$$

（3A.8）失业差距的随机过程

$$ugap_t = \varphi_1 ugap_{t-1} + \mu ygap_t + \varepsilon_t^{ugap}$$

（3A.9）产能利用率

$$cu_t = \overline{c}\,\overline{u}_t + cugap_t$$

（3A.10）产能利用率趋势的随机过程

$$\overline{cu}_t = \overline{cu}_{t-1} + \varepsilon_t^{\overline{cu}}$$

（3A.11）产能利用率差距的随机过程

$$cugap_t = \theta_0 cugap_{t-1} + \theta_1 ygap_t + \varepsilon_t^{cugap}$$

（3A.12）潜在劳动力投入

$$\overline{n}\,\overline{h}_t = pop_t + \overline{h}_t + \overline{part}_t + \ln(1-\overline{u}_t) \approx pop_t + \overline{h}_t + \overline{part}_t - \overline{u}_t$$

（3A.13）工作时间

$$h_t = \overline{h}_t + bgap_t$$

（3A.14）工作时间趋势的随机过程

$$\overline{\Delta h_t} = \overline{\Delta h_{t-1}} + \varepsilon_t^{\overline{h}}$$

（3A.15）工作时间差距的随机过程

$$hgap_t = \varepsilon_t^{hgap}$$

（3A.16）参与率

$$part_t = \overline{part}_t + partgap_t$$

（3A.17）参与率趋势的随机过程

$$\Delta\overline{part}_t = \Delta\overline{part}_t + \varepsilon_t^{\overline{part}_t}$$

（3A.18）参与率差距的随机过程

$$partgap_t = \varepsilon_t^{partgap}$$

变量的定义

y 是实际 GDP 对数的 100 倍

$\overline{y}$ 是潜在产出增长对数的 100 倍

$ygap$ 指产出差距

π 是 CPI 季度百分比变化的 400 倍（使用对数差分作为近似值）

π^{imp} 是隐性进口平减指数季度百分比变化的 400 倍（使用对数差分作为近似值）

π^{oil} 是《世界经济展望》原油价格指数季度百分比变化的 400 倍，原油价格指数定义为即期布伦特原油、西得州中级原油和迪拜

原油（在美国）三种现货价格的简单平均数（使用对数差分作为近似值）

k 指资本存量

$\bar{k}$ 指潜在资本存量

h 指每周平均工作时间

$\bar{h}$ 指潜在工作时间

$part$ 指参与率

$\overline{part}$ 指参与率趋势

u 指失业率

$\bar{u}$ 指 NAIRU

pop 指劳动年龄人口

cu 指产能利用率

$cugap$ 指产能利用差距

参考文献

International Monetary Fund (IMF), 2006, "Japan: Selected Issues," IMF Country Report 06/276 (Washington).

第四章

企业在中国投资的决定因素：
源于跨国企业面板数据的证据

耿楠（Nan Geng）和帕帕·恩迪亚耶（Papa N'Diaye）

基于前面章节对投资的整体分析，本章分析企业在中国投资的演变过程、主要特征以及关键决定因素。自21世纪初以来，制造业、房地产和基础设施已经成为投资的主要推动力。虽然投资大多集中在沿海地区，但是21世纪初期更大的投资已转移到内陆。投资决定因素的经验分析表明，利率、汇率及国内资本市场的深度等金融变量是企业投资的重要决定因素。结果特别表明，包括放开和提高实际利率以及提高实际有效汇率在内的金融领域的改革会降低投资，促进不依赖出口及投资转向个人消费领域的再平衡经济增长。

简介

中国投资占GDP的份额由1982年略少于30%上升到近50%。此投资水平对于大部分标准来说都太高，包括与发展战略相同的其他国家相比，与收入水平相同的国家及世界其他国家相比，此比例都高。大部分投资集中用于制造业，受到多种成本优势的支持，如资本、劳动力、公用事业、污染、能源和土地等的低成本，以及大量的税收优惠政策及币值低估等因素。在世界其他国家尤其是美国和欧元地区需求疲软的背景下，中国如此高的投资水平可以维持多久呢？

长期的高投资率会给许多部门带来产能过剩的风险，产生通货紧缩压力，增加银行系统的不良贷款，最后破坏政府的财政状况。过剩产能的累积也会对世界其他国家产生影响，因为中国制造业的产能过剩会进一步抑制全球市场上的贸易品价格，可能形成贸易冲突。中国政府意识到了这些风险，并在"十二五"规划中预设了一系列改革以再平衡经济增长，使其不依赖出口和投资而转向个人消费。结构化改革的关键是计划对金融体系的改革，它包括利率自由化、发展资本市场、改革汇率系统、提高产品各类投入要素的成本——资本、劳动力、能源、土地和水，以及降低企业储蓄和投资水平。

本章运用对中国的宏观和企业层面数据以及来自其他经济体经验的证据，对在中国进行企业投资及其决定因素作了概述。实证框架把作为产出一部分的投资与标准的投资决定因素（包括增长、实际利率和不确定性措施）联系起来，也和金融部门发展的指标联系起来。以下是几大主要亮点：

- 投资仍由制造业、房地产和最近的基础建设来推动。投资主要集中于沿海地区，但最近有转向内陆地区的趋势，这反映政府城镇化的努力，要集中发展农村及建设大范围的省际交通运输网（尤其是铁路和道路）。
- 中国资本的实际成本很低，尤其是与投资可以形成的高回报水平相比，这会是公司过度投资的很大诱因。
- 投资决定因素的实证分析表明利率、汇率和国内市场的深度等金融变量是企业投资的重要决定因素。
- 结果表明，包括提高实际利率、提高实际有效汇率及发展国内资本市场在内的金融部门的改革会降低投资并帮助中国经济再平衡。在其他条件相同的情形下，只发展国内资本市场也会加大投资。

本章的其他部分结构如下：下一部分概述了在中国投资的演变过程以及影响投资的因素。然后论述资本成本的作用，并介绍实证框架。

投资的演变

对于大部分标准来说，中国的投资占GDP总额近50%，这显得太高。首先，与同样过于依赖出口战略的经济体相比，中国投资水平十分突出。但情况并非一直如此。在中国发展早期，中国的投资水平及其演变过程表现得与德国、日本和韩国等出口导向型经济体一样（见图4.1）。其次，与拥有相同收入水平的经济体相比，中国

第四章 企业在中国投资的决定因素：源于跨国企业面板数据的证据

投资十分突出，尽管这些经济体的投资水平会有很大变化（见图4.2）。最后，与世界其他国家相比，中国投资太高（见图4.3）。

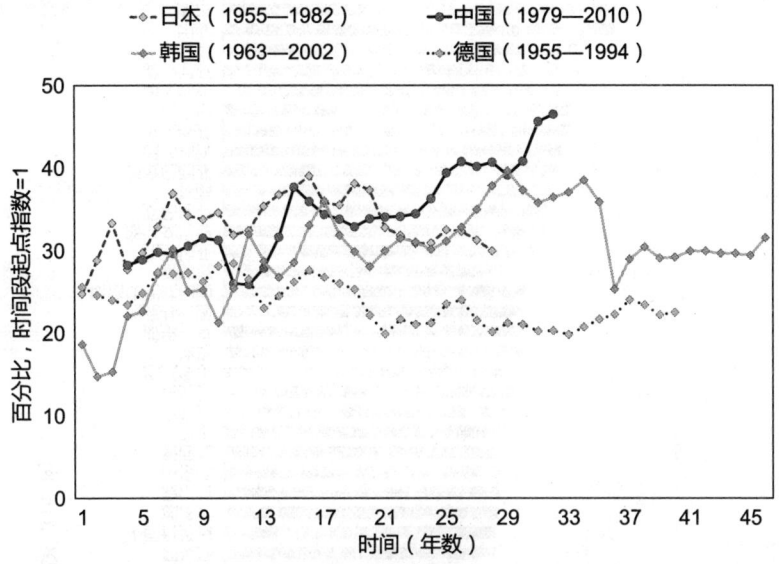

图 4.1 投资占 GDP 的份额
数据来源：CEIC 数据库和 IMF 工作人员的计算结果。

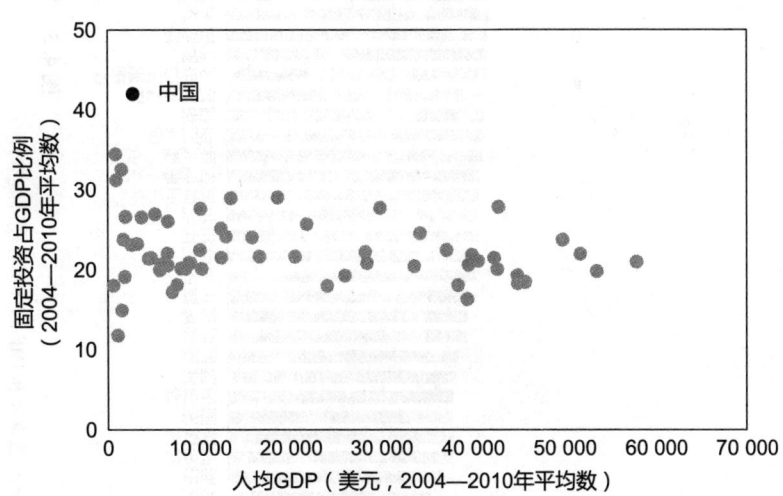

图 4.2 投资占 GDP 比例与人均 GDP
数据来源：CEIC 数据库和 IMF 的《世界经济展望》。

58 | 转型中的中国经济：从外部到内部的再平衡

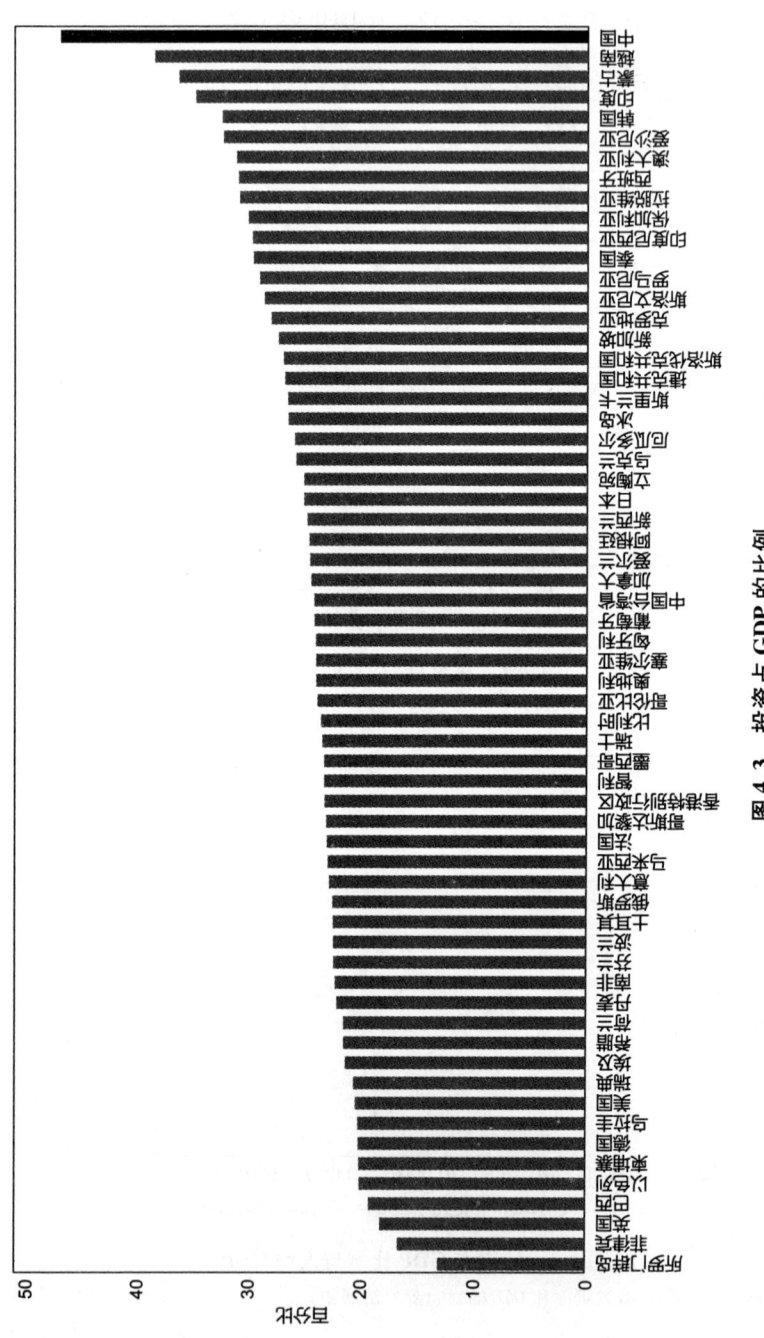

图 4.3 投资占 GDP 的比例

数据来源：CEIC 数据库和 IMF 的《世界经济展望》。

从国民经济核算来看，自 2000 年以来中国 GDP 的增长，平均而言，超过 50% 应归功于投资（在 10% 的平均增长中占 5.25%）。虽然对投资的有效性了解甚少，但有研究表明存在 10% 到 15% 的高资本折旧率和增量资本产出比率下降（见图 4.4）。运用永续盘存法对中国资本存量的估值表明资本产出比率约为 2.4%，接近美国的值①。然而，通过劳动力投入的单位来看，中国的产出比率水平只是美国的 1/10。本部分会突出中国投资的主要特点，包括谁在投资、投资到哪些行业和地区、投资的融资问题和资本成本。

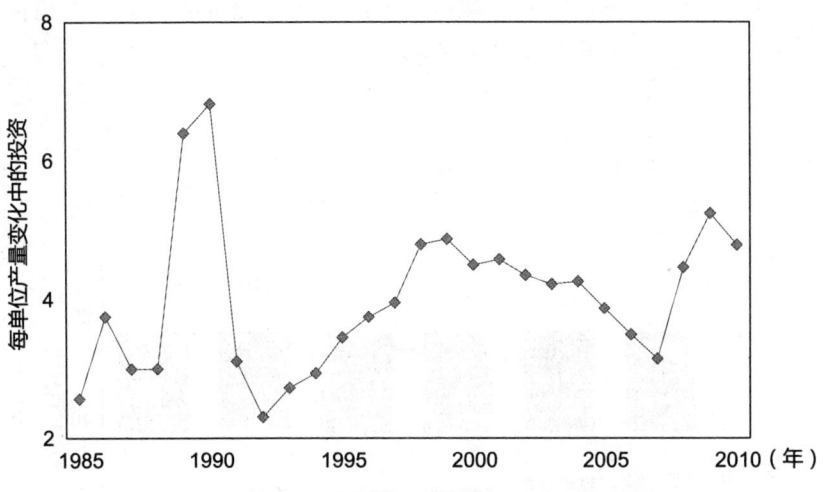

图 4.4　增量资本产出比率

数据来源：CEIC 数据库和 IMF 工作人员的估算。

谁在投资？

企业形式投资的详细数据作为高频固定资产投资数据的一部分发布的，高频固定资产资产数据由国家统计局每月发布一次。但是，这些数据与国民经济核算数据并不匹配，因为固定资产投资数据包括土地征收支出和旧资本购买，同时只反映了项目资本支出超过人民币 50 万元的部分。

根据企业类型划分，固定资产投资（FAI）总额的约 35% 源于国有企业（SOEs），20% 来自私有企业，剩余的来自其他类型企业

---

①　该结果一般对初始资本产出比率的选择是不会变的，换句话说，不论最初设置为 2.5 还是设置初始投资比率和投资稳定增长加折旧，其都不会变。

(包括股份公司、联合股份公司以及股份合作制公司)。不同类型所占比例自 2005 年来本质上已发生演变,私有企业投资份额几乎翻了一番。私有企业投资的扩张是以国有企业为代价的,国有企业的投资自 2008 年以来持续下降,国有企业投资份额约占总投资的 34%(自 2005 年的 39% 开始下降)。2010 年,国有企业投资份额上升到 GDP 的 35%,因为临时的经济刺激计划已由政府落到实处以应对全球金融危机。从外资企业的份额也可以看出下降趋势,其投资从 2005 年的 11% 下降至 2010 年的 6.5%。这些外资企业包括了来自香港特别行政区、澳门特别行政区、中国台湾等地区的企业,也包括了来自其他国家的企业(见图 4.5)。

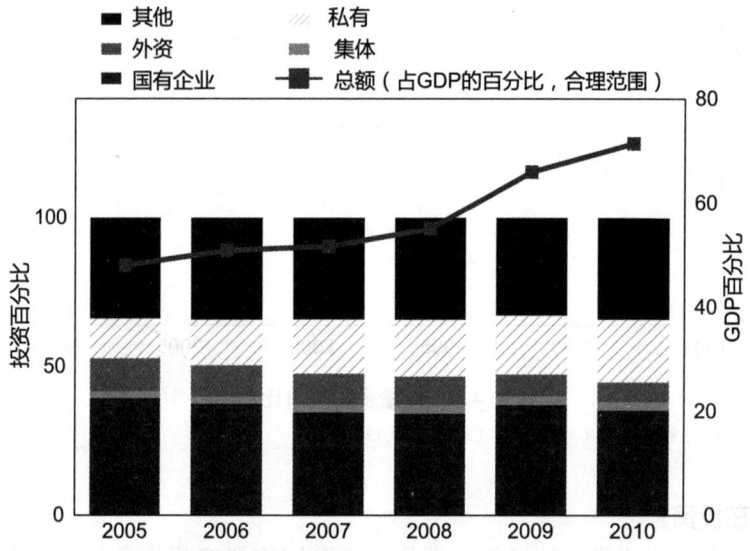

图 4.5 中国:不同企业类型的固定资产投资
数据来源:CEIC 数据库和 IMF 工作人员的计算结果。

虽然上市公司的数据展现了与国有企业和私有企业数据相同的趋势,但是其水平与 FAI 数据所观察的不同(见图 4.6)。造成国有企业和私有企业所占投资份额差异的一个主要原因是上市公司由国有企业占主导地位(上市国有企业占上市公司的一半),并且上市的国有企业趋向于比上市的私有企业规模更大。

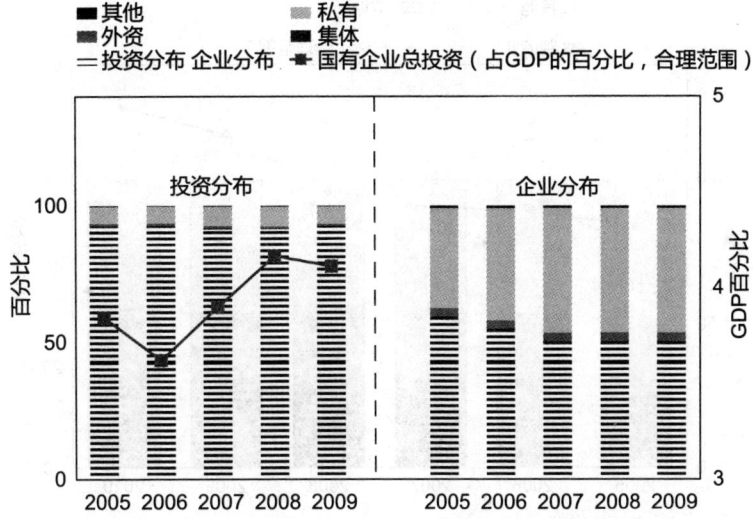

图 4.6　中国上市公司所有权类型的所有权结构和投资

数据来源：World Scope 数据库和 WIND 资讯以及 IMF 工作人员的计算结果。

企业投资给何种行业？

约 32% 的投资进入制造业领域，23% 进入房地产，余下的进入其他经济领域，其中，运输业（11%）和公共事业（8.75%）占重要份额（见图 4.7）。在 2008—2010 年间，后两个行业在投资上有了很大的提高，因为政府经济刺激计划主要倾向于这些行业。4 万亿元的政府经济刺激计划包括了 1.75 万亿元的运输业和公共基础设施建设以及 1 万亿元的震后重建。

企业投资给何地区？

东部地区，特别是沿海大城市，得到了占总投资最大的投资份额（见图 4.8）。这一重大份额反映了沿海地区存在大量制造业。虽然中西部和更偏内陆的省份对于总投资额只占到很小的份额，但是与该地区的 GDP 相比，他们所接收的投资量是很多的（见图 4.9）。比如说，西藏自治区只得到了比总投资额的 1% 还少 1/4 的投资，但是这些投资占了西藏 GDP 的 58%。同样地，浙江省得到总投资额的约 6%，但是其投资只占浙江 GDP 的 42%。

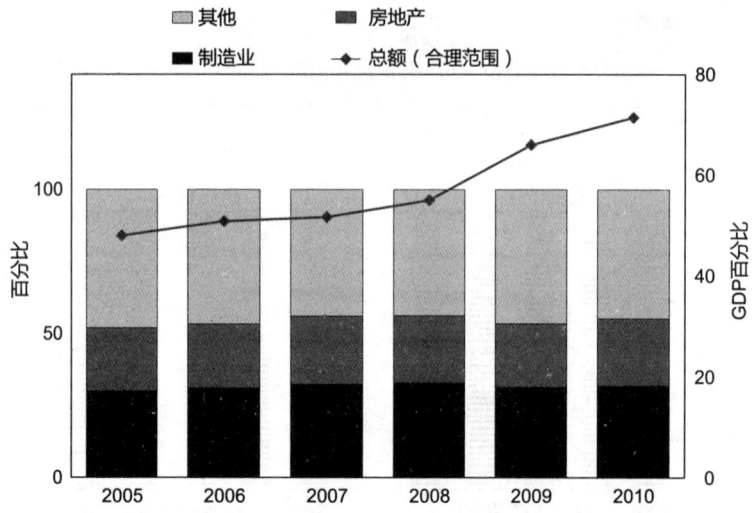

图 4.7 中国固定资产投资：行业分类

数据来源：CEIC 数据库和 IMF 工作人员的计算结果。

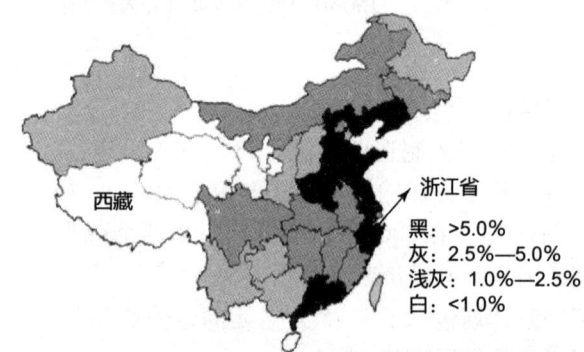

图 4.8 中国：地区投资所占总投资份额，2005—2010 年平均数（总额百分比）

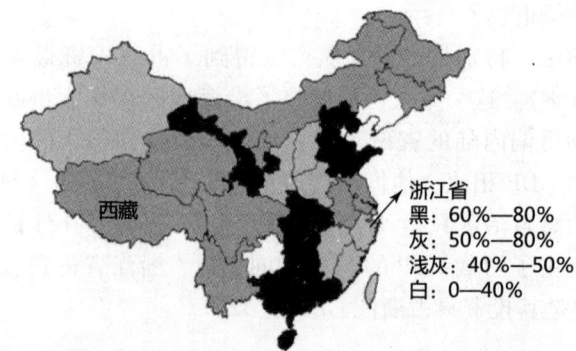

图 4.9 中国：地区投资所占总投资份额，2005—2010 年平均数（GDP 百分比）

这从很多方面反映了国有企业在欠发达地区的重要作用，也反映了国有企业往往比其他企业投资得多这一事实（Barnett 和 Brooks, 2006）。

投资是如何融资的？

投资主要通过留存收益和银行贷款来融资的。根据 FAI 数据来看，通过自身筹资来融资差不多占总融资额的 60%，比 2005 年的 54% 有所上升（见图 4.10）。通过自身筹资来融资的上升及较大比重反映了中国企业良好的盈利，也反映了直到最近很多企业支付较少的股利（与其他经济体的企业相比）。2007 年之前，国有企业是不被要求向国家支付股利的。自从 2007 年国有资本金管理预算改革以来，国有企业通常被要求按所处行业每年至少支付总利润 5%—10% 的股利。低竞争力行业的企业要求支付 10%[①]。金融行业和保险行业的股利一般高于经济领域中其他行业的股利，这是因为银行系统的竞争最小（见图 4.11）。按照国际标准，中国的上市公司一般比世界上其他地区的公司支付更少的股利（见图 4.12）。

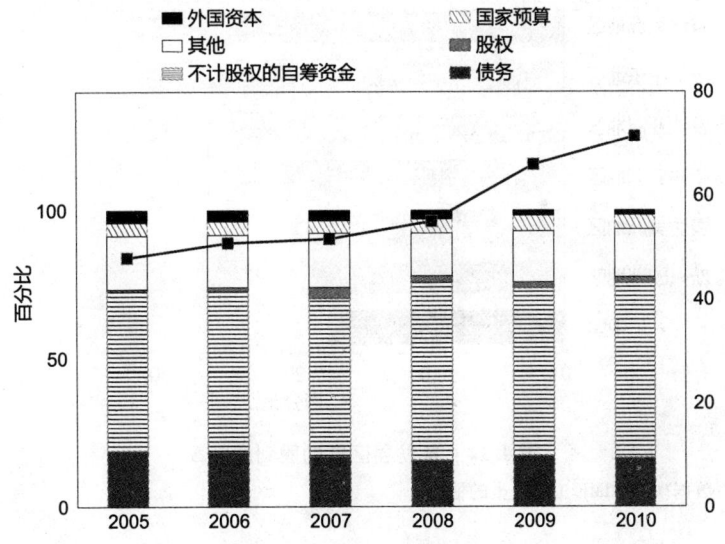

图 4.10　固定资产投资：资金来源

数据来源：CEIC 数据和 IMF 工作人员的计算结果。

[①] 国有军工企业和国有企业特殊行业（在特殊事业单位的保护伞下）最初是不包括在此要求中的。在 2011 年，股利分配要求上升到 10%—15%，但是国有军工企业和特殊事业单位保护下的国有企业只要求支付总利润的 5% 给国家。

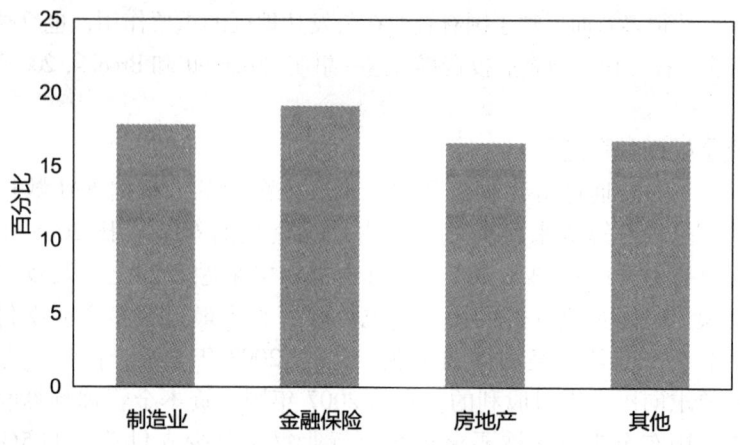

图 4.11 中国：行业的股利发放率

数据来源：IMF 工作人员的估算。

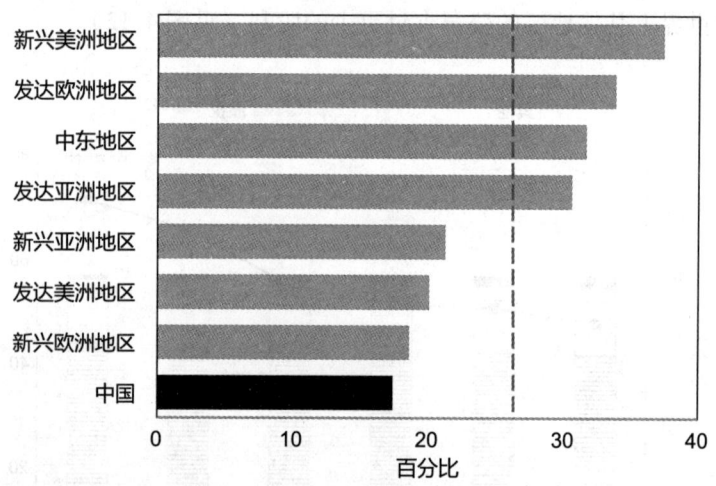

图 4.12 各发展区域的股利发放率

数据来源：IMF 工作人员的估算。

对企业储蓄的影响

特殊资本预算中国有企业所支付的股利会作为融资投资于国有企业（IMF，2009），因此，要求国有企业至少向国家支付5%—10%的股利对减少企业储蓄或者自我融资型投资的影响很小。这种股利政策、许多市场中缺少可竞争性以及廉价资本都导致了依照国际标准看中国的上市公司和非上市公司有相对较大的（总）储蓄（见图 4.13 和图 4.14）。

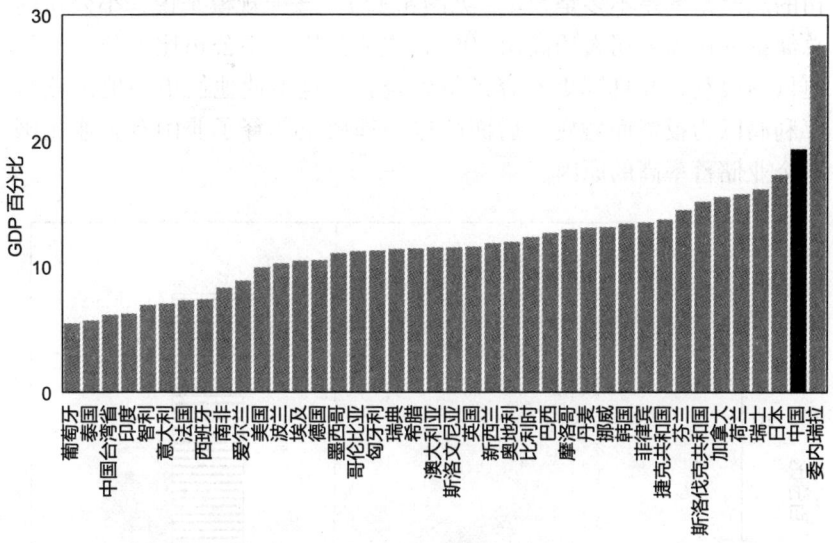

图 4.13　各国或地区的企业储蓄

数据来源：联合国数据库和 IMF 工作人员的估算。

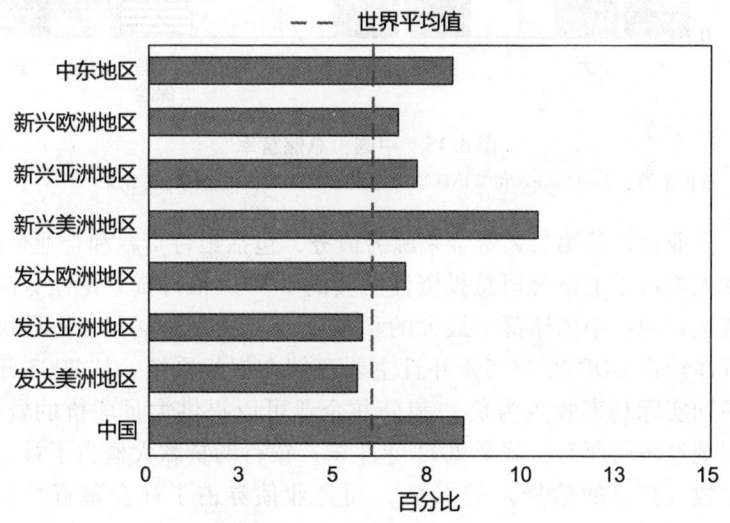

图 4.14　上市公司的总储蓄率

数据来源：WorldScope 数据库和 IMF 工作人员的估算。

注：总储蓄 = 销售额 - 已售商品成本 - 操作支出 - 利息支出 - 股利。

在上市公司中,银行(金融和保险)和房地产公司的储蓄率最高,在2005—2009年期间,分别平均为30%和16%左右。制造业公司的总储蓄率差不多是5%(见图4.15)。按照规模来说,小公司的总储蓄率比大公司大约高出60%,主要是因为小公司比大公司支付更低的股利,并且因更不容易得到贷款,这迫使他们更多地依赖留存利润以为投资而融资。后面的这个理由也解释了非国有企业比国有企业储蓄率高的原因。

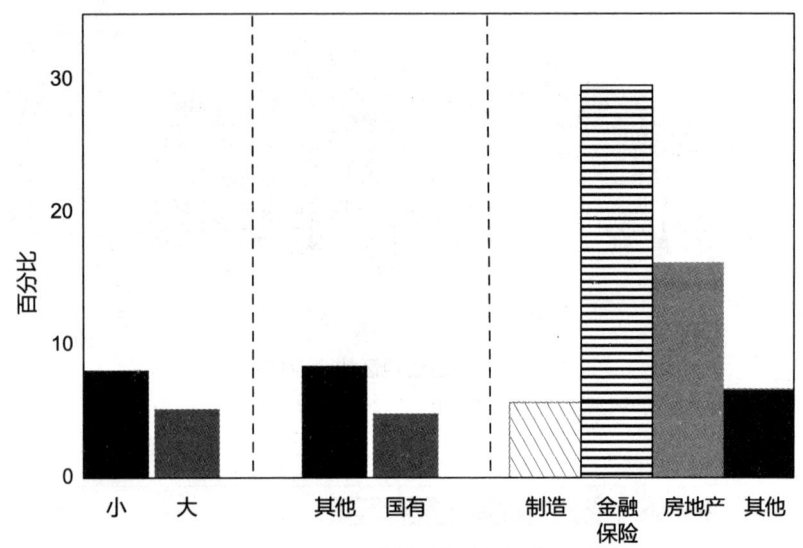

图4.15 中国:总储蓄率

数据来源:WorldScope和WIND数据库以及IMF工作人员的计算结果。

企业投资的第二大资金来源为债务,包括银行贷款和企业债券。借款大概占了上市公司总投资性融资的17%。银行贷款是债务融资的首选资源:中国储蓄率最大的私营企业(特别是居民——居民储蓄现在约占GDP的23.5%并且主要存储在银行系统,从2003年以来平均实际利率收入为负)和公共企业可以提供大量廉价的资金。从宏观经济层面看,截至2011年年末,银行的贷款大概占了社会融资总数(广义的信贷)的63%,而企业债券占了社会融资总额的11%(见图4.16)。

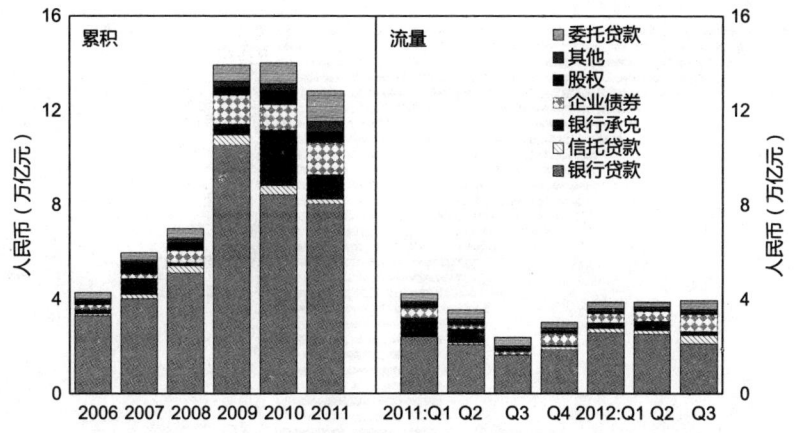

图 4.16 社会融资

数据来源：香港环亚经济数据有限公司；IMF 工作人员的估算。

资本成本

中国的资本密集型增长依赖于多种低成本投入要素，包括土地、水、能源、劳动力和资金。这些相对廉价的投入要素为中国企业提供了竞争优势并且激励资本密集型生产方式。研究估计中国的生产要素市场扭曲总值可能将近 GDP 的 10%（Huang 和 Tao, 2010）。投入的生产要素的定价低于许多行业的市场定价，而且相比较而言，也低于其他经济体的生产要素价格。

土地和水。在中国，所有土地均归国有，并且地方政府有权向企业出售达 50 年的工业用地使用权。在很多情况下，工业用地会无偿提供给企业以吸引投资（Huang, 2010）。中国的水价差不多是国际对比样本水价平均值的 1/3（见图 4.17）。

能源。多国的能源成本数据显示中国的汽油价格虽然接近于美国的汽油价格，但是相对较低（见图 4.18）。在电力方面，成本在某种程度上也低于国际比较的平均值，但是与对口单位私下洽谈显示许多公司在规定价格基础上可以协商出很大的折扣。不过，中国正在努力使得能源成本接近国际水平线：石油产品价格已经与国际原油的加权篮子价格挂钩；天然气则在 2010 年五月提高了 25%；已经取消能源密集型产业的优惠能源关税。

68 转型中的中国经济：从外部到内部的再平衡

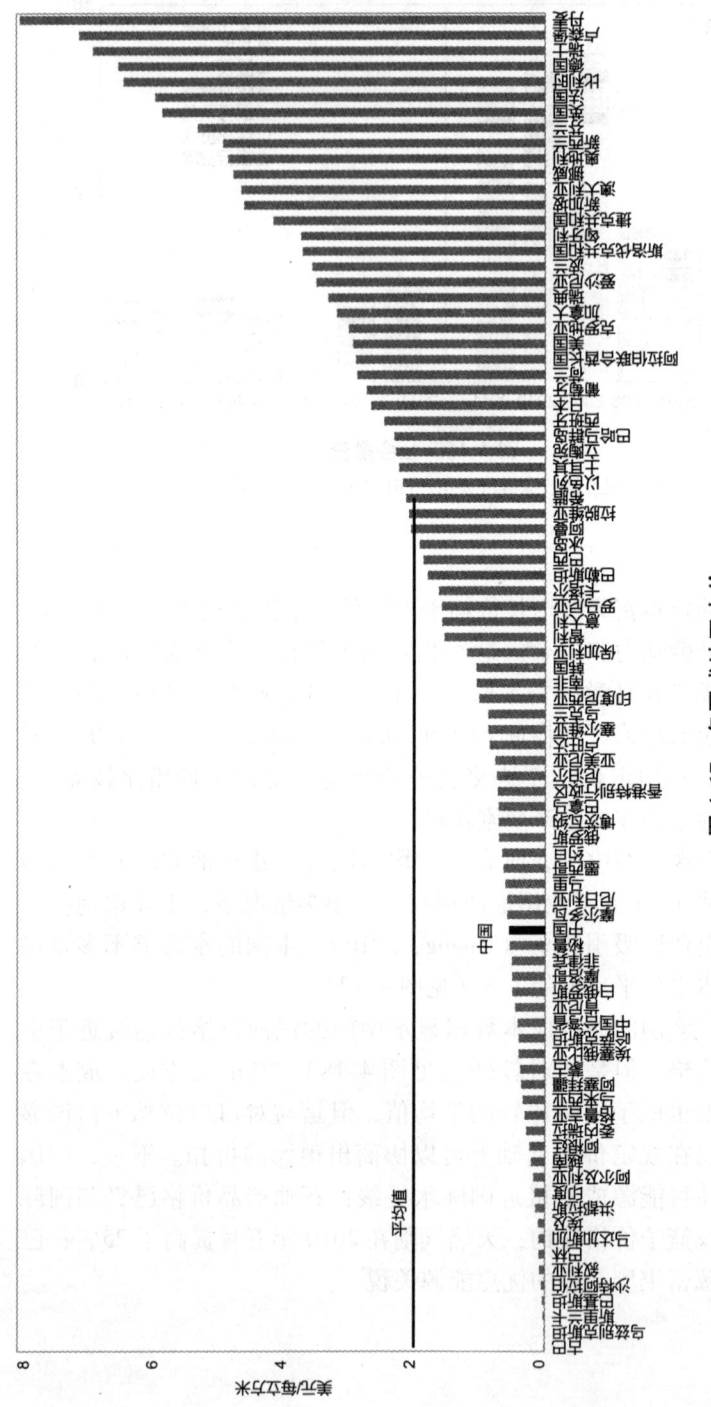

图 4.17 各国或地区水价

数据来源：全球水务情报；IMF 工作人员的估算。

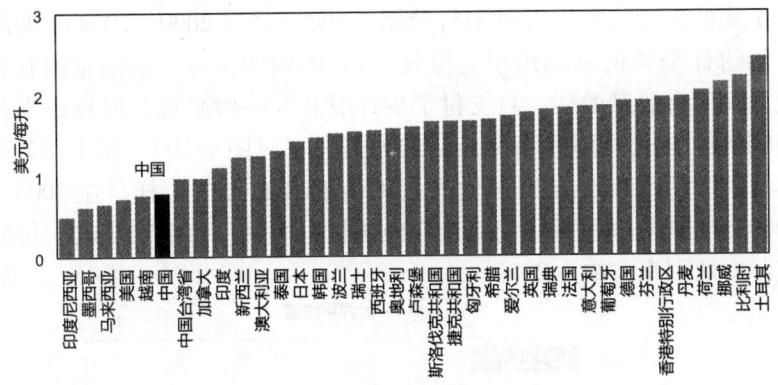

图 4.18 各国或地区汽油零售价

数据来源：国际能源机构。

资本。多种跨国测量表明，中国的资本成本似乎比较低（见图 4.19）。以 53 个经济体的 3 万家企业的数据为基础的评估结果表明实际资本成本——被定义为银行贷款、债券和股权实际成本的加权平均数——中国上市企业所面临的资本成本低于世界平均值①。资本的低成本反映了中国企业的股权成本相对低于世界其他地区。和全

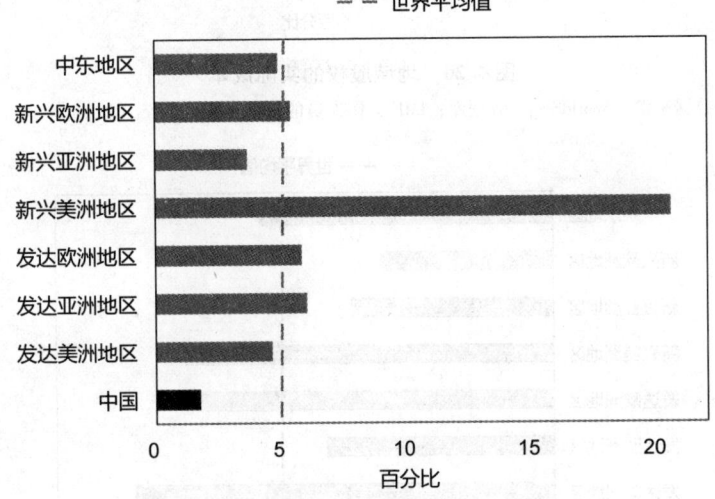

图 4.19 2005-2009 年地域实际资本成本

数据来源：WorldScope 数据库；IMF 工作人员的计算结果。

---

① 假设权重为法人债务中股权和债务的相对份额，这里股权成本则按照 ECB（2004）的方法论进行衡量。

球平均值相比（根据世界银行数据［2009］，在 2000—2008 年期间平均约有 33% 的利润用于支付股息），中国的企业，特别是国有企业，如果有股息的话，只支付了少许股息。一般来说，股权成本在中国约为 5%，而世界其他地区的为 12%（见图 4.20）。至于债务成本，中国的上市公司则和世界上其他地区的公司一样。在 2005—2009 年期间，和世界平均值 2.75% 相比，中国上市公司平均支付的实际有效利率大约为 2.5%。

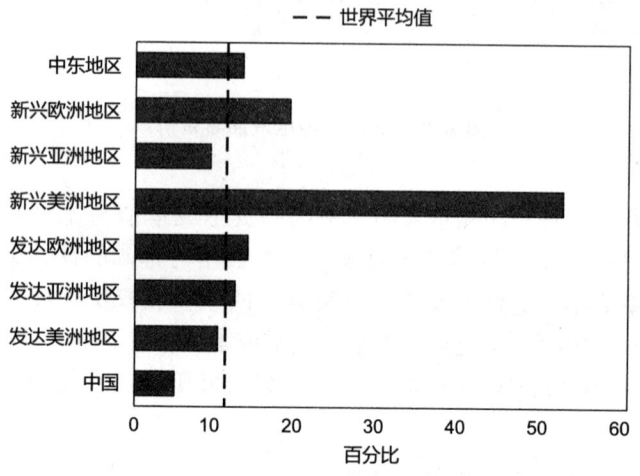

图 4.20　地域股权的实际成本

数据来源：WorldScope 数据库；IMF 工作人员的计算结果。

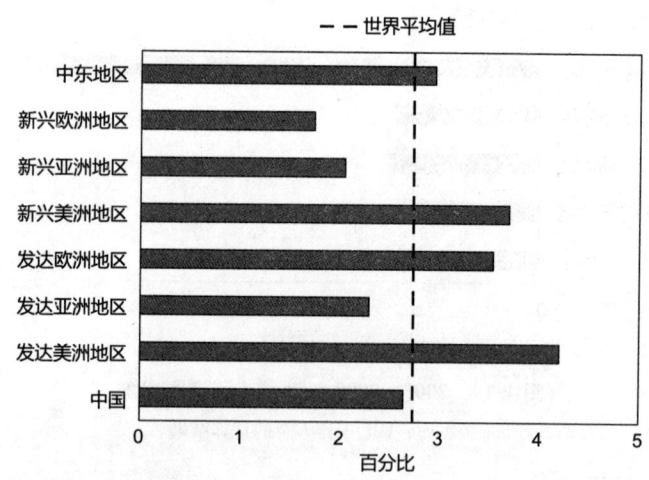

图 4.21　地域债务的实际有效利率

数据来源：WorldScope 数据库；IMF 工作人员的计算结果。

在评估资本在中国的高产能时，资本显得尤为廉价。尤其是，可再生资本（也就是调整后的土地资本）的边际产出的评估表明，中国的资本回报远高于许多发达和新兴经济体的实际贷款率的平均值（见图 4.22）①。

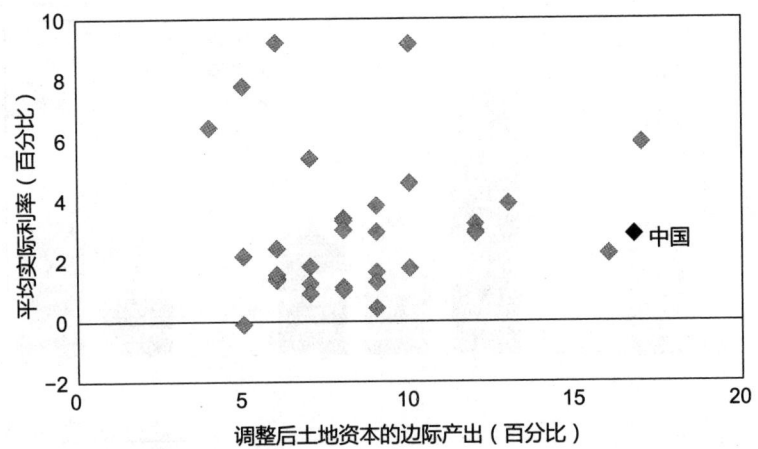

图 4.22 2004－2010 年相对平均实际利率的资本
（调整后土地资本）边际产出

数据来源：IMF 工作人员的估算。

实际贷款利率和资本边际产出的差值是金融企业和非金融企业共同分享的租金。假设资本的边际产出（净折旧额）和资本回报相等，这个回报可以在银行、居民和非金融企业间分配，银行收取平均的存款利率和贷款利率之间差额作为报酬，居民获得实际存款率带来的收益以及非金融企业获得资本边际产出减去上述部分后的剩余部分。这种简单的运用表明，在中国，资本回报在很大程度上由金融和非金融企业共享（见图 4.23）。考虑到中国在那个时期的实际存储率为负，平均而言，居民从 2003 年后已经在补助这些企业。因此，提高中国的资本成本将允许居民保留部分自己资金的回报，并有助于支持消费②。非金融企业比金融企业得到的资本回报份额稍

---

① 根据 Caselli 和 Freyer（2005）评估中国可再生资本的边际产出，其为除去土地和其他不可再生项目的资本收入份额与资本产出比率的比率。股本由永续盘存法得出。其他 Bai、Hsieh 和 Qian（2006）对中国资本回报作出的评估显示资本回报由在 1973－1993 年期间的 25% 降至 2005 年的约 20%。

② 参考 Guo 和 N'Diaye（2010）关于财产收入在中国个人消费中角色。

大一点。这种中国经济中多个玩家分享资本回报的情形完全不同于在印度、韩国、日本、美国和英国等国家观察到的情况。不同于中国的是,这些国家的居民得到的资本回报份额最少,且企业部门占有相对较少的,合理的资本回报①。

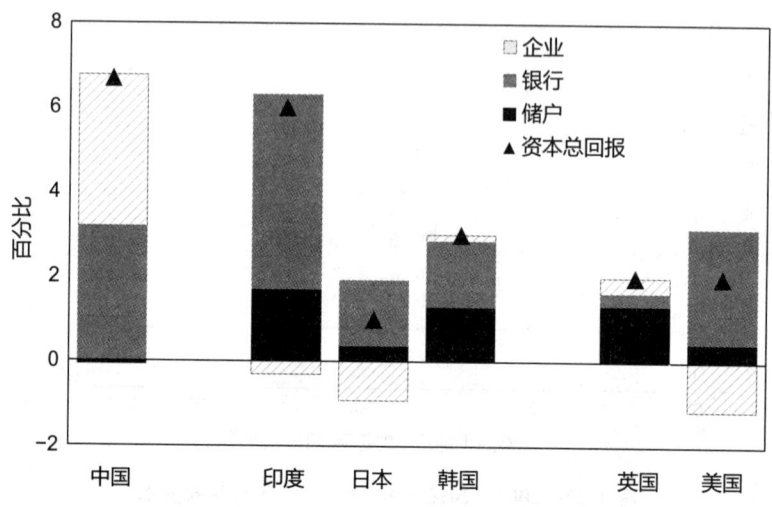

图 4.23　银行中介资本实际回报的分配
数据来源:IMF 工作人员的评估结果。

实证的投资决定因素

公司层面和跨国层面的数据均被用于解释中国投资的动力。鉴于分析结果以公司层面的数据为基础,公司资本支出(与销售相关)需要回溯到过去的资本支出、资本产出率平方值、相对于 GDP 的股票市场总值、实际利率、实际有效汇率的变化、实际 GDP 增长、与 GDP 相关的经常账户余额、国外债务占 GDP 的比率、资本产出的相对价格和产出的波动。这些变量体现多种因素的影响,包括投资、成本调整(由资本产出率的平方体现)、资本市场发展、资本成本、汇率、国家风险、国家发展水平、利润机会、不确定性和外部融资的可用性。

---

① 因为企业较少依赖银行融资,所以这种表述不一定能够准确描述美国的情形。美国的资金流量数据显示,截至 2011 年 9 月,银行贷款约占非金融企业债务总量的 3.5%,而企业债券约占债务总量的 40%。

第四章 企业在中国投资的决定因素：源于跨国企业面板数据的证据

这个模型的评估使用了 Arellano 和 Bond（1991）开发的动态面板数据和 53 个经济体 27997 家公司的非平衡面板及在 1990－2009 年期间中国的 1908 家公司的非平衡面板①。为了处理好同时性，把同期回归量的滞后值用作工具变量，并且实施特殊的相关性校正。所有等式右边带有滞后的变量均可考虑由外因生成。这组工具变量还包含了国家模型，但国家模型没有被包含在回归量中。

表 4.1 展示了公司层面数据回归的结果。"跨国"列展示了以跨国数据为基础的结果，"中国"列则只展示了中国的结果②。这些以跨国数据为基础的结果表明投资和资本市场的发展、产出增长以及资本的相对价格呈正相关关系，和成本调整、实际利率、实际有效汇率的变化、国家风险以及不确定性呈负相关关系。尽管这些结果的大多数和先前的结果一致——例如，资本市场发展增加了融资机会和工具（Beck 和 Levine，2001；Leahy 和其他人等，2001）——资本的相对价格信号不再那么明显。实际上，正如 Caselli 和 Freyer（2005）在文中所述，资本价格相对于产出来说较欠发达经济体的较高。由于欠发达经济体的投资率普遍较高，表 4.1 中的结果只能简单地描述发展水平和投资水平之间存在正相关关系。

表 4.1　　从公司层面数据看企业投资决定因素

解释变量	跨国	中国
资本支出比率（滞后一年）	0.307**	－0.031**
	(0.000)	(0.002)
投资成本调整 $(K/Y)^2$（滞后一年）	－0.004**	－0.030**
	(0.000)	(0.000)
股票市场价值/GDP	1.043**	0.080**
	(0.011)	(0.003)
实际利率（滞后一年）	－2.420**	－0.253**
	(0.199)	(0.008)
REER 增值	－0.411**	－0.417**
	(0.076)	(0.009)

---

① 见附件 4A 对本章数据的描述内容。
② 所有结果都按照指令 1 和指令 2（AR（1）和 AR（2））通过自相关检测以及过度识别检测（Hansen's J - statistic）。

续表

解释变量	跨国	中国
实际 GDP 增长	1.620**	…
	(0.245)	…
经常账户余额/GDP（滞后一年）	2.700**	-2.230**
	(0.387)	(0.062)
外债风险	-1.342**	-4.104**
	(0.089)	(0.062)
资产与 GDP 的相对价格	5.081**	1.467**
	(0.206)	(0.044)
GDP 增长变动（滞后一年）	-3.260**	-4.210**
	(0.489)	(0.124)
观察数目	185 217	7 532
公司数目	27 997	1 908
Ar（1）	0.019	0.008
Ar（2）	0.117	0.267
Hansen J 检测（概率 > x^2）	0.72	0.45

数据来源：IMF 工作人员的评估结果。

注：广义矩方法使用公司在 1990－2009 年期间的非平衡面板进行评估。括号中为稳健标准误差，带有 ** 的表示显著性水平为 5%。REER ＝ 实际有效汇率。

表 4.2 列出了相似的投资等式使用总的国家账户数据得出的评估结果。模型把总投资与实际利率（滞后）、实际 GDP 增长、增长的波动性、金融发展的指标（每 1 万人中上市公司的数目）、经济发展指标、债务占 GDP 的比率以及汇率的变化等联系起来。引进特指中国的虚拟变量以观察中国的情况是否突出。这个模型通过使用 52 个经济体的非平衡面板的广义的矩估计量方法进行评估。

表 4.2　　从总体数据看投资的决定因素

解释变量	系数
每 1 万人中上市公司的数目	3.900**
	(0.507)
实际利率（滞后一年）	-0.054**
	(0.019)

第四章 企业在中国投资的决定因素：源于跨国企业面板数据的证据

续表

解释变量	系数
REER 增值	0.121
	(0.044)
实际 GDP 增长	0.215**
	(0.053)
经常账户平衡/GDP（滞后一年）	-0.073**
	(0.023)
外债风险	-0.013**
	(0.003)
资本对 GDP 的相对价格	0.198**
	(0.090)
GDP 增长的波动（滞后一年）	-0.118
	(0.079)
相对人均 GDP	-2.114**
	(0.772)
常量	22.228**
	(0.531)
每 1 万人上市公司数目（中国特定）	1151.2**
	(80.637)
中国具体的实际利率（滞后一年）	-0.351**
	(0.092)
中国具体的 REER 增值	-0.254**
	(0.070)
中国具体的常量	5.110**
	(0.721)
观察数目	840
经济体数目	52
Durbin-Watson 检测（p-值）0.33	

数据来源：IMF 工作人员的评估结果。

注：广义矩方法使用公司在 1990—2009 年期间的非平衡面板进行评估。括号中为稳健标准误差，带有 ** 的表示显著性水平为 5%。REER = 实际有效汇率。

总体而言，这些结果和先前的情况一致。投资会随着实际利率、不确定性、国家的发展水平的下降而下降，会随国家外部金融风险的增长而增长。投资会因为增长机遇、金融发展和除中国外的货币增值而增长，其他国家货币增值可能反映了制造企业的重要性。更详细点，以下为表 4.1 和 4.2 中值得关注的结果：

- 实际利率对投资具有负面影响。总的来看，实际利率增长 100 个基本点可以使得在中国的企业投资减少大约 GDP 的 0.5%。基于上述估值，把实际利率提高到资本净额的边际产出水平将可能减少约占 GDP 3% 的投资。实际利率对投资的预计影响在中国远远超过了面板数据中其他 52 个经济体的平均值。当以公司数据为基础进行评估时，实际利率变化对企业投资的影响约为一半。这个结果可以大致反映出样本公司（样本由大型上市公司组成）对银行中介融资的依赖性更小。
- 汇率升值也能减少投资。10% 的升值将会减少约占 GDP 1% 的总投资。公司层面样本中制造业公司的高度集中意味着，从公司层面数据看，汇率升值的预计影响会更大。
- 资本市场发展的指标表明更加发达的金融体系会鼓励更高的投资，这很大程度上通过放松公司面临的金融管制来实现。

结论

本章分析了投资在中国的演变、主要特征及其关键决定因素。近些年，制造业、房地产和基础建设行业已经成为投资的主要驱动力。尽管近些年投资有向内陆缓慢转移的迹象，但投资仍然高度集中于沿海地区。对投资决定因素的实证分析显示，例如利率、汇率和中国资本市场的深度等金融变量是企业投资的重要决定因素。结果表明，包括可以提高实际利率和使得实际有效汇率升值的金融领域的改革，将会降低投资并有助于经济再平衡，使经济增长不再依靠出口和投资而转向向个人消费。

附件 4A 数据定义

本章所使用的公司层面的数据来源于 Worldscope 数据库和 WIND

第四章 企业在中国投资的决定因素：源于跨国企业面板数据的证据

数据库，这两个数据库均报告世界范围内50多个经济体在1990 – 2009年期间上市金融和非金融公司每年的财务报表的数据。表4A.1、4A.2和4A.3介绍了样本中经济体和公司分布的概况。

表4A.1　　　　　　　　　公司分布

经济体	公司数目	样本比例（百分比）
阿根廷	65	0.23
澳大利亚	1 614	5.76
奥地利	82	0.29
比利时	112	0.40
巴西	169	0.60
加拿大	1 139	4.07
智利	166	0.59
中国	**1 908**	**6.82**
哥伦比亚	26	0.09
捷克共和国	11	0.04
丹麦	168	0.60
埃及	68	0.24
芬兰	119	0.43
法国	554	1.98
德国	614	2.19
希腊	165	0.59
香港特别行政区	919	3.28
匈牙利	34	0.12
印度	1 944	6.94
印度尼西亚	334	1.19
爱尔兰	45	0.16
以色列	154	0.55
意大利	265	0.95
日本	3 790	13.54
韩国	880	3.14
卢森堡	26	0.09
马来西亚	938	3.35
墨西哥	108	0.39

续表

经济体	公司数目	样本比例（百分比）
摩洛哥	20	0.07
荷兰	131	0.47
新西兰	130	0.46
挪威	178	0.64
巴基斯坦	140	0.50
秘鲁	65	0.23
菲律宾	187	0.67
波兰	332	1.19
葡萄牙	47	0.17
俄罗斯联邦	63	0.23
新加坡	604	2.16
斯洛伐克共和国	7	0.03
斯洛文尼亚	12	0.04
南非	325	1.16
西班牙	127	0.45
斯里兰卡	28	0.10
瑞典	378	1.35
瑞士	232	0.83
中国台湾省	922	3.29
泰国	500	1.79
土耳其	218	0.78
英国	1 700	6.07
美国	5 218	18.64
委内瑞拉	13	0.05
津巴布韦	3	0.01
合计	27 997	100

数据来源：Worldscope 数据库；IMF 企业弱点单位数据库以及 IMF 工作人员的评估结果。

表 4A.2　中国的上市公司（按行业分）

标准行业分类	公司数目	样本比例（百分比）
农业、林业和渔业	40	2.10
矿业	44	2.31
制造业	1 111	58.23
公共事业	69	3.62
建造业	38	1.99
交通业	73	3.83
信息技术业	151	7.91
批发零售业	101	5.29
金融保险业	34	1.78
房地产业	118	6.18
社会服务业	52	2.73
交流和文化产业	17	0.89
综合	60	3.14
合计	1 908	100

来源：Worldscope 和 WIND 数据库。

表 4A.3　中国的上市公司（按实际所有权分）

所有权类型	公司数目	样本比例（百分比）
政府机构	137	7.18
SASAC	762	39.94
SOE	81	4.25
私人	826	43.29
集体	19	1.00
外资	58	3.04
大学	9	0.47
其他	16	0.84
合计	1 908	100

数据来源：Worldscope 和 WIND 数据库以及 IMF 工作人员的评估结果。
注：SASAC = 国有资产监督管理委员会；SOE = 国有企业。

表 4A.2 和表 4A.3 提供了中国特定上市公司的所有权和行业分布的信息。这些表格表明样本主要为制造业公司，主要为国有（包括属于政府机构的公司、国有资产监督管理委员会和其他国有企业）。

参考文献

Arellano, M., and S. Bond, 1991, "Some Tests of Specification for Panel Data: Monte Carlo Evidence and Applications to Employment Equations," *Review of Economic Studies*, Vol. 58, pp. 277–297.

Bai, C., C. Hsieh, and Y. Qian, 2006, "The Return to Capital in China," NBER Working Paper No. 12755 (Cambridge, Massachusetts: National Bureau of Economic Research).

Barnett, S., and R. Brooks, 2006, "What's Driving Investment in China?" IMF Working Paper 06/265 (Washington: International Monetary Fund).

Beck, T., and R. Levine, 2001, "Stock Markets, Banks, and Growth: Correlation or Causality," Policy Research Working Paper No. 2670 (Washington: World Bank).

Caselli, F., and J. Freyer, 2005, "The Marginal Product of Capital," NBER Working Paper No. 11551 (Cambridge, Massachusetts: National Bureau of Economic Research).

European Central Bank (ECB), 2004, "The Results of the October 2004 Bank Lending Survey for the Euro Area," Box 2 in *Monthly Bulletin November 2004* (Frankfurt: European Central Bank).

Guo, K., and P. N'Diaye, 2010, "Determinants of China's Private Consumption: An International Perspective," IMF Working Paper 10/93 (Washington: International Monetary Fund).

Huang, Y., 2010, "China's Great Ascendancy and Structural Risks: Consequences of Asymmetric Market Liberalization," *Asian-Pacific Economic Literature*, Vol. 24, No. 1, pp. 65–85.

———, and K.Y. Tao, 2010, "Causes and Remedies of China's External Imbalances," Paper prepared for the conference "Trans-Pacific Rebalancing," jointly organized by the Asian Development Bank Institute and the Brookings Institution, Tokyo, March 3–4.

International Monetary Fund (IMF), 2009, "Building a Sustained Recovery," in *Asia and Pacific Regional Economic Outlook*, October (Washington).

Leahy, M., S. Schich, G. Wehinger, F. Pelgrin, and T. Thorgeirsson, 2001, "Contributions of Financial Systems to Growth in OECD Countries," OECD Economics Department Working Paper No. 280 (Paris: Organization for Economic Cooperation and Development).

World Bank, 2009, "Effective Discipline with Adequate Autonomy: The Direction for Further Reform of China's SOE Dividend Policy," Report No. 53254 (Washington).

第五章

中国城市的利率、投放和家庭储蓄

马尔哈·纳巴（Malhar Nabar）

中国国内失衡很重要的一方面是家庭消费在国民经济中占相对较低的份额（从21世纪前十年占GDP的46%跌至2011年的36%）。而另一方面是家庭储蓄率的上升。本章研究1996－2009年间中国各省的城市家庭储蓄率，期间，国家级城市家庭储蓄率从可支配收入的19%上升到30%。城市储蓄率随着此期间实际利率的下降而上升。这种关系表明中国家庭按照内心的储蓄目标水平进行储蓄。主要的政策意义就是实际存款利率的上升可能会帮助降低居民储蓄以及推动国内消费。

简介

在20世纪90年代中期，中国城市家庭储蓄率占可支配收入的19%。十五年过后，储蓄率达到了30%。储蓄率的增长发生在经济的快速增长期，期间，对生活改善的期望，对收入增长和巨大繁荣的预期也深入人心。而这些预期的影响本应该抑制储蓄而不是引发储蓄念头。

家庭储蓄率上升的同时，中国的增长模式也变得更加依赖出口和投资。再平衡中国经济回到依靠消费需要一些措施（体现在其他政策中）来引导居民少储蓄多消费。本章考察了金融改革特别是利率市场化和实际存款利率增长在影响中国家庭储蓄率中扮演了什么样的角色。

虽然研究的主体考察了中国家庭储蓄的决定因素，但对利率和利率对储蓄决定的影响的关注却很少。银行存款是当前中国居民可利用的主要储蓄工具。因此，居民从银行存款中所得的收益会以有形方式潜在影响家庭储蓄行为。此研究分析了利率如何影响家庭储蓄决定，使用了 1996－2009 年间涉及中国 31 个省级行政区划单位的面板数据集。主要发现如下：

- 面板估计表明家庭储蓄对实际利率变化有着强烈的反应。银行存款实际收益率每上升 1 个百分点，城市家庭储蓄率下降 0.6 个百分点。
- 对各期间关系的比较表明，相对于 1996－2002 年，后期的 2003－2009 年的这种关联更为密切。就其中的一些变量而言，这种关系很牢固，这些变量代表对储蓄有其他影响的因素，如生命周期的考虑和防止收入波动的自我保险等。
- 这一迹象也表明，当另类投资收益高时（比如，当房地产价格增长相对强劲时），银行存款实际收益下降对居民投资组合并没有不利影响。
- 结果表明，中国家庭储蓄满足了退休消费、耐用品购买、防止收入波动的自我保险和健康方面的打击等多重需求，且表现得似乎他们在心里已经有了储蓄目标水平。收益的金融比率增长，将会使储蓄收益增长，会使居民更容易达到他们的储蓄目标。因此，提高利率的金融改革将会对目前的储蓄倾向有着很强的影响力。当金融发展的收益和替代的投资机会变得更容易获得，投资组合的多样性可能进一步使得家庭更容易达到其储蓄目标，也潜在地降低了目前可支配收入中的储蓄比重。

本章结构如下：下一部分总结了当前中国家庭储蓄率的趋向，并对此领域的先前研究作了简要概述。随后的部分概述了目标储蓄假说，提出经验性分析，并在安排妥当的系列金融改革背景下探讨了政策意义和利率市场化的重要性。

中国的家庭储蓄

背景

理所当然，中国的经济表现引起了决策者和学术研究者的关注，后者还试图对其各维度进行解释。经济转型以前所未有的速度进行着。通过将近二十年的保持近两位数的 GDP 增速的发展，中国使数百万人民脱离贫困，并且在社会更广泛的范围内让中产阶层生活方式的前景有所提高。这些成就并没有扰乱增长。

在经历了如此快速发展并伴随着生产和分配方式的结构性转变的经济中,引人注目的一面是 GDP 中居民消费份额的下降和储蓄率的相应上升。图 5.1（来自以支出为基础的国民经济核算数据和资金流量）表明了占有 GDP 份额的消费在一段时间内的相对下降。中国 GDP 中的消费份额水平现在大大低于人均国民收入水平相同的国家（IMF，2009）。

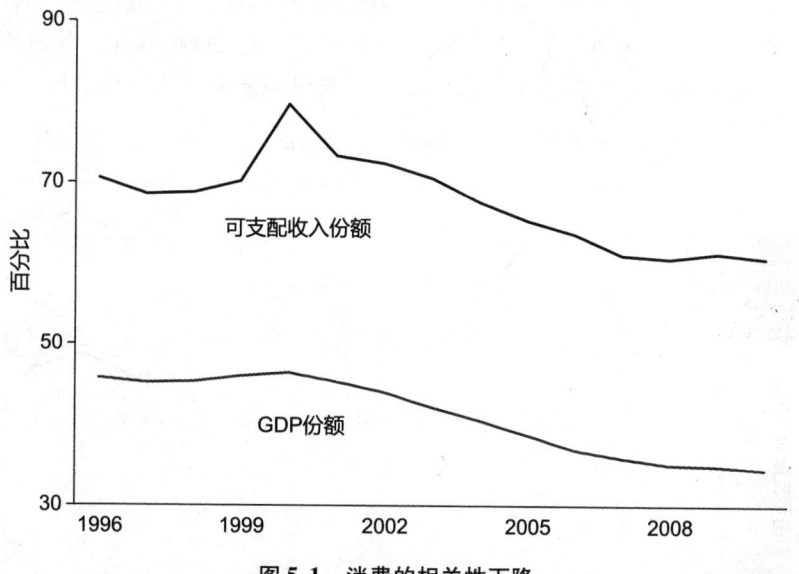

图 5.1 消费的相关性下降

数据来源：香港环亚经济数据有限公司和 IMF 工作人员的评估结果。

Aziz 和 Cui（2006）认为,中国 GDP 中消费份额下降的很重要的一部分是由 GDP 中家庭可支配收入份额的下降造成的。此外,占 GDP 份额的家庭利息收益也下降了。Lardy（2008）估计,在 2008 年第一季度,占有 GDP 份额的家庭利息收益比居民在 2002 年得到的银行存款实际收益率约低 4 个百分点（也就是说,自 2002 年起,调节名义存款利率已与通货膨胀保持同步）。

虽然要素收入份额的变化也许能解释一部分 GDP 中消费份额的下降,但是,正如图 5.1 所示,消费作为可支配收入的一小部分也在下降。Guo 和 N'Diaye（2010）认为,中国相对较低的个人消费是由服务业发展和金融发展的低水平和实际利率低等制约因素造成的。他们还指出消费可以在不把中国特有的文化属性作为解释变量的情况下和这些基本因素联系起来。

与消费份额下降相辅相成的是家庭储蓄率的上升。图 5.2 表明了全国人均城乡储蓄率是由国家统计局每年编制的家庭调查数据中计算而来的。储蓄率是用人均国民收入及消费来计算的。对于城市来说，用来衡量收入的是人均可支配收入；对于农村来说，用来衡量的是人均净收入。正如图 5.2 所示，调查数据表明城市储蓄率在20 世纪 90 年代中期开始上升，在 2003 - 2009 年间加速增长。农村储蓄率并没有展现出一个与城市一致的模型：其从 20 世纪 90 年代后期上升，在达到一个平稳期前有些许下降。自 2006 年起，其再次呈上升趋势。本章集中于城镇储蓄率，农村储蓄率留待以后分析。

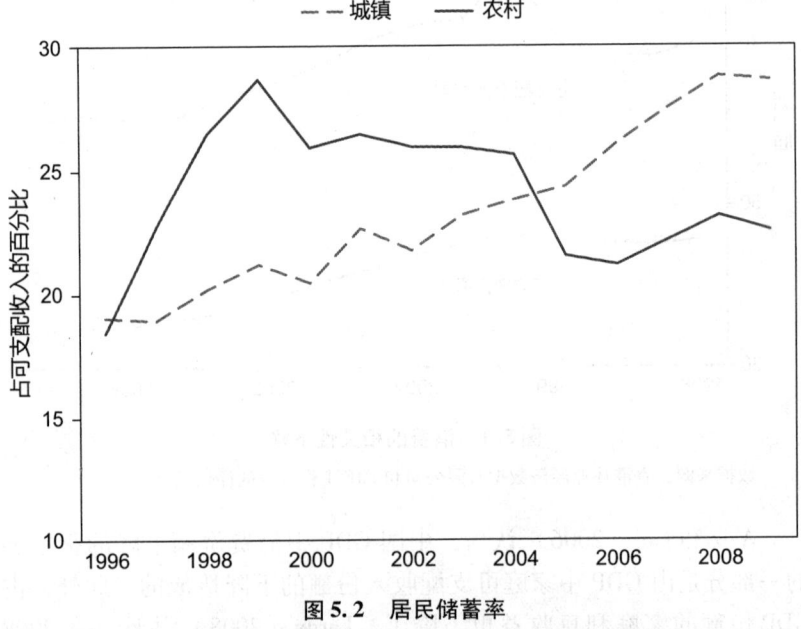

图 5.2　居民储蓄率

数据来源：香港环亚经济数据有限公司和 IMF 工作人员的评估结果。

先前的解释

中国家庭储蓄行为已成为近些年重要实证研究的焦点。该领域以前的研究主要分析了从中国城市或特殊的农村地区样本中得到的调查数据（比如，Banerjee, Meng 和 Qian, 2010；Chamon 和 Prasad, 2010；Giles 和 Yoo, 2007）。较少著作着眼于国家层面（Modigliani

和 Cao，2004；Kuijs，2006）或跨省（Kraay，2000；Horioka 和 Wan，2007；Wei 和 Zhang，2011）的发展。储蓄率的上升从不同方面可归因于人口的变化和生命周期的考虑、自我保险目的的预防性储蓄、家庭组成和拥有房产的普遍性。

从宏观层面的分析（Modigliani 和 Cao，2004）和微观层面的研究（Banerjee，Meng 和 Qian，2010）来看，人口变化和生命周期的考虑与家庭储蓄率的上升有关。Modigliani 和 Cao（2004）主张储蓄率的上升与标准生命周期模型的预期一致，储蓄在此模型中遵循驼峰形曲线（生命早期的负储蓄让位给工作期间的正储蓄和财富积累，紧接着的是退休期间消耗储蓄）。他们指出中国近十几年来的高速增长意味着年轻人的储蓄不只是抵消了老年人的动用储蓄，也导致了储蓄率的纯增长。Banerjee，Meng 和 Qian（2010）运用了横跨 9 省 19 个城市的城市家庭的样本，进一步找到证据来支持生命周期模型。在缺乏养老保险制度和发达的金融市场时，子女被看做是赡养老人的替代者。通过由 20 世纪 70 年代独生子女政策引起的家庭规模的变化，Banerjee，Meng 和 Qian（2010）发现计划生育政策对家庭储蓄的增长和退休积累的财富作出了贡献，这种增长的很大一部分来自于只有一个女儿的家庭。

第二种解释将家庭储蓄率的上升与 20 世纪 90 年代以来的更高的个人健康负担和教育支出联系起来。该解释是针对城市居民（Chamon 和 Prasad，2010）以及作为整体的全国（Blanchard 和 Giavazzi，2006）而提出的。Chamon 和 Prasad（2010）研究了废除铁饭碗福利体系的 1992－2005 年间 10 个省的城市家庭样本[1]。他们推断国有企业提供的这些重要服务的下降有助于不同年龄层的人们增加储蓄。年轻人家庭提高储蓄以负担子女的教育支出，同时年长者家庭多储蓄以缓冲应对不确定的医疗保健支出。Blanchard 和 Giavazzi（2006）记录了 20 世纪 90 年代总卫生支出中现款支付费用份额的上升以及在这方面对农村居民而言尤为沉重的负担。他们认为自保动

---

[1] 见 Naughton（2007）第八章和第十三章对包含国有企业结构调整在内的改革的概述。从 1993 年开始，超过 3 000 万国有企业工人（约 40% 的国有企业工作人员）下岗。工业性国有企业总数量从 20 世纪 90 年代中期的 120 000 个下降到 2004 年的 31 750 个（Naughton，2007，p. 313）。

机是这一时期内储蓄率上升的关键因素①。

与国有企业改革、自我保险和上升的储蓄率相关的假说由 Chamon、Liu 和 Prasad（2010）提出。作者使用了 1989－2006 年来自 9 个省的城市家庭样本，研究表明国有企业改革和结构调整后的更高的收入不确定性迫使年轻人家庭一段时间内的储蓄更多，同时养老保险改革和较低的退休金也导致年长者家庭增加储蓄。相对于 20 世纪 90 年代，近些年位于年龄分布前后两端的这些储蓄变化促成了在年龄—储蓄剖析图中呈现较为显著的 U 型图形。

20 世纪 90 年代，另一个重要的发展动态是城市住宅私有化。Chamon 和 Prasad（2010）发现，尤其是年轻人家庭的储蓄率的上升部分原因是由拥有房产目标而引起的。自最初的住宅常以低于市场价格从国有企业分配城镇居民中起，城镇地区拥有房产的势头发展迅速（Naughton，2007，p. 123）。但是，按揭贷款的发展并没有与之同步，而且很大程度上购买房屋仍然完全由存款提供资金。

房产自有和家庭组成动机在 Wei 和 Zhang（2011）提出的假说中也起着重要作用。他们的研究着眼于 1978－2006 年的省级面板数据和从 2002 年中国家庭收入项目调查中得到的样本。Wei 和 Zhang 的假说是指房产自有是在婚姻市场中传递财富和成功信号的有效途径，从而在竞争激烈的婚配过程中提高争取到优秀伴侣的可能性。这种将买房作为一种信号设施的欲望使得购房前储蓄增加。Wei 和 Zhang 发现，在男女人口比例失调的省份，有儿子的居民家庭常常拥有相对更多的储蓄。

从进行的几项研究中得出的不同结论对得出一些措施的政策意义提出了挑战，而这些措施也许会帮助抑制储蓄和促进居民消费。通过这些研究可知，样本的差异（城市对农村，研究城市的特定子集，以及覆盖的时间段）使有效地进行比较变得困难，也使得出宏观层面发展策略及在全国范围具有可操作性的政策措施的相关结论变得困难。结论不同，有时甚至截然相反：Banerjee、Meng 和 Qian（2010）发现

---

① 自我保险和家庭内的实物转移支付也对其他产出有影响，比如参加外来劳动力市场（Giles 和 Mu，2007）。相应地，来自农村调查的微观层面证据表明了外来务工人员关系网在决定预防性储蓄动机中扮演的角色：随着外来务工人员关系网的扩大，当更广泛风险池变得有可能，贫穷和不贫穷的农村居民减少了他们的预防性储蓄（Giles 和 Yoo，2007）。用来弥补社会保障不足的家庭内部转移的重要性已由 Cai、Giles 和 Meng（2006）记录下来。

有一个女儿的家庭相对更多地增加储蓄，并把此解释为一种迹象，即子女是退休储蓄的替代者；而 Wei 和 Zhang（2011）指出拥有儿子的家庭在储蓄上有相对较大的增加，并用此来支撑其房产自有充当竞争激烈的婚姻市场中信号这一论点。而在 2003 年起外部失衡加剧的背景下来评价居民储蓄上升，要得出清晰的政策信息则更具挑战性。

目标储蓄假说

为了将储蓄率的增长与扩大的外部失衡联系起来，并发现能有助于再平衡的合理政策措施，需要找出解释 2003 年以后促进储蓄率加速增长的因素。一种可能的因素是实际利率的下滑，其伴随着这个阶段中储蓄率的提高、需求结构的转变以及对出口和投资的依赖性增强（Lardy，2008）。本部分为假说提供了一些动机和概念背景，即实际利率衰减，特别是在 2003–2009 年，已经显著地影响了城市家庭的储蓄决定。

图 5.3 描绘了中国平均城市储蓄率相对银行存款实际利率的时间序列。在 2003–2009 年，随着银行存款实际利率的下降，城市储蓄率稳定上升。

进一步观察各省份间的变化，省级城市储蓄率和银行存款实际利率之间产生了相似的负相关。图 5.4 描绘了城市储蓄率相对于 2003 年以后省级平均水平的年度省级偏差，同样的，实际利率对比这些省特定时期的平均水平有相似偏差。散点图表明，纵观中国各省，伴随着实际利率相对平均值下降，城市储蓄率则朝着反方向移动并且相对于平均值趋向增长。

用存款利率衡量储蓄回报的一个问题是储蓄通过其他渠道获得回报的情况没有予以考虑（例如财富管理账户和保险相关产品）。Banerjee、Meng 和 Qian（2010）在文中引用了 2002 年中国家庭收入调查项目中的估算：除大约 10% 的结余用于股票和债券外，城市家庭几乎把全部结余存到银行。近些年间，随着中国改革其金融系统并允许非银行的中介机构出现，财富管理和保险相关产品作为银行存款的其他选择变得越来越重要。但是，即便对银行存款的严重依赖已经有所降低，银行存款仍是家庭储蓄的首选渠道（Chamon 和 Prasad，2010，第 96 页）。因此，家庭从银行存款获得回报的变化可能对储蓄行为产生重大影响。

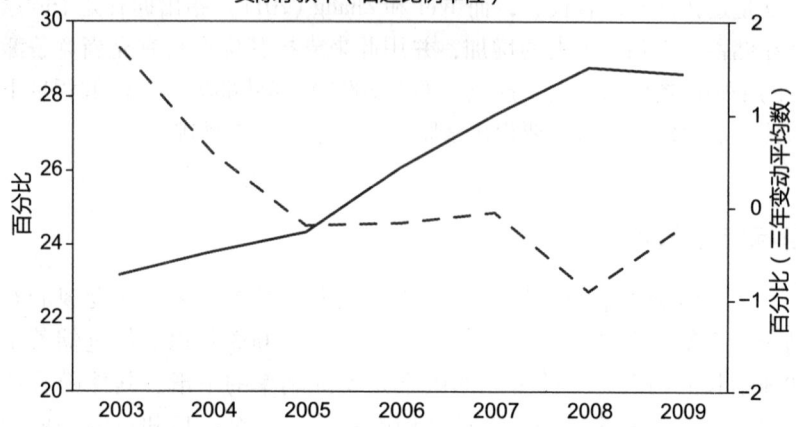

图 5.3　2003—2009 年城市家庭储蓄率和实际利率

数据来源：香港环亚经济数据有限公司和 IMF 工作人员的评估结果。

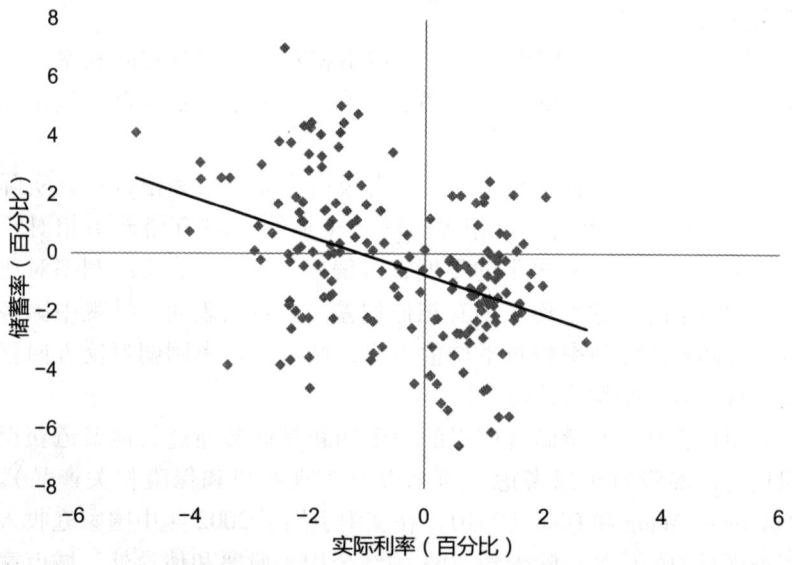

图 5.4　相对于 2003 年后省级平均数的偏差

数据来源：IMF 工作人员的评估结果。

基于消费和储蓄的标准跨期模型，对图 5.3 和图 5.4 的直接解读是收入效应控制替代效应。换句话说，随着实际利率下降，终生收入下降是最重要的力量，导致居民更少地消费（并因此存储更多），即便因为更低的利率，居民应有动力作出相反的举动（例如，利用当前相对较低的价格来消费，及用当前消费替代将来消费）。

不过，对收入和替代效应之间紧张局势的关注忽略了环境的快速改变，置身于其中的中国家庭在近些年间一直自己作出消费和储蓄决定。这些变化包括社会保障体系的改革、劳动市场机遇和工作机会的变化、耐用消费品和房屋购买愿望的改变、有关老年人口数量和性别比例失衡的人口统计上的变化以及家庭储蓄投资组合的投资回报的重大变化。

在这样快速变化的环境里，因为诸如消费者贷款、保险和养老金等金融服务的限制性使用，家庭可能会计划自我保险和建立免遭收入和健康冲击的缓冲区，或者为了购买不可分割耐用品而制订财富积累（相对收入）目标①。在这种情况下，储蓄的低回报可能会导致财富的实际水平低于财富目标水平，并且迫使居民存储更多以填补差额②。

各家表现得好像已经心存目标并为了想要实现目标而作出决定的想法已经在各类文献中进行了探索。在宏观经济文献中，Carroll（1997，2001）开发出缓冲储备储蓄模型。在这个模型中，家庭为了达到目标财富收入比率而选择每个阶段的消费水平，这个财富收入比率决定了他们将来的消费相对于劳动收入在多大程度上会依赖资本回报。家庭根据实际财富收入比率相对于目标水平的位置来调整他们当前的消费（以及储蓄）。Batini、N'Diaye 和 Rebucci（2005）；Laxton、N'Diaye 和 Pesenti（2006）以及 Pesenti（2008）开发出开放性经济动态随机一般均衡模型，在这个模型中，国际投资组合多样化以目标净国外资产头寸为基础，源自金融中介对全球经济最佳风险评估。

微观经济文献也研究过这些目标。Camerer 等（1997）研究纽约市出租车司机的劳工供应决策。他们的研究总结，出租车司机按照心中所想的当天目标收入来安排劳动力供应。当司机达到目标时，当天停止工作的可能性急速上升。如果那天车费轻而易举就能赚到，相对而言司机可以迅速达到目标，然后以逸"代"劳。

中国家庭储蓄的实证性文献已经指出了支持目标储蓄假说的间

---

① 这表明居民并不以特殊固定的财富或者储蓄水平为目标。随着经济规模变大和收入增长，实际目标财富或者储蓄也将发展和其他指标一致。

② 可以轻易就从 Nabar 列出的两个时期简单模型中看出这个判断（2011）。

接证据（Chamon 和 Prasad，2010）。当实际利率下降时，就如同近些年的情况，财富被侵蚀，导致家庭储蓄更多以补充耗用的财富，其与纽约市出租车司机的做法如出一辙：在赚取车费慢的日子里，这些司机为了满足自己的收入目标，不得不辛勤工作更长的时间。

下一部分中的实证分析通过观察 1996 年以后的发展，然后考察为 1996－2002 年和 2003－2009 年两个时间段的样本，详细地研究了这种假说。

实证研究

数据和描述性统计

本次研究中的数据选自于《中国统计年鉴》和《城市家庭收支调查报告》的年度版（均由国家统计局发行）。分析中的包括的变量代表先前研究中的主要储蓄动机。样本覆盖了 1996－2009 年的全部 31 个省份、直辖市和自治区。

表 5.1 报告了利息主要变量的描述性统计。家庭储蓄率由城市可支配收入和城市消费支出的年度省级人均数据计算得出。实际利率由银行一年期存款名义利率减去每年省级的通货膨胀得出。从表中可以看出，这两个系列的平均数在两个子区间朝相反方向运动。

表 5.1　　对家庭储蓄分析的描述性统计

变量	描述	全样本（1996－2009 年）	子样本（1996－2002 年）	子样本（2003－2009 年）
城市家庭储蓄率	可支配收入的百分比	22.8 (5.2)	20.0 (3.9)	25.5 (5.0)
实际利率	百分比，每年	1.4 (2.5)	2.9 (2.1)	-0.1 (1.8)
可支配收入的增长率	百分比	10.6 (4.0)	10.6 (5.2)	10.6 (2.1)
收入变动	百分比（变动系数、可支配收入增长）	13.4 (5.0)	12.7 (6.4)	14.1 (2.9)
老年抚养比率	65 岁以上人口/工作年龄人口，百分比	11.2 (2.5)	10.3 (2.3)	12.2 (2.4)

续表

变量	描述	全样本 (1996–2009 年)	子样本 (1996–2002 年)	子样本 (2003–2009 年)
少儿人口抚养比率	15 岁以下人口/工作年龄人口，百分比	30.9 (9.0)	34.8 (8.3)	26.5 (7.6)
国有企业比例	国有企业雇佣员工占比	68.2 (13.5)	73.4 (10.2)	62.2 (14.4)
城市财产收入	可支配总收入的财产收入占比	1.8 (1.2)	1.9 (1.3)	1.7 (1.0)
住宅价格	人民币/平方米	2 407.0 (1 706.0)	1 666.4 (892.6)	2 860.9 (1 916.0)
房地产价格增长	年基百分（住宅）比变化	7.9 (10.9)	4.8 (9.7)	9.4 (11.2)
性别比例	每 100 名女性对应的男性数目	103.8 (3.5)	104.7 (3.3)	103.1 (3.39)
家庭人数	平均每户家庭人数	3.5 (0.5)	3.7 (0.5)	3.3 (0.43)
行政单位	省份、直辖市、自治区	31	31	31
观察数目	省年度单位	429	212	217

数据来源：《中国统计年鉴》、《城市居民家庭收支调查统计年鉴》（国家统计局）。

注：每个样本中报告的观察数目用于城市家庭储蓄率；其他变量的观察数目因为数据的可用性而有不同。括号内为标准偏差。SOE 为国有企业。

与此同时，在该阶段出现了几个可能已经对储蓄决策产生影响的明显变化。收入波动性已经增强，使得劳动人员的收入更加多变。人口的年龄分布已经右移，伴随着老年抚养比的少量增加和少儿人口抚养比的明显下降——这些人口统计上的变化表明，生命周期储蓄影响力在此期间可能也已经对家庭储蓄率产生了影响。国有企业改革和重组的标志可以明显地表现为受雇于国有企业的工人急剧减少和一个变化，这个变化已经使得工人们一直习惯的综合性安全保障降低了。最后，在样本的后半部分，住宅地产价格加速增长，家庭平均人口数量在减少。上述两方面发展都指向住宅房地产的增长需求和房产自有的增加，以及一些变化，这些改变可能已经加速了储蓄率的增长以筹资购买房屋和其他耐用资产。正如下面的详细讨论，这些变化可能也已经同时影响了实际利率，就如同它们影响储蓄决策一样，这可能会是将其纳入经验分析以避免遗漏变量偏差问题的理由。

本章的其他内容提供了这些多种决定因素影响的评估结果，评定了实际利率下滑对城市家庭储蓄率的影响。在使用表 5.1 中列出的变量开展稳健性测试之前，首先展示的是三个不同参数的基准估值。

基准估值

主要参数为

$$s_{j,x} = \mu_j + \beta_1 X_{j,s} + \beta_2 r_{j,t} + \varepsilon_{j,t} \tag{5.1}$$

在这个公式中，储蓄率回归到协变量 X 的矢量和实际利率上。在基线版本中，协变量包括收入的增长率和波动性。其他的控制则会在稳健性检验中介绍。

利息的主要系数为 β_2。具有统计显著性的发现 $\beta_2 < 0$ 将指出 20 世纪 90 年代后实际利率下降可能潜在促进了储蓄率的增长。

普通最小二乘方（OLS）和固定效应

表 5.2 记录了 OLS 和固定效应回归的结果。第一列确定了样本中实际利率和城市储蓄率之间统计学上的显著负相关，这种显著程度在经济上也很重要。实际利率从样本前半段的平均数（2.9%）下降至样本后半段的平均数（-0.1%）和储蓄率增长了大约 1.5 个百分点有关。

表 5.2　基线回归评估

	OLS		固定效应	
	(1)	(2)	(3)	(4)
实际利率	-0.483***	-0.550***		
	(0.104)	(0.0826)		
名义利率			-1.775***	
			(0.235)	
CPI 通货膨胀				0.0388
				(0.0701)
收入增长率	-0.597**	-0.779***	0.327	-1.250***
	(0.244)	(0.196)	(0.236)	(0.180)
收入波动性	0.547***	0.583***	0.382**	1.011***
	(0.184)	(0.160)	(0.141)	(0.145)

续表

	OLS		固定效应	
	(1)	(2)	(3)	(4)
样本年份	1996-2009	1996-2009	1996-2009	1996-2009
省份、地区、直辖市数目	31	31	31	31
观察书目	428	428	428	428
R-平方	0.14	0.24	0.37	0.17

数据来源：IMF 工作人员的评估结果。

注：因变量：城市储蓄率。括号内为稳健的标准误差。CPI = 消费者物价指数。
OLS = 普通最小二乘法。
*** 为1%的显著性水平；** 为5%的显著性水平；* 为10%的显著性水平。

回归分析中包含的两个其他协变量为生命周期储蓄影响和预防性储蓄动机的标准表示变量（Kraay，2000；Horioka 和 Wan，2007）[①]。如果把已实现的收入增长率当做是对未来收入增长的预报，收入增长率的增加应该和当前储蓄率的下降联系起来，因为家庭将会把退休储蓄推迟到生命周期的未来阶段（Chamon、Liu 和 Prasad，2010）。这种预言可以由第一列中平均可支配收入的增长率为负数值来证实。OLS 回归分析还指出，收入波动性越大和储蓄率增长相关联，表明居民抑制消费，在收入不稳定性增强时，更愿意储蓄来建立缓冲器以应对未来的冲击。

第二列中的回归分析控制时间恒定的省级固定效应。这种固定效应主要描述影响经济环境的位置差异（沿海对内陆省份），而且在经济环境中需要制定出储蓄决策并确定实际利率。统计学上的显著性及所有三个系数的指示性能很好地反映参数的变化。特别是实际利率和城市储蓄率继续呈负相关，表明居民储蓄收益率的下降会导致储蓄率弥补性增长。

当务之急为，实际利率简单反映通货膨胀率的变化而不是银行存款的财务（名义）收益率。第三、第四列记录了固定效应回归分析的结果，分别介绍了名义收益率和通货膨胀率。虽然名义利率由中央管理并且各省之间相同，但名义利率水平会随着时间而变化。因为存在许多名义利率多年保持不变的实例，所以这种影响明显区

[①] 平均可支配收入的增长率按照四年移动平均数的年度百分比变化计算，可支配收入的波动性则按照四年窗口的变动系数来计算。

别于正常年份的影响。换句话说，名义利率的确切观察数目少于样本的年数。当然，如果一个遗漏变量与名义利率在完全相同的时间内变化着，那么对名义利率结果的影响将可以避免，但这似乎是不可能的。第三列和第四列中的结果显示，名义利率的系数为负且具有显著性，但是缺少通货膨胀和储蓄率之间统计上的显著关系。这表明财务收益率似乎关系到第一和第二列中反映的实际利率的结果。

面板广义矩估计

考虑到稳固持久储蓄行为的可能性，表 5.3 中的回归分析把滞后储蓄率引进回归量集合。由于滞后因变量的引进偏于固定效应估计，所有使用的参数为 Arellano – Bond 面板广义矩（GMM）估计，其包含滞后储蓄率及其他解释变量。

表 5.3　　　　　　　　基线评估（划分样本）

	(1)	(2)	(3)	(4)	(5)	(6)
滞后储蓄率	0.736 ***	0.192	0.720 ***	0.638 ***	0.161	0.593 ***
	(0.0740)	(0.128)	(0.108)	(0.0364)	(0.115)	(0.0778)
实际利率	−0.167 *	0.148	−0.177 ***	−0.110	0.114	−0.155 **
	(0.0860)	(0.144)	(0.0680)	(0.0747)	(0.137)	(0.0702)
收入增长率	−0.0549	−0.487 **	0.303	−0.120	−0.536 ***	0.0227
	(0.110)	(0.201)	(0.191)	(0.124)	(0.205)	(0.271)
收入波动性	0.0340	0.317 **	−0.00429	0.0864	0.337 **	0.172
	(0.0945)	(0.160)	(0.128)	(0.104)	(0.162)	(0.156)
样本年份	1996 – 2009	1996 – 2002	2003 – 2009	1996 – 2009	1996 – 2009	2003 – 2009
包括自治区	是	是	是	否	否	否
省份、自治区、直辖市数量	31	31	31	26	26	26
观察数目	394	177	217	335	153	182
第一差分误差中无二阶自相关的 Arellano – Bond 检测（p – 值）	0.57	0.88	0.51	0.51	0.70	0.80

数据来源：IMF 工作人员的评估结果。

注：因变量：城市储蓄率。面板广义矩估算。括号内为稳健的标准误差。

*** 为 1% 的显著性水平；** 为 5% 的显著性水平；* 为 10% 的显著性水平。

稳健性：额外控制

第一列展示了这种关系对参数的变化较稳健。不过，当把样本时期分为两个间期（1996–2002年和2003–2009年），就像从第二列和第三列所看到的，这种效应只在第二间期内有显著性。这表明，在近些年随着实际利率的下降已经变得更加根深蒂固，这种相关性已经形成。

第四到第六列重复着相关参数，但只适用排除了五个自治区（广西、内蒙古、宁夏、新疆、西藏）后的较小的样本①。这个模式仅对较小的省份子集组比较稳健：即使在排除自治区后，实际利率和城市储蓄率之间的联系在样本时期的后半段仍然为负相关且有显著性。第六列中实际利率系数的绝对值稍小于第三列中的对应系数，表明储蓄率相对于26个省份和直辖市集合的实际利率变化的响应性要小于它对包含所有31个省级行政区划单位的样本大组的实际利率变化的响应性。

虽然面板广义矩（GMM）估计控制两个主要变量，而这两变量用于省级层面宏观分析中国储蓄率的决定因素（可支配收入增长率和波动性），需要关注的是实际利率的系数可能会受到影响储蓄率的其他遗漏变量的影响。这个分段考虑了基于调查的微观文献所提出的主要假说。所有的回归分析的估算数据均为2003–2009年的，在此期间，实际利率和城市储蓄率之间的负相关已经产生。

年龄分布

如前面所述，中国的人口年龄结构一直在快速变化中，部分原因是20世纪70年代开始实施的独生子女政策的作用结果，部分原因是医疗健康服务的改善，还因为生育意愿的改变。年龄结构的改变可以潜在地引起消费模式的改变，进而影响消费价格和实际利率，甚至还会直接影响储蓄率。这将指向在表5.2和表5.3中反映的基线回归分析中的潜在遗漏变量偏差。

表5.4反映了包括按省来衡量的老年抚养比和少儿人口抚养比等参数的回归分析结果。第一列和第二列分别记录了全部省份集合

---

① 人口政策的变动，可能影响不同于中国其他地区的自治区少数民族人口数量，也可能会引起自治区作为总体的和中国其余地区之间不同的储蓄行为。请参考Gu等（2007）文中的独生子女政策的豁免和各省份实行该政策的具体差异。

和特意除去自治区后子集的老年抚养比。包含老年抚养比后,实际利率和储蓄率之间的关系是稳健的老年抚养比,而且这种关系自身级数大于基线评估中的(见表 5.3,第三列和第六列)。老年抚养比自身的系数稳定且表明,随着人口年龄化,储蓄率上升,可能是为了给医疗开支提供更多经费。

表 5.4　　　　储蓄率分析(控制年龄结构)

	(1)	(2)	(3)	(4)
滞后储蓄率	0.653***	0.446***	0.485***	0.326***
	(0.123)	(0.101)	(0.0732)	(0.110)
实际利率	-0.315**	-0.204***	0.00871	-0.0459
	(0.153)	(0.0733)	(0.115)	(0.104)
收入增长率	0.199	0.0782	0.129	0.169
	(0.255)	(0.299)	(0.239)	(0.255)
收入波动性	0.0257	0.178	-0.0196	0.112
	(0.138)	(0.149)	(0.131)	(0.147)
老年抚养比	0.351*	0.190		
	(0.182)	(0.181)		
少儿人口抚养比			-0.597**	-0.306**
			(0.262)	(0.148)
样本年份	2003 - 2009	2003 - 2009	2003 - 2009	2003 - 2009
包括自治区	是	否	是	否
省份、自治区、直辖市数目	31	26	31	26
观察数目	186	156	186	156
第一差分误差中无二阶自相关的 Arellano - Bond 检测(p - 值)	0.49	0.99	0.58	0.96

数据来源:IMF 工作人员的评估结果。
注:因变量:城市储蓄率。面板广义矩估算。括号内为稳健的标准误差。
***为 1% 的显著性水平;**为 5% 的显著性水平;*为 10% 的显著性水平。

最后两列反映包括少儿人口抚养比的回归分析评估结果。实际利率的系数不再表现出统计上的显著性。尽管系数不再具有统计上的显著性特点,但是实际利率和城市储蓄率之间的负相关关系仍然在不包括自治区的样本中显现出来。少儿人口抚养比本身和储蓄率负相关,表明从某种意义而言,少儿和金融储蓄可能互为替代物,随着少儿人数的减少,在以后的生活中代际之间财产转移的可能性减小,从而导致父母现在会储蓄。诚如第三列和第四列所展示的内容,所展示的效应没有考虑整组是否包含所有省份或者只是考察不包括自治区的省份子集。因此,在自治区实行独生子女政策相比于其他省份的不同似乎并未影响少儿人口抚养比和城市储蓄率之间的关系。因而也难以确认是否改变了生育意愿或者政策效应会影响少儿人口抚养比和城市储蓄率之间的负相关关系。

就业结构和家庭收入来源

国有企业在20世纪90年代进行改革和重组,涉及大量裁员和企业缩小规模[①],为劳动力市场前景、退休收入保证、健康保险和城市住宅的所有权等带来了重大而深远的变化。隐性社会安全保障体系中这些转变预计会引起居民消费和储蓄决策的重大变化。通过不同省份和时间的比较发现,随着国有企业影响力的削弱(表现为国有企业员工比例),储蓄率应该会上升,以预防之前国有企业雇佣员工现在所面对的更高的不确定性。

如果国有企业改革和重组还会影响生产和分配网络并引起各省之间消费品价格的显著差异,那么改革就已经和各省潜在的结构型通货膨胀率的变动联系起来,并因此和实际利率联系起来。表5.5的第一列和第二列把国有企业就业比例列为额外的稳健性检验。实际利率和家庭储蓄率之间的关系在国有企业以前提供的隐性社会保障体系受到侵蚀时仍然稳健。此外,国有企业就业比例系数的变化也与理论所预测的方向一致。伴随着国有企业比例下降,家庭储蓄率上升以加强其应对对收入波动的加大和综合社会保险机制的弱化。

表5.5 储蓄率分析(控制国有企业就业比重、财产收入比重)

	(1)	(2)	(3)	(4)
滞后储蓄率	0.630***	0.307***	0.579***	0.432***
	(0.143)	(0.113)	(0.0751)	(0.0982)
实际利率	-0.259**	-0.177**	-0.286**	-0.192***
	(0.128)	(0.0722)	(0.127)	(0.0731)

---

① 国有企业的数量从20世纪90年代中期的12万个变成2004年的31 750个,将近40%的国有企业职工在此期间下岗;详见 Naughton(2007)。

续表

	(1)	(2)	(3)	(4)
收入增长率	-0.0758	0.0321	-0.0168	0.0549
	(0.264)	(0.250)	(0.294)	(0.271)
收入波动性	0.0699	0.0966	0.0402	0.160
	(0.113)	(0.130)	(0.137)	(0.147)
国有企业就业比重	-0.231***	-0.208***		
	(0.0668)	(0.0589)		
财产收入比重			1.939*	0.669**
			(1.054)	(0.314)
样本年份	2003-2009	2003-2009	2003-2009	2003-2009
包括自治区	是	否	是	否
省份、自治区、直辖市数量	31	26	31	26
观察数目	186	156	186	156
第一差分误差中无二阶自相关的 Arellano–Bond 检测（p-值）	0.45	0.94	0.48	0.90

数据来源：IMF 工作人员的评估结果。

注：因变量：城市储蓄率。面板广义矩估算。括号内为稳健的标准误差。SOE = 国有企业。

*** 为1%的显著性水平；** 为5%的显著性水平；* 为10%的显著性水平。

随着国有企业改革，在 20 世纪 90 年代，家庭从住宅房产存量中获得了大量转移房产，并有了通过租赁获得其他形式收入的可能。一定程度上，在家庭已经开始依赖财产收入并将其作为可支配收入重要来源的那些省份，它们经历了通货膨胀的更快增长（导致实际利率大幅度下降）。未能把财产收入部分列为额外控制的回归分析可能会有一些遗漏变量偏差。为了解决这个问题，第三列和第四列反映了家庭可支配收入中财产收入部分被列作额外控制的回归分析结果。包含了这种额外控制后，实际利率和城市家庭储蓄率之间的关系也是稳健的。系数本身的指示特征表明，在家庭更加依赖于财产收入的省份，家庭趋向于拥有可支配收入中占比更高的储蓄率，可能是因为有更多回报丰厚的储蓄机会（例如通过购买可供出租的住宅）。

为购买房产而存款

开始于 20 世纪 90 年代的城市住宅私有化引起了房屋居住权选择的显著变化以及更多的城市家庭选择购买房屋（到 2005 年，业主自有住房单元比例已经超过了 80%，高于 1999 年的 48%；Naughton，2007，第 123 页）。不过，因为银行贷款仍然主要集中于企业，所以住房金融选择仍然有限（截至 2010 年底，只有 13% 的未偿还贷款资产组合分配给住宅抵押贷款）。结果，家庭储蓄快速增长的一种可能性解释就是计划用于购买房屋。在自置住房普遍增长的环境里，当家庭计划最终购买房屋时，其储蓄决策预计会顺应潮流。

一定程度上看，房屋价格的快速增长和其他相对而言更快的总体物价增长有关，住宅房地产价格和城市储蓄率正相关，而与实际利率负相关。这就需要提高对表 5.3 反映的回归分析中遗漏变量误差的关注。

表 5.6 中的回归分析使用两个替代因素以控制房产动机的影响：住宅房地产价格水平和房地产价格的增长率。第一列和第二列表明实际利率和城市储蓄率之间的关系由于包含了住宅房地产的价格水平而稳健。这个模型同样用于包含房地产价格增长率的第三列和第四列。房产需要本身在前两列中就很明显，表明在房产价格水平高的省份倾向于具备更高的城市储蓄率。

表 5.6 储蓄率分析（控制房地产价格）

	(1)	(2)	(3)	(4)
滞后储蓄率	0.617***	0.385***	0.712***	0.733***
	(0.0598)	(0.0789)	(0.0400)	(0.0789)
实际利率	-0.254***	-0.191***	-0.177**	-0.144*
	(0.0788)	(0.0628)	(0.0799)	(0.0733)
收入增长率	-0.233	-0.135	0.294	0.154
	(0.301)	(0.252)	(0.201)	(0.278)
收入波动性	0.0952	0.111	0.000660	0.147
	(0.125)	(0.136)	(0.129)	(0.168)
房地产价格水平	3.283***	3.335***		
	(0.807)	(0.669)		
实际房地产价格增长			0.000693	-0.00841
			(0.0113)	(0.0127)

续表

	(1)	(2)	(3)	(4)
样本年份	2003–2009	2003–2009	2003–2009	2003–2009
包含自治区	是	否	是	否
省份、自治区和直辖市的数量	31	26	31	26
观察数目	217	182	217	182
第一差分误差中无二阶自相关的 Arellano–Bond 检测（p–值）	0.50	0.89	0.14	0.11

数据来源：IMF 工作人员的评估结果。

注：因变量：城市储蓄率。面板广义矩估算。括号内为稳健的标准误差。
*** 为 1% 的显著性水平；** 为 5% 的显著性水平；* 为 10% 的显著性水平。

其他家庭属性

最后一组稳健性检验引进性别比例和平均家庭规模作为额外控制。人口的性别构成可以影响婚姻前景、家庭组成和为购买住宅而存款的念头（Wei 和 Zhang，2011）。一定程度上看，多数婚姻在同省内形成（例如，跨省组合较少），因此性别构成（每 100 名女性对应的男性数量）的省际差异可以用来代表家庭组成型储蓄动机。

平均家庭规模反映了常住居民数目可能对平均每户家庭储蓄率的影响。随着家庭规模扩大，对储蓄产生至少两种影响。第一，规模较大家庭可能意味着更多的成年常住居民（例如老人），因此更大可能动用他们以前通过储蓄累积的资源。第二，家庭规模差异的产生是因为家庭中包括孩子。独生子女家庭相对于没有孩子的家庭可能会较少关注为退休而存款，因为独生子女家庭两代人之间的财产转移的可能性较大。

表 5.7 的前两列显示，将性别构成的差异作为额外控制并不影响实际利率系数的指示性或意义。性别构成本身对城市储蓄率没有显著影响。这从某些方面反映出互相抵消的两种竞争效应。相对于女性而言，多数男性较少为退休而存款，因为相较于把财产转交给女孩子的可能性，预计上一辈父母把财产转交给男孩子的可能性更大。但是性别比率上升可能会加剧婚姻配对的竞争，并因此加强为购买房屋而储蓄的动机。

表 5.7　　储蓄率分析（包括性别比例和家庭规模）

	(1)	(2)	(3)	(4)
滞后储蓄率	0.718***	0.593***	0.752***	0.743***
	(0.0445)	(0.0774)	(0.0453)	(0.0651)
实际利率	-0.191**	-0.159**	-0.178**	-0.193***
	(0.0836)	(0.0704)	(0.0870)	(0.0733)
收入增长率	0.352**	0.0316	0.122	0.399
	(0.175)	(0.269)	(0.244)	(0.272)
收入波动性	-0.0366	0.166	-0.115	-0.111
	(0.128)	(0.152)	(0.160)	(0.182)
性别比例（每100名女性对应男性数目）	0.104	0.0225		
	(0.133)	(0.0721)		
家庭规模			-4.594**	-3.635***
			(2.060)	(1.401)
样本年份	2003-2009	2003-2009	2003-2009	2003-2009
包含自治区	是	否	是	否
省份、自治区和直辖市的数量	31	26	31	26
观察数目	217	182	155	130
第一差分误差中无二阶自相关的 Arellano–Bond 检测（p-值）	0.14	0.80	0.78	0.39

数据来源：IMF 工作人员的评估结果。

注：因变量：城市储蓄率。面板广义矩估算。括号内为稳健的标准误差。*** 为1%的显著性水平；** 为5%的显著性水平；* 为10%的显著性水平。

第三列和第四列引入平均家庭规模作为额外控制。实际利率变量的主要利息系数和新引入控制仍具备负相关和显著性关系。平均家庭规模本身和城市储蓄率负相关：各省份的家庭规模在减小，一定时期后，城市储蓄率会上升。负系数符合以上列出的两种可能的解释①。

正如本节所展示的内容，基线评估对所包含的几项额外控制而言是稳健的，如上文所述，每一项都可能影响居民储蓄和实际利率。不过，可以通过一些附加说明来解读这些结果。首先，其他因素可能影响各省的储蓄率，比如20世纪90年代和21世纪初家庭收入和

---

① 其他检验请参考 Nabar（2011），其提出如果经济改革为家庭创造出更好的高收益储蓄选择套餐，家庭可能会把他们的投资组合替代和转换为高收益资产。相应地，家庭将会发现达到其储蓄积累目标会更加容易，意味其可能在可支配收入中减少储蓄，增加消费。

财富分配的变化。更加细化地，需要家庭层面的数据分析来描述收入和财富分配变动引起的储蓄率的变化。其次，地方政府社会保障开支对比基础设施的差异可能会导致省级社会保障安全体系的不同。例如，自全球金融危机以来，为了加强社会保障安全体系各地推出了许多措施。通过建设新型医疗卫生设施初级医疗卫生服务通道得到了改善。新的政府医疗保险项目也已开展起来实行。当前政府养老金计划正在扩大以覆盖全国范围内的城市退休人员以及最新出台的农村养老金计划覆盖目前全国60%的乡镇（详情请参考IMF，2011）。分析中所使用的国有企业比重变量可能不能充分反映各省的不同，但这些省级差异可以影响储蓄行为。分析中需要包含政府支出的详细分解以反映社会保障安全体系对居民储蓄行为的影响。

下一部分会在更广泛的中国金融改革议题内探讨提高储蓄收益的可行性政策选择。

利率市场化和金融改革

中国在强化金融体制方面已经取得了重要进步。通过把不良贷款移交给资产管理公司，银行资产负债表也变得更加稳健，并且随后银行进行了资本重组。主要银行已经在国际性证券交易所上市，而且银行系统也变得更加商业化。风险管理标准已经加强，监督管理容量已经大大拓宽，覆盖银行、保险和资本市场。随着上市交易和银行间债券市场的建立，金融市场发展在多条战线稳步向前（IMF，2011）。

不过，如同表5.1和图5.3所显示的内容，实际利率在2003年以后持续下滑。因为存款率上限限定了银行多大程度上能从竞争对手那里赢得储户，所以迄今为止，各银行还不必为争取家庭存款而激烈竞争；而且，受限制的储蓄选择（通过非银行渠道）和资本控制的结合，也降低了来自银行体系外的可竞争性。但是，正如财富管理产品的越来越受青睐所反映的，倘若得到更多储蓄选择的机会，家庭可能会把存款从银行转移以获取更高的收益。家庭投资组合更高的灵活性和更多的选择性将会对银行产生更多竞争性压力，在此过程中提高利率和家庭储蓄收益[①]。

---

① Feyzioğlu、Porter和Takáts（2009）利用模型模拟展示出中国的利率市场化将会提高利率和储蓄收益。

如同先前 IMF 在此领域的工作报告所概述，在保持充分的灵活性以适应变化的环境（IMF，2011 和本卷的第十三章）的同时，有必要进行利率市场化，并将其纳入合理排序的金融改革议程中。在解除利率管制而使其能够在体系内引导储蓄和信贷的分配之前，需要耗尽金融系统中现存的、相当可观的流动性。更好的汇率弹性（可以通过收支平衡使流动性注入最小化）和更多利用中央银行公开市场操作以影响银行同业拆借利率，这二者均为必要的先决条件。

为了使无序市场化、宽松贷款标准和贷款激增的风险最小化，需要加强管理和监督能力以弥补覆盖范围增大后的间隙。随着体系中过剩流动性的耗尽和适当的监管体系的加强，当局可能会通过提升存款率上限开启利率市场化。

随着利率市场化的推进和强有力监管体系的发展，通过鼓励更多参与资本市场中的共同基金、货币市场基金和与保险相关的投资产品，家庭可以轻易接触到更广泛的储蓄选择。这种更广泛的金融市场的发展将适时包括股权、企业固定收益工具及政府债券等一定范围的证券发展直至成熟。

最后，通过解除资本控制和允许资本的自由双向流动，理财工具和投资选择的范围大为扩大，将包括跨境的投资诉求①。

总之，随着储蓄工具更具灵活性和可选择性，家庭将能够达到储蓄的优化配置并从投资组合中获得更高的收益。正如回归分析所展示的内容，金融回报率的上升可能潜在地导致居民可支配收入中储蓄部分的减少。将更高的利率对公司储蓄的影响和投资行为结合起来看（请参考本卷第四章），金融改革对储蓄—投资失衡的累积效应将会很大。因此，一系列安排适当的金融改革可能会对中国经济再平衡产生实质性影响。

结论

本章讨论了中国城市储蓄率上升在某种程度上和实际利率下降有关，特别是在 2003 年以后。虽然可以把这个结果解读成收入效应超过替代效应的情况，但这可能是对中国家庭在近些年间自主作出

---

① Lardy 和 Douglass（2011）认为利率市场化必须领先于资本账户自由化，以减少居民从银行转移存款的风险和因此对国家银行系统稳定性产生的破坏。

储蓄决策的大背景的狭义解读。在一个和中国20世纪90年代后情况相同的基本要素快速改变的环境中，一个分析储蓄反应的更为相关的框架是目标储蓄模式。中国家庭存款似乎是为了满足包括自我保险、退休消费和购买耐用资产等的多种需求，以及表现为仿佛心中有一个储蓄目标。实际利率的变化会影响居民储蓄的收益率和达到储蓄目标的难易程度。从2003年以后，实际利率的下降似乎已经使实际储蓄积累低于储蓄目标。居民好像作出这样的反应，通过提高当前可支配收入的储蓄率以增加实际金融财富使之更接近于目标。

相对于通常引起储蓄念头的其他变量，如生命周期考虑或者防御动机等，实际利率和城市储蓄率之间的关系是稳健的。这种关系在省份样本的改变后仍保持稳健，这种样本改变是指从包含中国所有省级行政单位的整体转变为不包括五个自治区的较小分组。

本研究的结果表明，金融改革、银行存款利率的持续上涨和更广泛的选择性投资机会可能会使家庭更加容易达到储蓄积累目标。一定程度上，金融改革能降低当前可支配收入中储蓄份额和增强个人消费，它就可能会对中国经济再平衡作出显著贡献。

参考文献

Aziz, J., and L. Cui, 2007, "Explaining China's Low Consumption: The Neglected Role of Household Income," IMF Working Paper 07/181 (Washington: International Monetary Fund).

Banerjee, A., Xin Meng, and N. Qian, 2010, "The Life Cycle Model and Household Savings: Micro Evidence from Urban China" (unpublished; New Haven, Connecticut: Yale University).

Batini, N., P. N'Diaye, and A. Rebucci, 2005, "The Domestic and Global Impact of Japan's Policies for Growth," IMF Working Paper 05/209 (Washington: International Monetary Fund).

Blanchard, O., and F. Giavazzi, 2006, "Rebalancing Growth in China: A Three-Handed Approach," CEPR Discussion Paper No. 5403 (London: Center for Economic Policy Research).

Cai, Fang, J. Giles, and Xin Meng, 2006, "How Well Do Children Insure Parents against Low Retirement Income? An Analysis Using Survey Data from Urban China," *Journal of Public Economics*, Vol. 90, No. 12, pp. 2229–55.

Camerer, C., L. Babcock, G. Loewenstein, and R. Thaler, 1997, "Labor Supply of New York City Cabdrivers: One Day at a Time," *Quarterly Journal of Economics*, Vol. 112, No. 2, pp. 407–41.

Carroll, C., 1997, "Buffer-Stock Saving and the Life Cycle/Permanent Income Hypothesis," *Quarterly Journal of Economics*, Vol. 112, No. 1, pp. 1–55.

———, 2001, "A Theory of the Consumption Function, With and Without Liquidity Constraints," *Journal of Economic Perspectives*, Vol. 15, No. 3, pp. 23–45.

Chamon, M., Kai Liu, and E. Prasad, 2010, "Income Uncertainty and Household Savings in China," IMF Working Paper 10/289 (Washington: International Monetary Fund).

Chamon, M., and E. Prasad, 2010, "Why Are Saving Rates of Urban Households in China Rising?" *American Economic Journal: Macroeconomics*, Vol. 2, No. 1, pp. 93–130.

Feyzioğlu, T., N. Porter, and E. Takáts, 2009, "Interest Rate Liberalization in China," IMF Working Paper 09/171 (Washington: International Monetary Fund).

Giles, J., and Ren Mu, 2007, "Elderly Parent Health and the Migration Decision of Adult Children: Evidence from Rural China," *Demography*, Vol. 44, No. 2, pp. 265–88.

Giles, J., and K. Yoo, 2007, "Precautionary Behavior, Migrant Networks, and Household Consumption Decisions: An Empirical Analysis Using Household Panel Data from Rural China," *Review of Economics and Statistics*, Vol. 89, No. 3, pp. 534–51.

Gu Baochang, Wang Feng, Guo Zhigang, and Zhang Erli, 2007, "China's Local and National Fertility Policies at the End of the Twentieth Century," *Population and Development Review*, Vol. 33, No. 1, pp. 129–47.

Guo, K., and P. N'Diaye, 2010, "Determinants of China's Private Consumption: An International Perspective," IMF Working Paper 10/93 (Washington: International Monetary Fund).

Horioka, C., and Junmin Wan, 2007, "The Determinants of Household Saving in China: A Dynamic Panel Analysis of Provincial Data," *Journal of Money, Credit, and Banking*, Vol. 39, No. 8, pp. 2077–96.

International Monetary Fund (IMF), 2009, *Regional Economic Outlook—Global Crisis: The Asian Context* (Washington). http://www.imf.org/external/pubs/ft/reo/2009/APD/eng/areo0509.pdf.

———, 2011, "People's Republic of China: Staff Report for the 2011 Article IV Consultation" (Washington). www.imf.org/external/pubs/ft/scr/2011/cr11192.pdf.

Kraay, A., 2000, "Household Saving in China," *World Bank Economic Review*, Vol. 14, No. 3, pp. 545–70.

Kuijs, L., 2006, "How Will China's Saving-Investment Balance Evolve?" World Bank Policy Research Working Paper No. 3958 (Washington: World Bank).

Lardy, N., 2008, "Financial Repression in China," Policy Brief 08-8 (Washington: Peterson Institute for International Economics).

———, and P. Douglass, 2011, "Capital Account Liberalization and the Role of the Renminbi," PIIE Working Paper 11-6 (Washington: Peterson Institute for International Economics).

Laxton, D., P. N'Diaye, and P. Pesenti, 2006, "Deflationary Shocks and Monetary Rules: An Open-Economy Scenario Analysis," NBER Working Paper No. 12703 (Cambridge, Massachusetts: National Bureau of Economic Research).

Modigliani, F., and Shi Larry Cao, 2004, "The Chinese Saving Puzzle and the Life-Cycle Hypothesis," *Journal of Economic Literature*, Vol. 42, No. 1, pp. 145–70.

Nabar, M., 2011, "Targets, Interest Rates and Household Saving in Urban China," IMF Working Paper 11/223 (Washington: International Monetary Fund).

Naughton, B., 2007, *The Chinese Economy: Transitions and Growth* (Cambridge, Massachusetts: MIT Press).

Pesenti, P., 2008, "The Global Economy Model (GEM): Theoretical Framework," *IMF Staff Papers*, Vol. 55, No. 2, pp. 243–84.

Wei, Shang-Jin, and Xiabo Zhang, 2011, "The Competitive Saving Motive: Evidence from Rising Sex Ratios and Savings Rates in China," *Journal of Political Economy*, Vol. 119, No. 3, pp. 511–64.

第二部分

对中国贸易伙伴的意义

第六章

中国再平衡对亚洲的意义*

奥拉夫·安特罗伯多尔斯特（Olaf Unteroberdoerster）

本书第二部分开始于本章，考察了中国主要贸易伙伴是如何被第一部分中分析的发展所影响的。本章研究了中国外部盈余的下降对亚洲经济的影响。自从2008－2009年全球金融危机引发了全球经济不景气，亚洲的其他国家得益于中国强劲的国内需求，特别是大宗商品和生产资料。但是，当中国外部盈余已经下降时，担忧接踵而至，新一轮国内失衡可能会出现。因此，如果中国国内失衡最终会中断其高增长，那么亚洲贸易伙伴可能会面临出口阻力增大。纵向供应链也表明，如果中国出口变缓，贸易伙伴对中国的出口也将会受到损害。

简介

中国如何再平衡对亚洲贸易伙伴有着深远的意义。比如说，亚洲生产资料和大宗商品出口商受益于中国持续强劲的投资需求。但是，如果中国投资正如前部分所说的是国内失衡发展的源头，那么这些国家势必会遭遇硬着陆。但是，中国以消费为基础的再平衡将会使消费品占出口很大份额的亚洲贸易伙伴受益。相对于21世纪前十年的快速增长，中国出口可能会长期变缓，在这一意义上，高度融入中国供应链网络的亚洲经济体也可能会变缓。因此，为了分析中国再平衡的影响，本章着眼于中国作为最终商品市场、供应链核心和潜在竞争对手对亚洲地区不同经济体的相对重要性。

---

* 本章着重运用了Mohommad、Unteroberdoerster和Vichyanond（2012）对亚洲供应链网络的分析和IMF（2012）中的分析。

作为区域性最终需求来源的中国

亚洲哪一个经济体将会受益于中国国内需求导向型增长？作为第一章的亮点，区分以投资为基础和以消费为基础的增长很重要。虽然中国已经成为对亚洲其他经济体需求的增长来源，但是其对投资商品的需求比对消费商品的需求增长得更急剧，一般两者比例为2∶1（见图6.1）①。亚洲传统的生产资料出口商日本和韩国已经尤其受到了中国投资需求的影响。

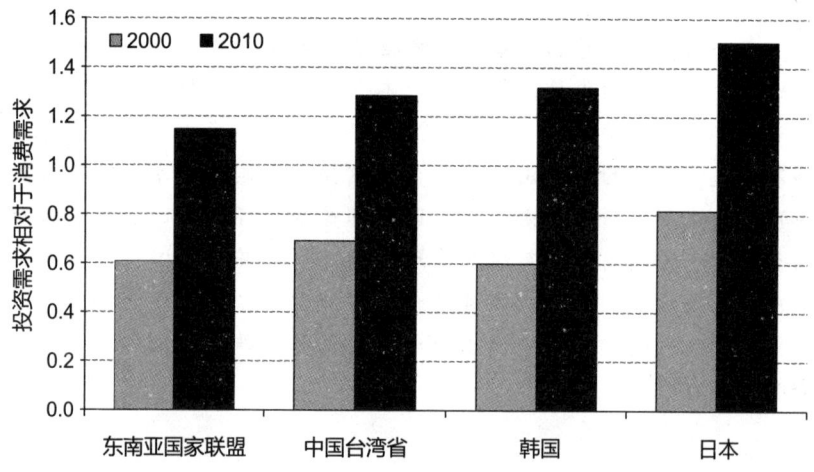

图 6.1　与中国最终需求相关的附加值：选定的亚洲经济体
（投资需求相对于消费需求）

数据来源：联合国商品贸易统计数据库和 IMF 工作人员的计算结果。
注：ASEAN = 东南亚国家联盟。
* 东南亚国家联盟包括印度尼西亚、马来西亚、菲律宾、新加坡和泰国。

中国的高投资比例从国内视角来看不可能持续发展，但是若中国出口增长长期缓慢，高投资比例也有可能下降。中国的投资和出口有着密切联系。第一，出口和制造业固定资产投资已从低科技产品转变到高科技产品。第二，中国外商直接投资的主要来源是与其制造过程主要进口来源相一致的（见图6.2），这是纵向贸易一体化

---

① 此评估是基于增值为基础的贸易流通上的，贸易流通是净流出运往除中国以外的第三方市场的中间产品。

扩大的结果,其也推动了作为首要出口国的中国的崛起(见下文)。

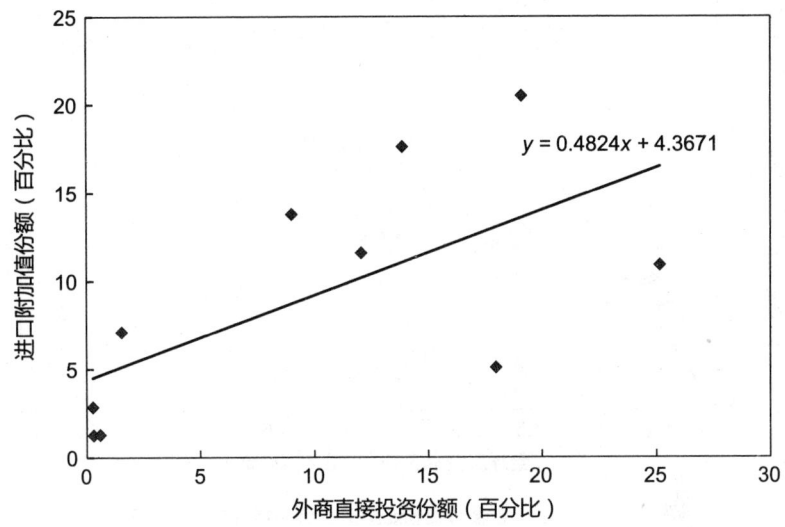

图 6.2　中国:外商直接投资和进口附加值的分布
(全国份额占总额的百分比)

数据来源:IMF 工作人员的计算结果。

如果中国通过以消费为基础的增长实现再平衡,那么东南亚国家联盟(ASEAN)经济体如果在消费品出口上有相对优势,将会因其处于有利位置而从中受益。但是,对区域性贸易伙伴的益处可能会很少。第一,尽管消费发展快速,但中国作为消费品进口商的角色仍然是边缘性的,其只占全球消费品进口的 2%。第二,自 1995 年以来,其占全球消费品进口份额就比其占全球消费份额的增长更慢(见图 6.3)。换言之,中国消费者越来越转向国产商品。这将反映出外国生产者面对克服大型零售和分布网络、竞争力已增强的国内生产者、消费者偏好的差异以及离消费者更近等隐性障碍的束手无策。因此,不论进口相对下降是什么原因,全球需求份额的向中国转移不会自动导致全球进口需求的等量转移,这会导致出口国的需求缺口。

作为供应链核心的中国

可能愈发缓慢的中国出口增长将如何影响亚洲其他国家?中国

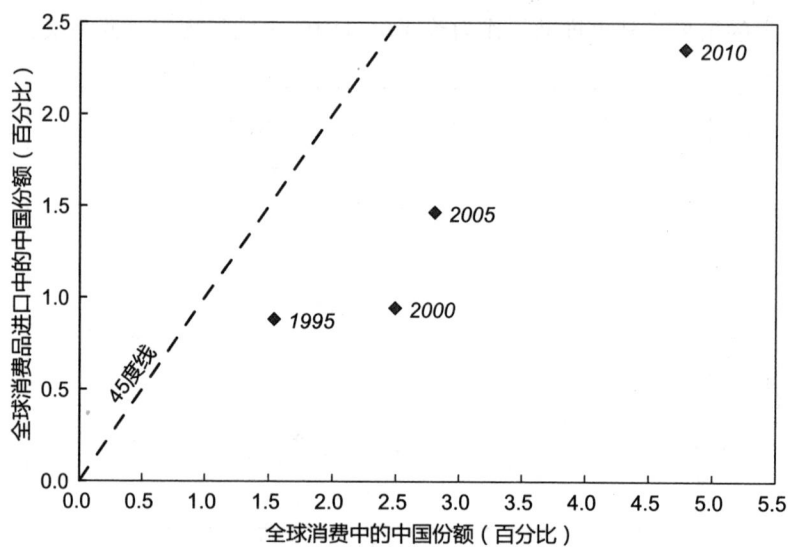

图 6.3　中国：全球消费份额 VS 全球消费品进口份额
（份额占总额的百分比）

数据来源：IMF 工作人员的计算结果。

崛起为首要出口国同以中国为中心的亚洲供应链网络的快速发展密切相关。基于对中间产品的直接和间接贸易流通以及来自亚洲投入产出表的数据，中国占整个亚洲内部在进口投入上的贸易流通的50%，是1995年份额的两倍多（见图6.4）①。对于许多亚洲贸易伙伴来说，中国已经成为最重要的中间产品出口目的地。中国主要的中间产品供应商始终是日本、韩国和中国台湾省，这三者占中国进口投入的80%，大体反映了他们的相对规模。韩国与中国关系最为密切，其将近40%的中间产品出口到中国，是出口到其第二重要中间产品出口地日本的4倍多。加上间接出口——韩国出口到亚洲其他国家的中间产品，如东盟经济体，最终都会找到办法变成中国产品——韩国出口其60%的中间产品到中国。

纵向贸易一体化的影响似乎主导了中国和其亚洲贸易伙伴的出口需求关系。总的来说，中间产品的出口在21世纪前十年约占每年亚洲出口增长的70%，是最终（消费和生产）产品的两倍多。如果生产资料出口作为投入要素被考虑在内，外包到中国的业务量显然

---

①　对更新亚洲投入产出表和计算直接和间接贸易风险的方法的详细说明，见 Mohommad、N'Diaye 和 Unteroberdoerster（2011）。

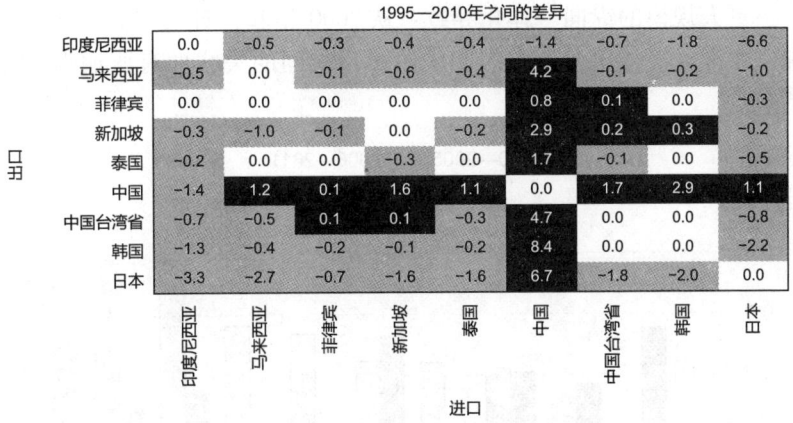

图 6.4　选定的亚洲经济体的中间产品流通的变化（区域性流通份额的变化）

数据来源：发展经济学研究院、日本贸易研究机构、亚洲投入产出表，2000；联合国商品贸易统计数据库；IMF 工作人员的评估结果。

会显著增加（见图 6.5）。正如第一章中所提到的，中国上升为首要出口国与近几十年来新兴市场经济体的最高投资率相伴出现。生产资料出口到中国如今占日本和韩国总生产资料出口的 20% 到 25%，使中国成为目前为止亚洲最重要的生产资料单一出口地，作为出口市场，中国可以和美国和欧盟相提并论。

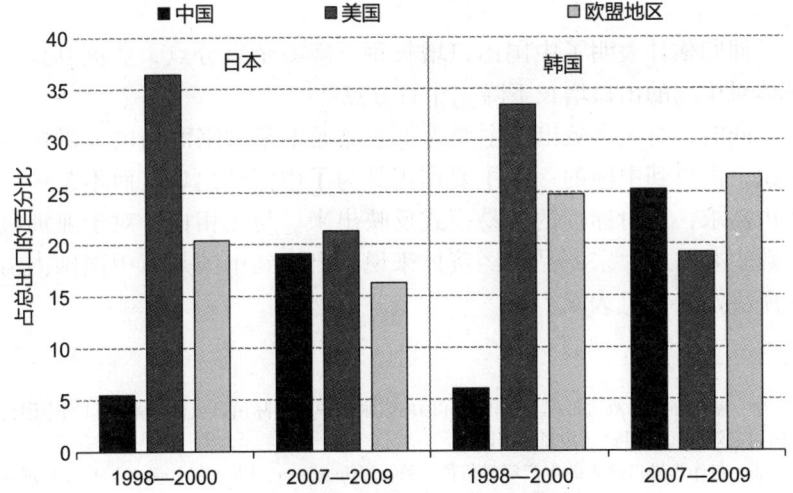

图 6.5　日本与韩国：生产资料出口（依据目的地）

数据来源：联合国商品贸易统计数据库和 IMF 工作人员的评估结果。

更大规模的纵向一体化导致：从 2000 年起，对大部分经济体来说，亚洲经济体出口到中国和中国出口之间的关联性有所加强（见图 6.6）。

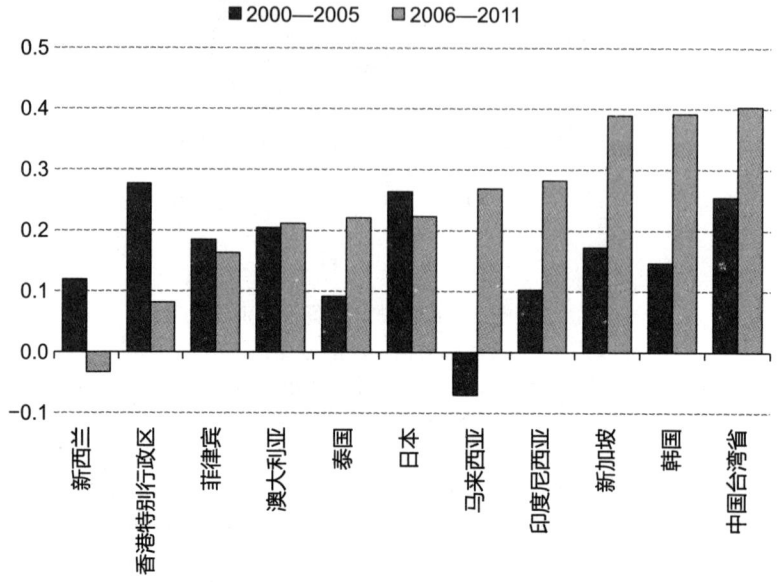

图 6.6　选定的亚洲经济体出口到中国和中国的
出口之间的关联性（1/4 滞后）

数据来源：IMF 工作人员的计算结果。

回归估计表明了中国出口增长每下降一个百分点，亚洲其他经济体对中国的出口增长下降 $\frac{2}{3}$ 个百分点①。

同时，对大多数出口主要为工业品而不是大宗商品的亚洲国家来说，出口到中国的一个主要作用是为了中国的出口，而不是中国国内需求，这由标准的贸易模式反映出来。与之相比，对于亚洲极少数主要出口大宗商品的经济体来说，出口到中国是由中国国内需求所决定的（见表 6.1）②。

---

① 基于在实际双边汇率、中国实际国内需求和中国实际出口上的国家出口到中国的一国固定效应面板回归（1995–2010）。

② 与作为进口投入的生产资料角色一致，Eichengreen、Rhee 和 Tong（2007）发现亚洲出口到中国受到中国出口增长的积极影响以及"此影响会在生产资料市场感觉到（p. 201）"。同样地，Johansson（2006）发现内部的外商直接投资积极影响中国的电子产品出口，并且通过投资提供业务外包的进一步证明。

表 6.1　　　　　　　亚洲出口到中国的决定因素①

	中国国内需求	中国出口
大宗商品出口	澳大利亚（1.79） 印度尼西亚（0.68） 新西兰（1.66）	
制成品出口		印度（1.03） 香港特别行政区（0.81） 日本（1.28） 韩国（1.18） 马来西亚（0.90） 菲律宾（2.95） 新加坡（1.78） 泰国（1.37）

数据来源：IMF 工作人员评估的结果。

作为竞争对手的中国

由于纵向贸易一体化，出口（和进口）市场份额的转移不能完全反映作为亚洲其他经济体竞争对手的中国的角色变化。事实上，中国在主要市场上的份额增长，使用的是基于贸易流向统计的总出口数据，夸大了其增值基础上的份额，所谓增值是指将来自其他亚洲经济体的直接和间接投入扣除后的增值。比如说，在美国，2010 年来自亚洲的最终产品的总进口中中国直接份额已增长到 62%，然而，在增值基础上份额，中国的份额少于 50%（见图 6.7）。换言之，纵向专业化程度的加深到目前为止并没有缓解横向竞争的影响。

因此，对于亚洲很多发达经济体来说，因中国出口日益转向高科技产品而提升的竞争力也将取决于中国在价值链上获得更多份额的能力。但是，中国出口中进口部分从 21 世纪初中期开始日益增加，之后开始下降②。如果继续发展的话，这些趋势将会在未来被迅

---

① 插入的数字表示出口到中国的弹性在 0.05 的显著性水平上。阴影区域表示不在 0.05 的显著性水平上。

② IMF 工作人员的评估结果基于亚洲投入产出表，其表示，中国制成品的国内增值从 1995 年的 90% 跌至 2005 年的 75%，但是之后又上升到 2010 年的 80% - 85%。

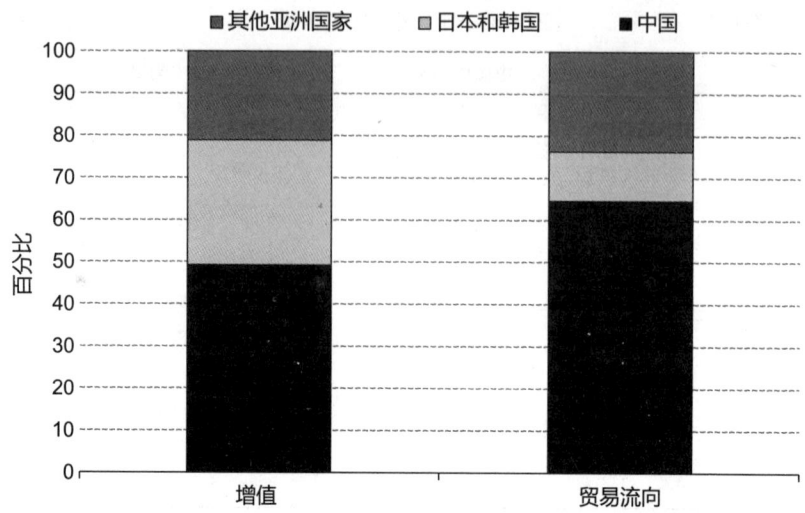

图 6.7 2010 年来自亚洲最终需求的美国进口（按来源分的市场份额）
数据来源：IMF 工作人员的计算结果。

速积累的中国实物资本和人力资本所强化，使其能获得技术密集型价值链的很大部分。此外，提高燃料和运输成本也会通过减少生产链上位置布局的数量来引起纵向贸易一体化的部分逆转。

结论

中国对外贸易顺差已大幅度下降。正如第一章中所探讨的，此次下降主要反映了中国贸易条件指数的长期恶化以及投资需求推动的强有力的进口增长。此外，中国自 2003 年起维持高出口增长的前景依然不明确。总之，当中国外部失衡缓解时，新一轮国内失衡可能会兴起。因此，受益于中国投资导向型增长的亚洲贸易伙伴可能会面临出口的强劲逆风。考虑到纵向供应链与中国之间关系的重要性，如果中国出口变缓，那么贸易伙伴也将会受到损害。相比之下，直接或间接进入中国消费品市场机会的增多会给亚洲贸易伙伴提供长久利益。

参考文献

Eichengreen, B., Y. Rhee, and H. Tong, 2007, "China and the Exports of Other Asian Countries," *Review of World Economics*, Vol. 143, No. 2, pp. 201–26.

International Monetary Fund, 2012, *Regional Economic Outlook: Asia and Pacific*, April (Washington).

Johansson, F., 2006, "Chinese Export of Electrical Machinery Equipments: An Estimated Demand Function" (Jongkoping, Sweden: Internationella Handelshogskolan).

Mohommad, A., P. N'Diaye, and O. Unteroberdoerster, 2011, "Rebalancing Growth in Asia," in *Rebalancing Growth in Asia: Economic Dimensions for China*, ed. by V. Arora and R. Cardarelli (Washington: International Monetary Fund).

Mohommad, A., O. Unteroberdoerster, and J. Vichyanond, 2012, "Implications of Asia's Regional Supply Chain for Rebalancing Growth," *Journal of Asian Business*, Vol. 25, No. 1, pp. 5–27.

第七章

中国投资导向型增长：全球溢出

阿什文·阿胡加（Ashvin Ahuja）和马尔哈·纳巴（Malhar Nabar）

中国增长模式在21世纪前十年愈加依赖投资，而且在全球进口中的印迹也大大加深。中国供应链上的几大经济体越来越受中国投资型增长的影响，面临更大的来自中国投资下降的风险。本章量化来自中国投资减缓的全球溢出，发现中国投资每放缓一个百分点，全球增长下降略少于0.1个百分点。此影响是2002年的5倍。区域性供应链经济体和经济模式相对简单的大宗商品出口国最易受到中国投资放缓的影响。在二十国集团贸易伙伴之间，溢出效应也在一系列宏观经济、贸易和金融变量里表现明显。

简介

21世纪前十年，中国的增长模式越来越倚重投资。在此期间，投资对中国GDP增长的贡献率达50%，2010年投资的作用更为明显。在某种程度上，投资增长反映了基础设施投资在2008–2010年应对全球金融危机的刺激方案中的阶梯式增长。在此期间，占GDP份额的投资增长了近6个百分点（相对于危机发生前），在2010年达到GDP的48%。但现在看来，进行中的城市化进程、近期强调的社会保障房建设、高端制造业和服务业的能力建设等其他力量也有助于投资增长。

和投资形态变化相关的是中国进口业务的重要转变。因为很多制造业已返回国内，所以机械进口份额已呈逐渐下降趋势（见图7.1）。同时，随着中国日渐增长地大量进口矿物和金属材料，其占进口总额的份额稳步增长（见图7.2）。

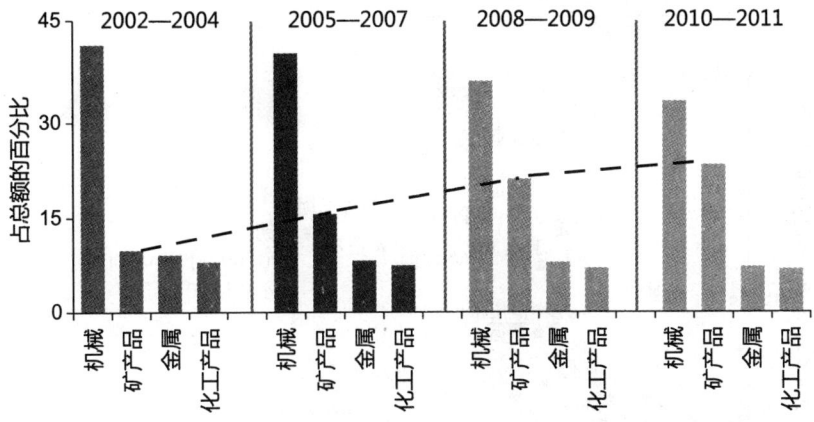

图 7.1 中国：进口商品构成

数据来源：CEIC 数据库和 IMF 工作人员的评估结果。

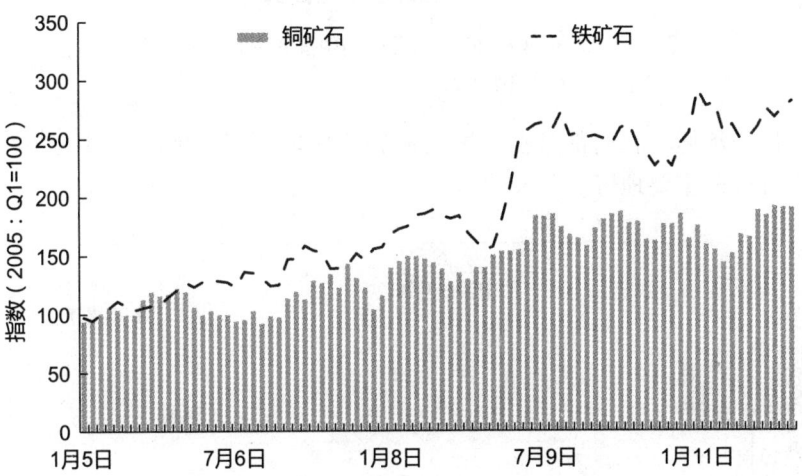

图 7.2 矿物进口量（三个月的移动平均数）

数据来源：CEIC 数据库和 IMF 工作人员的评估结果。

这些发展对全球贸易流通产生了显著影响。大宗商品、生产资料、零件和部件的主要出口国已经在这十年期间把出口商品中增加的部分出口到了中国（见图 7.3）。此次贸易流通的变化从某种程度上反映了供应链越来越把中国定位为装配线上的最后环节这一事实（更多细节见 IMF，2012）。

当对相关贸易伙伴的 GDP 进行分析时，出口到中国的重要性对一些经济体来说是急剧增加的。该比率已在十年间平均翻了两番（见图 7.4）。特别是接触到的中国台湾省、马来西亚和韩国等亚洲

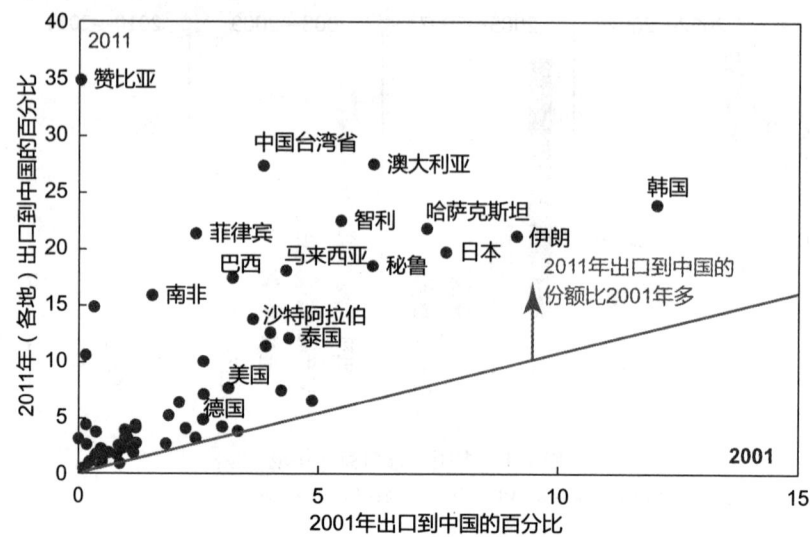

图 7.3　2001 年和 2011 年出口到中国占总出口的份额

数据来源：IMF 工作人员的评估结果。

地区经济体，它们都是在中国的最后装配环节所需生产资料、零件和部件的重要地区。

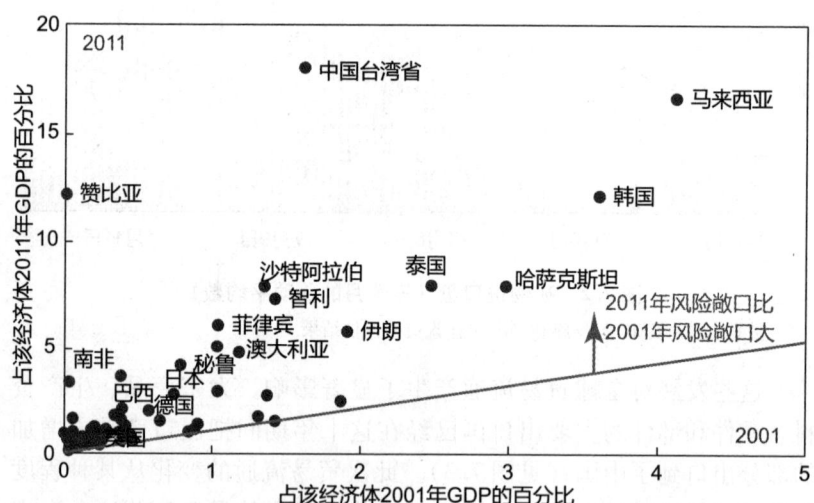

图 7.4　2001 年和 2011 年出口到中国占该经济体 GDP 的份额

数据来源：IMF 工作人员的评估结果。

评估中国投资导向型增长的风险敞口

中国对投资型增长的依赖引发了关于如何运用新增产能的问题。产能以新的出口商品的方式找到进入世界市场的途径并给全球价格带来下行压力,这样的产能将会为报复性贸易行为创造可能性,最终会反过来损害中国经济和放缓投资(参见 Guo,2011)。另一种可能性是,新增产能一直未充分利用,随之而来的是对银行资产负债表和自身信用情况的负面影响(将会使后续投资的融资困难)。考虑到中国的规模和系统重要性,受上述任意一种可能性影响的中国投资的迅速放缓无疑将有着全球性影响。

为了对潜在影响程度有一定的认知,贸易伙伴 j 从中国的溢出可以计算为

$$\text{中国的溢出效应}_{j,t} = \text{某国(地区)出口到中国的比重}_{j,t} \times \text{中国固定资产投资增长}_t \quad (7.1)$$

$$\text{某国(地区)出口到中国的比重}_j = \left(\frac{\text{出口到中国}}{\text{该国 } GDP}\right)_j \quad (7.2)$$

中国固定资产投资增长$_t$ 可以计算为来自国民经济核算中实际固定资本形成总额的每年百分比变动。该溢出的衡量在特定年份因国家的不同而不同,这主要基于其对中国出口的风险敞口,在一段时间内也会随着中国固定资产投资增长的变动而变化。通过构图可知,其只能利用直接贸易渠道来衡量中国经济活动对其他经济体的影响。通过纵向一体化的中间经济体反映出的间接贸易风险敞口则捕捉不到。另一个和该衡量相关的是其并没有反映出会对贸易伙伴有影响的金融风险敞口。但是,由于适当资本管制的综合系统和国内资金来源的主导地位,金融溢出渠道很有可能受到限制。

评估中国溢出对贸易伙伴的影响,使用了上文叙述的包括 64 个经济体的广泛样本,他们通过出口渠道受中国的影响。此样本涵盖了 2002—2011 年的数据(从中国加入世界贸易组织开始),以及包括了经济合作与发展组织所有成员国、MSCI 指数下划分的新兴市场以及主要的大宗商品生产者的数据。主要参数是

$$GDP \text{ 增长}_{j,t} = \alpha_j + \beta_1 GDP \text{ 增长}_{j,t-1} + \beta_2 \text{中国溢出效应}_{j,t} + \beta_3 T_0 T_{j,t} + \beta_4 \text{波动法}_{j,t} + e_{j,t} \quad (7.3)$$

此回归分析中利率的主要系数是 β_2，反映了中国投资活动的溢出效应对贸易伙伴 j 增长的影响。附加控制包括了合作国的滞后增长、贸易条件指数（$T_0 T_{j,t}$）每年的百分比变动以及宏观经济的波动性（以 GDP 增长的标准偏差来衡量的 Volatility$_{j,t}$ 计算了移动的五年窗口）。

评估此回归分析也使用了衡量中国固定资产投资增长的不同尺度：综合的、制造业的以及非贸易业的[①]。制造业和非贸易业固定资产投资是通过把来自固定资产投资数据（只可获得从 2003 年以来的数据）的份额应用到国民经济核算中实际固定资本形成总额来计算的。这种分解考虑到了集中于制造业的投资放缓和集中于非贸易业的投资减速所带来的可能性影响的相互比较。

中国投资放缓的影响

当中国增长模式更倾向于投资以及其在全球进口中的脚步越发加大，中国投资导向型增长对贸易伙伴的影响也得到了加强（见附件 7A，表 7A.2—7A.5）。通过计算 64 个经济体［按购买力平价（PPP）份额计算］的总数，发现中国的投资每降低一个百分点，全球增长将下降 0.1 个百分点。此影响是 2002 年的（估计为 0.02 个百分点）5 倍。受影响最大的经济体大都处于亚洲区域性供应链中，比如中国台湾省、韩国和马来西亚（见图 7.5）。来自附件 7A 中表 7.5 的结果（基于涵盖全球金融危机和中国响应刺激方案的样本年间来估算的）表明，若中国投资增长每下降一个百分点，像中国台湾省的 GDP 增长就要下降差不多 0.1 个百分点。对属于发达经济体的生产资料出口地中，日本受到略大于 0.1 个百分点的下降，而德国增长的下降要小些。

在大宗商品出口地中，中国投资增长放缓可能对经济机构相对不太多样化和高度集中向中国出口的矿石出口国影响最大。针对中国投资增长每下降一个百分点，估计影响智利增长下降近 0.4 个百分点（见图 7.6）。相比较而言，澳大利亚和巴西等较大的、经济结

[①] 非贸易业部门的定义包含公用事业、建筑、运输和贮藏、信息技术、批发零售业、餐饮业、银行和保险、房地产、租赁和商务服务业、教育、卫生保健、体育和娱乐以及公共行政。

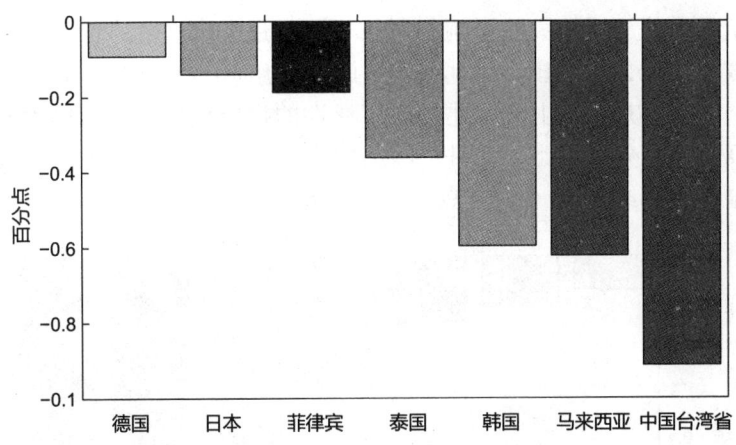

图 7.5　中国投资增长放缓对贸易伙伴的影响

数据来源：IMF 工作人员的评估结果。

注：每放缓 1 个百分点的影响。

构多元化的大宗商品供应国的增长会受到相对较小的下降。

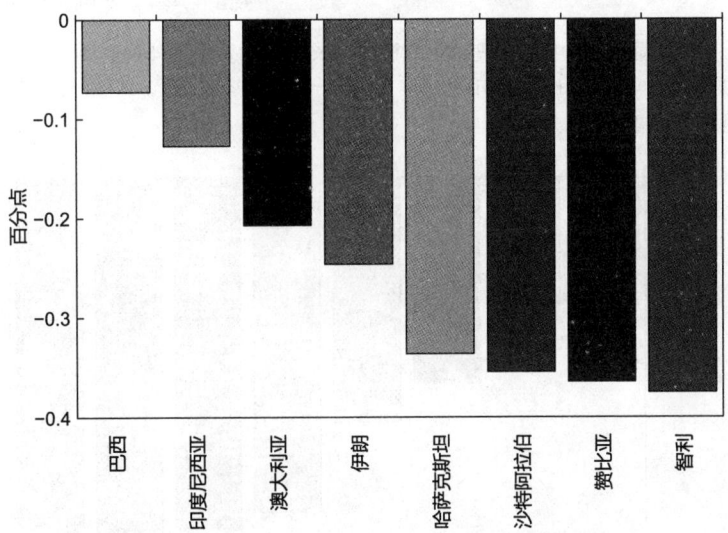

图 7.6　中国投资放缓对大宗商品出口国的影响

数据来源：IMF 工作人员的评估结果。

注：每放缓 1 个百分点的影响。

中国整体固定资产投资按行业分解为制造业和非贸易业，表明了来自制造业的非贸易性固定资产投资（NFI）的溢出大小完全与整体非贸易性固定资产投资放缓的影响相同（见表 7A.5）。与集中于非贸易业的放缓相关的影响相对较小。与近 1 个百分点的普遍性投资放缓相比，对中国台湾省增长的影响约为 0.75 个百分点（见图 7.7）。同样地，与上文所述的更广泛性的投资放缓中智利的增长下降 0.4 个百分点相比，针对中国集中于第三产业投资的放缓，智利的增长下降约 0.33 个百分点（见图 7.8）。

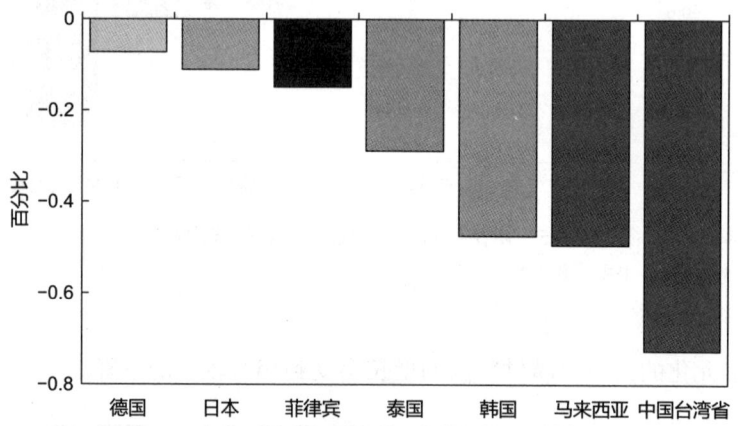

图 7.7 中国非贸易业的投资增长放缓对贸易伙伴的影响

数据来源：IMF 工作人员的评估结果。

注：每放缓 1 个百分点的影响。

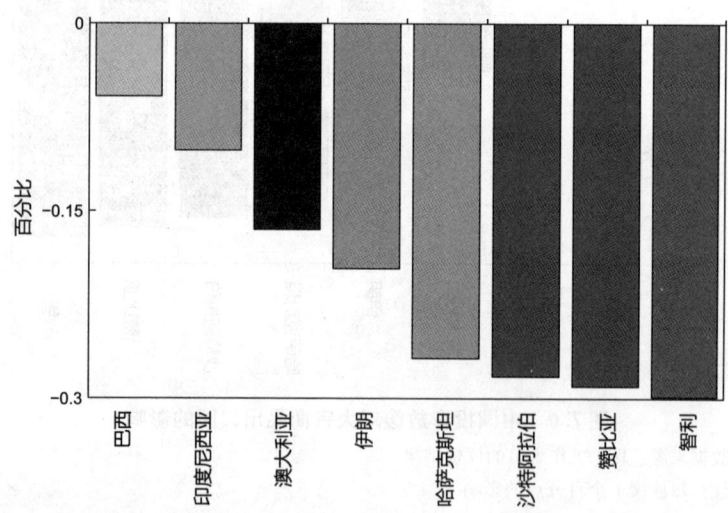

图 7.8 中国非贸易业的投资放缓对商品出口商的影响

数据来源：IMF 工作人员的评估结果。

注：每放缓 1 个百分点的影响。

结果也表明了，中国制造业投资反映了全球经济周期的影响，但是非贸易业投资有着远远超出全球增长的溢出效应（见附件 7A，表 A7.6）。一旦将对全球增长（不含中国）的控制加入到回归分析中，通过中国制造业固定资产投资的溢出效应就不再显著。

向消费转移的意义

如果中国现有的产能在国内被吸纳（要求消费加速以响应十二五规划中设想的结构化改革），那么从投资导向型增长向消费导向型增长的顺利转移就会实现。正如 IMF（2011）的再平衡方案所概述的，中国的增长将稳健进入中期。

然而，对于消费品出口国来说，此结果的好处可能会很小。与 20 世纪 90 年代在全球消费中的份额相比，中国在全球消费品进口中的份额以较慢的速度在增长。目前，作为消费品进口者，中国发挥的作用很小，只占全球消费品进口的 2%（更多细节详见 IMF，2012）。

面板回归分析法运用了含有 64 个经济体的广泛性样本，证实了这一情况。中国消费的低进口强度表明，其消费增长对贸易伙伴的直接溢出效应是微不足道的。同上文概述的一个相似的试验，但不是量化来自中国消费增长的潜在溢出，表明对贸易伙伴的影响是不显著的（见附件 7A，表 7A.7）。

中国投资放缓对二十国集团宏观经济指标的影响

补充性方法运用了因子增强型向量回归模型（FAVAR）来衡量中国固定资产投资（FAI）放缓的国内和全球溢出。FAVAR 框架扩展为一种两区模型，以使中国与其他二十国集团相互作用。该分析获得了从中国到世界其他各国的反馈，随着时间推移，反之亦然。该分析还获得了源于中国的一场特殊事件对其他二十国集团的溢出效应。

市场参与者在他们的决策过程中密切注意成百上千的经济变量，为限制他们对丰富信息集的决策分析提供动力。FAVAR 框架从丰富的数据集中提取信息来衡量不会直接察觉出的特殊力量的影响。这些"力量"被认为是相关联的潜在通用成分，并且其对经济变量的影响可通过脉冲响应函数而追踪到。对未察觉变量的解释有利于规避基于不正确关联的研究结果。

简单来说，该模型是一个稳定的 FAVAR，其在增长上（除余额和利率）使用了每个地区（中国和二十国集团的其他国家）五个共同因素和中国固定资产投资①。该模型使用了时间差。来自剩余协方差矩阵的 Cholesky 分解因素用来使脉冲正交化，从而强制 VAR 中变量的排序以及在震荡时期把投资看成外因。

该数据集是二十国集团从 2000 年 1 月到 2011 年 9 月以来的 390 个月度时间序列平衡面板，其中包括 68 个中国特有变量和 322 个二十国集团其他成员的变量。此样本至少囊括了一个完整的中国投资循环。它于中国加入 WTO 之前全面展开，并且贯穿了中国不断融入世界经济的整个时间段。

由于该模型不断发展，所以试验假定了一个对中国固定资产投资产生冲击的外生的、短暂的及一单位标准偏差的增长。该冲击在三个季度里会消退，并在 40 个月之后才完全消除。特别是，固定资产投资增长一次性下降 15 个百分点（季节调整，按年计算），很大程度上在七到八个月里才能恢复到增长趋势②。这是一个短暂的负增长冲击，而固定资产水平的下降是持久性的。这种冲击大概相当于实际固定资产投资基线水平在 12 个月内下降了 2.5%。除了早已存在与样本中的外，该分析没有假定任何政策响应。每 24 个月期间的最大影响用表 7.9 – 7.13 中的标准误差带来反映。冲击后的 12 个月里的影响（以低于基线水平百分比的形式）从附件 7B 中表 7B.1 和 7B.2 的比较中可获得和反映出来。

对中国固定资产投资增长的短暂冲击将在世界各地产生反响，并且对二十国集团经济体的溢出效应会在 5 到 8 个季度之后消除（见图 7.9 和图 7.10）。在该案例中，对 GDP 增长的大致影响将会随着每个经济体中工业产品占 GDP 比例的大小而变化③。对按 PPP 计算的二十国集团各国 GDP 增长的隐性最大影响是 – 0.2 个百分比，转换为源于中国的冲击之后的 12 个月里基线下的 0.1%（见附件 7B 中表 7B.1）。总的说来，生产资料制造商对中国有着相当大的直接风险（把对华出口看作是自身 GDP 的百分比），而且与二十国集团其他成员高度融合（因而分担从中国与德国和日本等其他贸易伙伴

---

① 更多模型和估计方法的详细说明见 Ahuja 和 Myrvoda (2012)。
② 一单位标准偏差冲击相当于增长率季度调整每个月份的 1.2 个百分点。
③ 国与国之间对工业生产的定义是不同的。经济合作与发展组织的定义包括了矿业、制造业以及公共事业（电、天然气和水）的生产，但不包括建筑业。

的负冲击中产生的不利反馈来）将会发现很多对经济活动的影响。一年之后，对加拿大来说，影响仍然相当大。对印度尼西亚输出的影响在整个时期并没有统计上的显著性，可能是因为出口到中国的煤炭只在2010年左右变得重要。

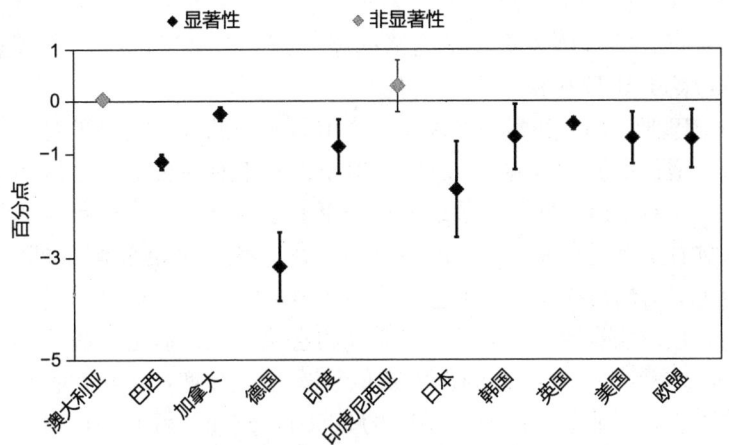

图7.9 对工业生产的最大影响（按季度调整年率）

数据来源：IMF工作人员的评估结果。

注：一单位标准偏差冲击的影响。

＊加拿大的经济活动用所有行业每月实际GDP指数来表现。

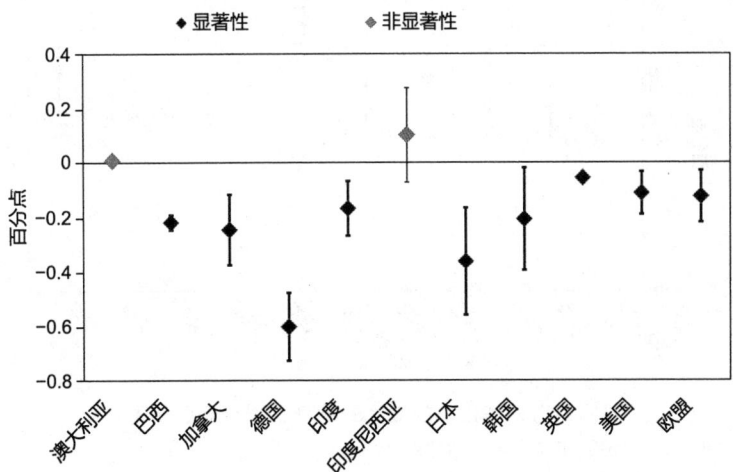

图7.10 对实际GDP的最大影响（按季度调整年率）

数据来源：IMF工作人员的评估结果。

注：一单位标准偏差冲击的影响。

这些结果也表明全球贸易活动将会下降（二十国集团各经济体的总出口和总进口将会减弱），这暗示了像德国和日本这些从全球贸易扩展中得到重大利益以及过去十年里与产业链国家有着深厚联系的经济体会在第二轮中遭遇更严重打击（见第八章）。对韩国 GDP 的影响在头两个季度里达到最大，影响消失得也更快，这与韩国对中国有很大的直接风险敞口的情况相一致，但是通过产业链国家的二轮影响会比日本和德国的要小。

对巴西、印度和韩国来说，对华出口增长的放缓反映了对他们工业生产增长的影响（见图 7.11）。但是，对于对华出口放慢最多的英国来说，对华出口并不是最终需求的重要组成部分，因此对经济活动的影响看上去比较温和①。巴西的对华出口为农产品和侧重矿产品，也经历了对出口增长的不可忽视的溢出效应。澳大利亚对中国有相对较大的直接风险敞口表明了其实质性的直接影响，但是一些其他力量（比如，澳元汇率起缓冲的作用）似乎减弱了给澳大利亚工业生产带来的影响（工业生产占该国 GDP 的 20%）。然而，就业增长和总进口增长（此处未表明的）等其他指标表明澳大利亚经济活动的放缓。对华的整体贸易扩张会随全球和中国的需求增长减弱而放缓。

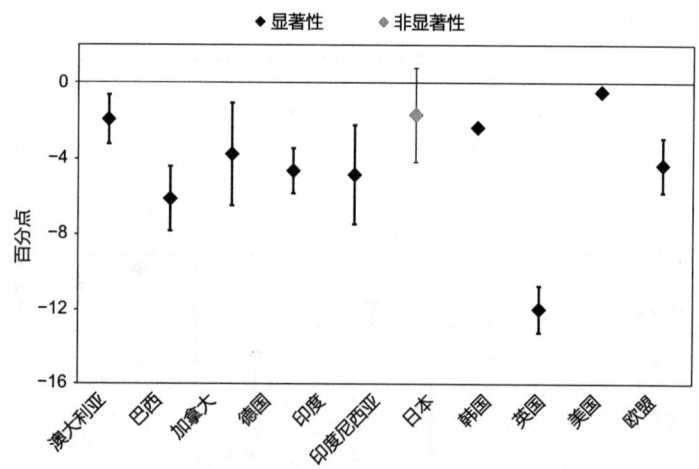

图 7.11　对华出口的最大影响（按季度调整年率）

数据来源：IMF 工作人员的评估结果。

注：一单位标准偏差冲击的影响。

---

①　英国的对华出口大部分是机械、设备和工业供给，印度对华出口是矿产品和原金属产品。加拿大的对华出口在矿产品和加工品上则更为多元。

溢出效应在资产价格上也能表现出来（见图 7.12）。特别是，对二十国集团经济体股市指数的影响，影响印度和巴西的指数 5 - 5.5 个百分点，影响欧元区、德国和日本的指数 4 - 4.5 个百分点，并且将持续四到五个季度。

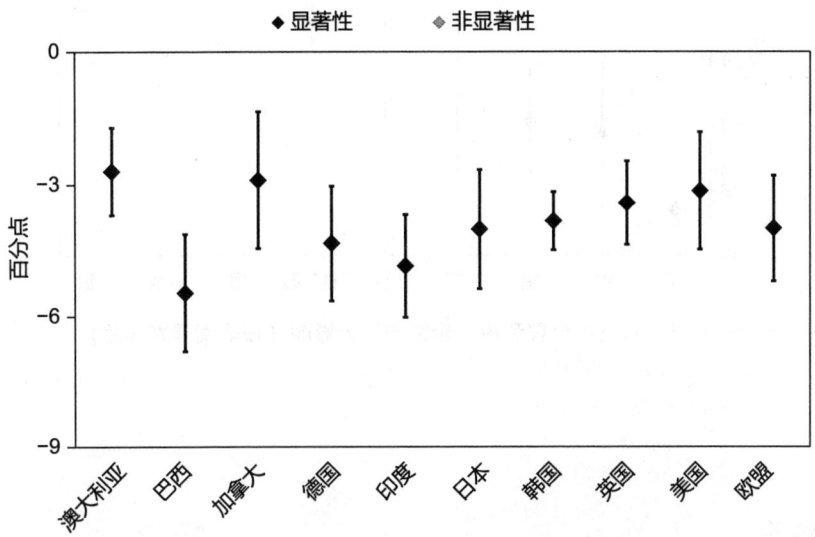

图 7.12　对股市指数的最大影响（按季度调整年率）

数据来源：作者的评估结果。
注：一单位标准偏差冲击的影响。

正当飞涨的非燃料初级大宗商品物价——特别是金属物价飞涨——逐渐回落时，其对全球通胀的影响似乎微不足道。缘起于中国短暂投资增长放缓的全球增长的放缓将导致铁、铝、铜、铅、镍和锌的价格增长下降 3 - 9 个百分点（见图 7.13）。这相当于一年后物价水平下降至基线水平下的 2% - 5.5%（见附件 7B 中表 7B.2）。在此过程中原油价格如何被影响不是很明确（脉冲响应表明了原油价格增长的下降，并在冲击后三个季度里达到极值，但是响应并不具有统计学上的显著性）。

此模型表明，在推动 2008 年到 2011 年与建筑业相关的金属价格上中国投资拉动作用十分重要。附件 7B 中表 7B.4 反映了中国对 2008 - 2011 年金属价格增长所做贡献的大小，随着反事实分析（非投资驱动）假定中国实际固定资产投资总额已经与实际 GDP 增长速度相同，因此投资占 GDP 的比例维持在 2007 年年末的水平。

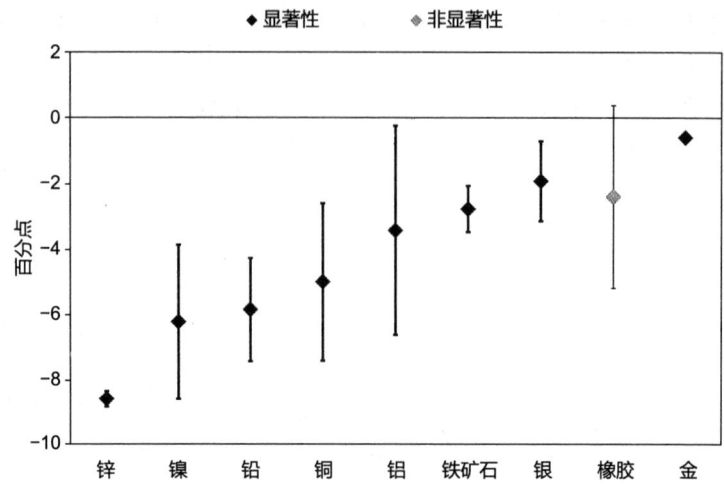

图7.13 对世界金属和橡胶价格的最大影响（按季度调整年率）

数据来源：作者的评估结果。

注：一单位标准差冲击的影响。

结论

中国投资的迅速放缓很有可能会给众多中国贸易伙伴产生较大的溢出效应。从宏观层面看，中国投资增长下降1个百分点，估计中国台湾省、韩国和马来西亚等区域性供应链经济体的GDP增长将减少0.5到0.9个百分点。智利和沙特阿拉伯等对中国有相对较大风险敞口的主要大宗商品生产国也有可能因中国投资的下降而遭受实质性的增长下降。

来自中国投资放缓的溢出效应也对二十国集团贸易伙伴的宏观经济、贸易和金融变量表现得十分强烈，正如其对全球大宗商品价格的影响。在此集团内，中国固定资产投资的下降将会对对华出口规模较大的（占自身GDP百分比）、生产资料制造经济体产生实质性影响，并且这些经济体与二十国集团其他成员高度融合，比如德国和日本。对于英国和印度这些依赖中国需求较少的经济体来说，对工业生产和总产出的溢出效应是温和的。加拿大和巴西等重要的大宗商品出口国将感受到对各自出口增长的不可忽视的溢出效应，其将会转化为重大产出损失和整体经济活动的放缓。全球经济前景的恶化也反映在大宗商品价格上。冲击后的一年，大宗商品价格特别是金属价格可能会因中国固定资产投资每下降1%而从基线水平上下降了0.8%~2.2%。

附件7A 部分经济体对华出口对增长的贡献率及回归分析结果

回归分析结果

表7A.1　2001-2011年投资溢出效应分析的统计概要

	平均值	标准偏差	最小值	最大值
	每年百分比变化			
中国固定投资	13.5	3.7	9.7	23.5
中国制造业固定投资	16.6	2.9	11.0	20.6
中国非贸易性固定资产投资	11.4	6.2	5.6	26.8
	对华出口占GDP的百分比			
澳大利亚	2.4	1.4	1.1	5.0
巴西	1.0	0.4	0.5	1.8
智利	4.7	2.2	1.8	8.0
德国	1.3	0.4	0.7	2.0
日本	2.1	0.6	1.0	2.8
韩国	8.3	2.6	4.1	12.0
马来西亚	8.6	3.2	5.2	16.6
中国台湾省	12.9	4.9	3.3	18.0
美国	0.4	0.2	0.2	0.7

数据来源：IMF、《世界贸易方向统计》和《世界经济展望》。

表7A.2　2002-2011年加入WTO后的固定效应回归

	总投资 (1)	制造业 (2)	非贸易性 (3)
中国溢出效应	0.0128***	0.0381***	0.0255***
	(0.00418)	(0.0106)	(0.00561)
贸易条件指数	9.69e-06***	0.000589	0.000260
	(1.85e-06)	(0.00303)	(0.00306)
增长波动性	-0.424	-0.771***	-0.854***
	(0.271)	(0.231)	(0.247)
样本年份	2002-2011	2002-2011	2002-2011
国家数量	64	64	64
观察数量	640	448	448
R平方	0.03	0.13	0.14

数据来源：IMF工作人员的评估结果。

注：因变量：实际GDP增长，年度百分比变化。固定效应估计。括号内为稳健的标准偏差。

***为1%的显著性水平

**为5%的显著性水平

*为10%的显著性水平

表 7A.3　2008－2011 年全球金融危机和经济刺激阶段的固定效应回归

	总投资 (1)	制造业 (2)	非贸易性 (3)
中国溢出效应	0.0741 ***	0.0901 ***	0.0561 ***
	(0.0105)	(0.0201)	(0.00747)
贸易条件指数	-0.00414	-0.00159	-0.00393
	(0.00433)	(0.00428)	(0.00433)
增长波动性	-0.828 ***	-0.566 ***	-0.897 ***
	(0.146)	(0.184)	(0.141)
样本年份	2008－2011	2008－2011	2008－2011
国家数量	64	64	64
观察数量	256	256	256
R 平方	0.2	0.14	0.21

数据来源：IMF 工作人员的评估结果。

注：因变量：实际 GDP 增长，年度百分比变化。固定效应估计。括号内为稳健的标准偏差。

*** 为 1% 的显著性水平

** 为 5% 的显著性水平

* 为 10% 的显著性水平

表 7A.4　2002－2011 年加入 WTO 后的广义矩估计回归

	总投资 (1)	制造业 (2)	非贸易性 (3)
滞后的 GDP 增长	0.230 ***	-0.127	-0.0751
	(0.0527)	(0.0886)	(0.0950)
中国溢出效应	0.0332 ***	0.0457 ***	0.0367 ***
	(0.00840)	(0.0132)	(0.00718)
贸易条件指数	$-2.50e-06$	$-1.91e-06$	-0.000655
	$(1.27e-05)$	(0.00321)	(0.00332)
增长波动性	-0.299	-1.312 ***	-1.407 ***
	(0.278)	(0.289)	(0.263)
样本年份	2002－2011	2002－2011	2002－2011
国家数量	64	64	64
观察数量	640	384	384
第一差分误差中无二阶自相关的 Arellano－Bond 检测（p-值）	0.22	0.08	0.15

数据来源：IMF 工作人员的评估结果。

注：因变量：实际 GDP 增长，年度百分比变化。面板广义矩估计。括号内为稳健的标准偏差。

*** 为 1% 的显著性水平

** 为 5% 的显著性水平

* 为 10% 的显著性水平

表 7A.5　2008 - 2011 年全球金融危机和经济刺激阶段的广义矩估计回归

	总投资 (1)	制造业 (2)	非贸易性 (3)
滞后的 GDP 增长	-0.130 (0.139)	-0.241** (0.113)	-0.122 (0.139)
中国溢出效应	0.0543*** (0.0103)	0.0511*** (0.0116)	0.0434*** (0.00797)
贸易条件指数	-0.00685 (0.00430)	-0.00632 (0.00394)	-0.00684 (0.00424)
增长波动性	-1.973*** (0.423)	-2.006*** (0.378)	-2.001*** (0.416)
样本年份	2008 - 2011	2008 - 2011	2008 - 2011
国家数量	64	64	64
观察数量	256	256	256
第一差分误差中无二阶自相关的 Arellano - Bond 检测 (p - 值)	0.11	0.28	0.12

数据来源：IMF 工作人员的评估结果。

注：因变量：实际 GDP 增长，年度百分比变化。面板广义矩估计。括号内为稳健的标准偏差。

*** 为 1% 的显著性水平

** 为 5% 的显著性水平

* 为 10% 的显著性水平

表 7A.6　2008 - 2011 年全球金融危机和经济刺激阶段的
广义矩估计稳健性检验

	总投资 (1)	制造业 (2)	非贸易性 (3)
滞后的 GDP 增长	-0.0805 (0.0803)	-0.0412 (0.0949)	-0.0772 (0.0809)
中国溢出效应	0.0250*** (0.00815)	0.00889 (0.00973)	0.0211*** (0.00608)
贸易条件指数	-0.000646 (0.00297)	-0.00199 (0.00280)	-0.000725 (0.00297)
增长波动性	-1.363*** (0.276)	-1.119*** (0.332)	-1.388*** (0.274)
中国以外的世界经济增长	0.696*** (0.0920)	0.875*** (0.109)	0.684*** (0.0916)
样本年份	2008 - 2011	2008 - 2011	2008 - 2011
国家数量	64	64	64
观察	256	256	256
第一差分误差中无二阶自相关的 Arellano - Bond 检测 (p - 值)	0.43	0.05	0.49

数据来源：IMF 工作人员的评估结果。

注：因变量：实际 GDP 增长，年度百分比变化。面板广义矩估计。括号内为稳健的标准偏差。

*** 为 1% 的显著性水平

** 为 5% 的显著性水平

* 为 10% 的显著性水平

表 7A.7　　　　　　　中国消费增长的溢出效应

	总投资 (1)	制造业 (2)
滞后的 GDP 增长	0.198 ***	−0.240 *
	(0.0541)	(0.131)
中国溢出效应（消费）	−0.0110	−0.0319
	(0.0145)	(0.0362)
贸易条件指数	5.13e−06	−0.00472
	(1.49e−05)	(0.00427)
增长波动性	−0.345	−2.059 ***
	(0.285)	(0.430)
样本年份	2002—2011	2008—2011
国家数量	64	64
观察数量	640	256
第一差分误差中无二阶自相关的 Arellano–Bond 检测（p−值）	0.77	0.45

数据来源：IMF 工作人员的评估结果。

注：因变量：实际 GDP 增长，年度百分比变化。面板广义矩估计。括号内为稳健的标准偏差。

*** 为 1% 的显著性水平

** 为 5% 的显著性水平

* 为 10% 的显著性水平

对较大的生产资料出口国和大宗商品生产国的出口数据按产品类型解析，可以看出对华出口对这些国家增长的贡献在金融危机和中国刺激方案响应时期急剧上升（见图 7A.1）。

相比正文中各国回归分析，本次计算是一次直接双边会计核算，并且没有给出中国投资活动特殊溢出的因果效应。但是，其证实了各国实践的结果，即中国对其贸易伙伴经济增长的影响在增大。计算结果也表明了尽管日本和德国对华奢侈品出口（如高端乘用车）上升，他们在原产地经济体中所引致的经济增长的比重仍然是相对较小的。最后，对于大的大宗商品出口国，在 2008—2011 年间，其对华的矿物出口对经济增长的贡献比 2001—2007 年的翻了一番多。对于澳大利亚，其在 2008—2011 年只引起了不到一半的增长。对于巴西，会计核算证实了其经济呈现出的多样化，甚至在中国基础设施大力发展时期，其对华出口引起的增长也只占整体增长相对较小的一部分（见图 7A.2）。

第七章 中国投资导向型增长：全球溢出

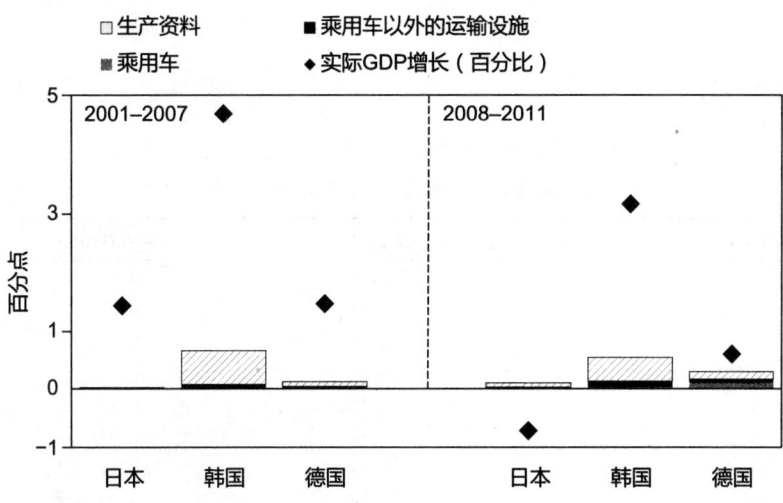

图 7A.1 对华出口增长的贡献（阶段平均值）

数据来源：IMF、《世界贸易方向统计》和 IMF 工作人员的评估结果。

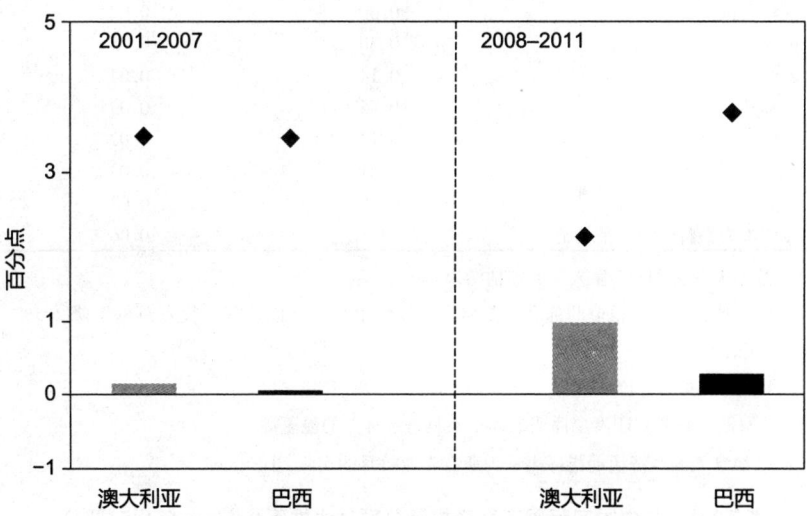

图 7A.2 对华矿产出口增长贡献（阶段平均值）

数据来源：IMF、《世界贸易方向统计》和 IMF 工作人员的评估结果。

附件 7B

表 7B.1 在中国实际固定资产投资总额外生性下降 1% 一年后对经济活动指标的影响（基线水平以下的百分比）

世界指标	工业生产	实际 GDP
阿根廷	0.54	0.11
澳大利亚*	0.02	0.00
巴西	0.25	0.05
加拿大**	n.a.	0.06
中国	0.12	0.10
法国	0.17	0.02
德国	0.61	0.11
印度	0.28	0.05
印度尼西亚*	0.15	0.05
意大利	0.46	0.08
日本	0.55	0.12
墨西哥	0.34	0.09
俄罗斯	0.25	0.05
沙特阿拉伯	0.09	0.02
南非	0.30	0.05
韩国	0.14	0.04
土耳其	0.45	0.09
英国	0.13	0.02
美国	0.21	0.03
欧盟	0.19	0.03
按购买力平价的加权平均值		0.06

数据来源：IMF 工作人员的评估结果。

注：增长下降一单位的标准偏差相当于基线水平以下固定资产投资总额下降 2.5%。

n.a. = 无效

PPP = 购买力平价

* 对澳大利亚和印度尼西亚的评估不具备统计上的显著性。

** 加拿大的经济活动指标表示为所有工业每月的实际 GDP 指数。

表 7B.2 在中国实际固定资产投资总额外生性下降 1% 一年后对部分大宗商品价格的影响（基线水平以下的年百分比）

世界价格：	
金属	1.3
非燃料初级产品	0.7
锌	2.2
镍	1.8

续表

世界价格：	
铅	1.8
铜	1.6
铁矿石	0.8
铝	1.0
橡胶	0.6
银	0.6
金	0.2

数据来源：IMF 工作人员的评估结果。

注：增长下降一单位的标准偏差相当于基线水平以下的固定资产投资总额下降2.5%。

表 7B.3 在中国实际固定资产投资总额外生性下降1%一年后对贸易指标的影响（基线水平以下的百分比）

贸易指标	进口值	出口值
阿根廷	2.24	0.35
澳大利亚	0.75	0.13
巴西	0.98	0.58
加拿大	0.91	0.87
中国	0.74	0.74
法国	0.69	0.85
德国	0.74	0.85
印度	0.74	0.85
印度尼西亚	0.48	0.77
意大利	1.01	1.15
日本	0.87	0.66
墨西哥	0.90	0.94
俄罗斯	0.85	0.56
沙特阿拉伯	0.44	0.95
南非	0.68	0.14
韩国	0.65	0.74
土耳其	0.93	0.52
英国	0.93	0.90
美国	0.92	0.58
欧盟	0.83	0.90
加权平均值	0.82*	0.76**

数据来源：IMF 工作人员的评估结果。

注：增长下降一单位的标准偏差相当于基线水平以下的固定资产投资总额下降2.5%。

*进口加权

**出口加权

表 7B. 4　　2008—2011 年中国投资对金属价格的影响

	模型反事实分析的隐含差异百分比	实际变化百分比	反事实变化百分比（不含中国的投资拉动）
	（A）	（B）	（B－A）
锌	75.1	16.5	－58.6
镍	60.6	8.4	－52.2
铅	59.3	14.7	－44.7
铜	52.6	26.7	－25.9
铝	33.4	－6.9	－40.3
铁矿石	24.3	172.6	148.3
银	20.3	135.1	114.8
橡胶	18.4	84.3	65.9
金	4.0	79.9	75.9

数据来源：IMF 工作人员的评估结果。

注：反事实情景假设中国的投资占 GDP 的比例在 2008－2011 年期间保持在 2007 年末的水平，这使得固定资产投资比实际水平降低 34.4%。

参考文献

Ahuja, A., and A. Myrvoda, 2012, "The Spillover Effects of a Downturn in China's Real Estate Investment," Working Paper 12/266, (Washington: International Monetary Fund).

Guo, Kai, 2011, "Factor Pricing, Overcapacity, and Sustainability Risks," People's Republic of China Spillover Report—Selected Issues (unpublished; Washington: International Monetary Fund).

International Monetary Fund, 2011, "People's Republic of China: 2011 Article IV Consultation," Country Report 11/192 (Washington).

International Monetary Fund, 2012, "Is China Rebalancing? Implications for Asia," in *Asia and Pacific Regional Economic Outlook,* April (Washington).

第八章

中国房地产投资衰退的溢出效应

阿什文·阿胡加（Ashvin Ahuja）和阿拉·密尔维达（Alla Myrvoda）

本章评价了中国房地产投资衰退对中国及其贸易伙伴的经济活动的影响。分析结果发现，中国房地产投资每下降1%就会使中国下一年的实际GDP消减0.1%，并对中国G20贸易伙伴产生溢出效应，这一溢出效应可能引起全球产出相对基准约0.05%的削减。日本、韩国和德国将会受到最大打击。如果那样，商品价格，特别是金属价格，在受到冲击一年后可能会从基线跌落将近0.8%－2.2%。

引言

房地产投资占中国固定资产投资（FAI）总额的1/4（见图8.1），在2010—2011年期间每年增长约30%（见图8.2）。中国相对较年轻的私有房地产市场多年以来一直容易受到价格过度上涨的影响，需要官方干预。中国经济的基本结构特征，即高增长环境中较低的实际利率、金融体系欠发达（可选择的投资方向少）和封闭资本账户，具有引起房地产投资过剩并造成房地产市场泡沫的内在趋势，这会对市场持续性和金融稳定造成风险。

为了抑制房地产泡沫，官方在很大程度上依赖数量型工具，随着更多交易在银行系统外部的媒介进行，这种工具的有效性有消减的倾向，并需要更多强有力的应对政策。在始于2009年中期的房地产市场繁荣阶段，官方逐步加强对较大城市中两套和三套房屋购买限制和对房地产开发商的信贷限制的政策。到目前为止，官方似乎已经成功抑制市场过热，同时主要通过扩大社会住房项目和选择性放宽首次购房者的经济条件以保持投资稳健增长（见图8.3）。不过，开发商的财务条件将会恶化，而且存在尾部风险，随着高库销

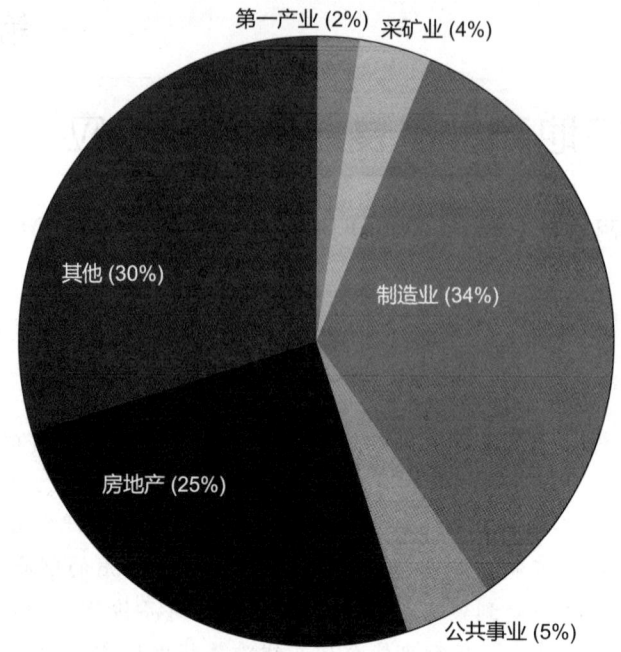

图 8.1　2011 年各行业固定资产投资（总额百分比）

数据来源：CEIC 数据。

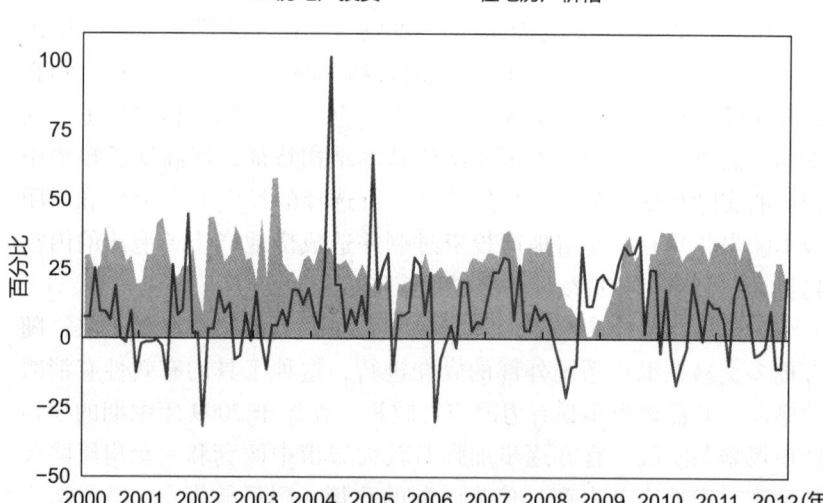

图 8.2　房产价格和房地产投资（年增长）

数据来源：香港环亚数据有限公司和 IMF 工作人员的评估结果。

比进一步压缩开发商的利益,政策过度紧缩可能使得近期价格预测出现明显错误,导致房地产投资大幅下降。

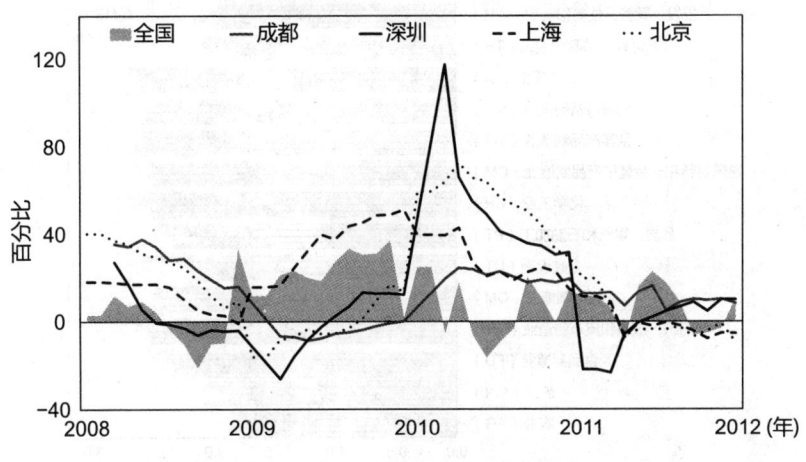

图 8.3　房产价格(年变化)

数据来源:CEIC 数据、Soufun 和 IMF 工作人员的计算结果。

考虑到可能带来的经济影响,房地产投资的崩溃将对中国的经济增长和金融稳定带来很高的风险。基于中国投入产出数据进行的分析,发现占 GDP 7% 的房地产所属的建筑业为其他经济部门创造了大量的最终需求,换言之,它是一个后向关联度很高的产业,特别是对采矿业、建筑材料制造业、金属工业、机械和设备制造,消费品工业和房地产服务而言(见图 8.4)。进一步来说,房地产是私人企业、国有企业、地方政府投资项目和其他经济活动获取外部融资的最主要的抵押品来源。因此,房地产投资的下滑可能会扰乱中国经济的生产链,并对 G20 内的贸易伙伴产生溢出效应。

房地产行业广泛的产业和经济联系使其成为特殊类型的经济活动,尤其是在中国这种信用创造过程基本依靠抵押的经济体中更是如此。结果,中国房地产投资大幅下降对经济活动产生了相当大的影响,伴随着对许多中国贸易伙伴的较大的溢出效应——虽然这种情况发生的可能性较小。通过中国和 G20 经济体之间相互作用的双区因素增强型向量自回归(VAR)模型,中国房地产投资下降 1%将导致中国的实际 GDP 将在第一年内下降约 0.1%,并伴随对中国 G20 贸易伙伴的负面影响,这可能引起全球产出从基线急剧下滑 0.05%,其中日本、韩国和德国将会受到最大的打击。如果这样,

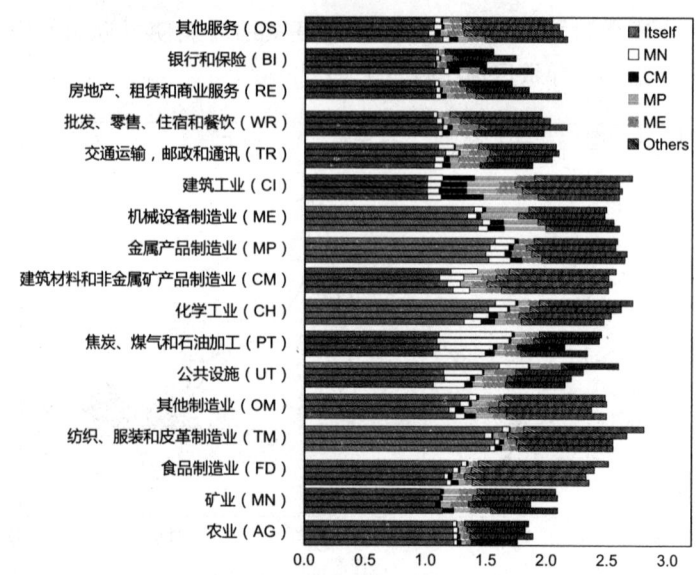

图 8.4　建筑工业后向联系的部分贡献行业

数据来源：香港环亚数据有限公司、OECD 和 IMF 工作人员的评估结果。

注：条形为每个行业 1995 年、2000 年、2005 年和 2007 年的相关数据（从最低开始）。

商品价格，特别是金属价格，将在受到打击后的一年后从基线下降约 0.8%—2.2%。

衡量溢出效应

本章采用 Bernanke、Boivin 和 Eliasz（2005）倡导的因素增强型 VAR（FAVAR）方法，估计中国在房地产市场急剧调整事件中由于房地产投资下降对中国和世界带来的溢出效应根据 Boivin 和 Giannoni（2008）文中的内容，FAVAR 结构可以扩展成可让中国和全球其他地区（在本实验中以 G20 经济体为代表）相互作用的双区模型。分析结果衡量了中国和世界上其他地区随着时间改变彼此间的相互作用，还得出了源于中国的特殊事件在其他 G20 经济体之间的溢出效应。

市场参与者在作出决策的过程中关注着数百个经济变量，这一事实为以丰富的信息集为条件的分析决策提供了动力。FAVAR 结构从丰富的数据集中提取信息以估计不可直接观察的特殊力量的影响，可以把这些"力量"看作相互联系的通用组件，并且可以通过脉冲响应函数追溯它们对经济变量的影响。解释未观察到的变量可以较好地避免基于虚假联系的发现①。数据集是 G20 从 2000 年 1 月到 2011 年 9 月包含 68 个中国变量和世界其他地区 322 个变量的 390 个月的时间序列的平衡面板（见表 8.1）。样本包含中国房地产投资的至少一个完整循环周期，包括中国加入世界贸易组织并逐渐和世界经济接轨的时期。

表 8.1　　　　　　　　　数据集说明

数据	中国（68 个变量）	中国以外的 G20 成员国（322 个变量）
实体经济	工业生产、增加值总额、投资、消费、占地面积、购买/开发土地面积	工业生产
劳工	城市就业	就业（总数/非农业）
金融	M2、信贷、短期利率、上证指数、美元/人民币	M2、信贷、短期利率、国债利差、股票市场指数、美元/国家货币
贸易	出口（构成）、进口（构成）、贸易差额	出口、对中国出口、进口、从中国进口、贸易差额
价格	消费价格指数、生产价格指数、房屋价格、商品价格（地区）	消费价格指数、生产价格指数、贸易条件、商品价格

数据来源：IMF 工作人员。
注：M2 = 广义货币。

该实验假设了中国房地产投资遭受外生的短暂的一单位标准差的增长冲击。这个冲击在几个月内消退并且在大约三年后完全消散。具体而言就是房地产投资增长一次性下降 49%（年化季节性调整），在四到五个月内基本恢复增长趋势②。虽然这只是短暂的负面增长冲击，但是房地产的投资水平下降具有永久性。这次冲击约等于一年后房地产的投资水平从基线下降 2%。分析结果中未假设除样本中已经具备的其他任何政策响应。

图 8.5—图 8.15 记录了房地产投资经受一单位标准差冲击之后两年内的最大影响（包含误差范围），冲击后一年里对投资水平的影响以低于基线的百分比衡量（见表 8.2—表 8.5）。

---

① 更多模型和估计策略的详细描述请参考 Ahuja 和 Myrvoda (2012)。
② 一单位标准差冲击相当于经季节调整后月度增长率的三个百分点。

表 8.2　中国房地产投资下降对部分中国指标的影响

中国指标	影响（年百分比）
实际增加值总额	0.1
实际 GDP	0.1
实际零售销售额	0.1
出口	0.7
进口	0.8
总 FAI	0.4
住宅房地产	
价格	0.7
已售占地面积	1.5

数据来源：IMF 工作人员的评估结果。

注：中国房地产投资外因下降 1%一年后的影响。增长下降一单位标准差相当于房地产投资从基线下降 2%。FAI 为固定资产投资。

表 8.3　中国房地产投资下降对部分经济活动指标的影响（年百分比）

全球指标	工业生产实际	GDP
阿根廷	0.52	0.10
澳大利亚[1]	0.01	0.00
巴西	0.28	0.05
加拿大[2]	0.06	0.06
中国[3]	0.12	0.10
法国	0.15	0.02
德国	0.64	0.12
印度	0.27	0.05
印度尼西亚	0.02	0.01
意大利	0.47	0.08
日本	0.50	0.11
墨西哥	0.32	0.08
俄罗斯	0.23	0.05
沙特阿拉伯	0.08	0.02
南非	0.29	0.04
韩国	0.19	0.06
土耳其	0.46	0.10
英国	0.08	0.01
美国	0.20	0.03
欧盟	0.17	0.03
PPP 加权平均值		0.06

数据来源：IMF 工作人员的评估结果。

注：中国房地产投资外因下降 1%一年后对部分经济活动指标的影响。增长下降一单位标准差相当于房地产投资水平从基线下降 2%。PPP＝购买力平价。

[1] 澳大利亚的评估结果不具备统计显著性。

[2] 加拿大的经济活动表现为所有工业每月的实际 GDP 指数。

[3] 中国的工业活动表现为总工业产值增加。

表8.4　中国房地产投资下降对贸易指标的影响（年百分比）

贸易指标	进口总额	出口总额
阿根廷	2.23	0.38
澳大利亚	0.73	0.21
巴西	0.97	0.69
加拿大	0.90	0.85
中国	0.78	0.68
法国	0.75	0.88
德国	0.74	0.81
印度	0.51	0.95
印度尼西亚	0.00	0.82
意大利	0.98	1.02
日本	0.83	0.64
墨西哥	0.91	0.93
俄罗斯	0.81	0.73
沙特阿拉伯	0.45	1.00
南非	0.84	0.20
韩国	0.65	0.78
土耳其	0.94	0.47
英国	0.92	0.94
美国	0.90	0.61
欧盟	0.83	0.86
加权平均值	0.82[1]	0.76[2]

数据来源：IMF 工作人员的评估结果。

注：中国房地产投资外因下降1%一年后对部分贸易指标的影响。增长下降一单位标准差相当于房地产投资水平从基线下降2%。

[1] 进口加权

[2] 出口加权

表8.5　中国房地产投资下降对部分商品价格的影响

全球价格	影响（百分比）
金属	2.7
非燃料初级产品	1.3
锌	4.3
镍	3.7
铅	3.2
铜	3.1
铁矿石	1.6
铝	2.1
橡胶	1.6
银	1.5
金	0.4

数据来源：IMF 工作人员的评估结果。

注：中国房地产投资外因下降一单位标准差一年后对部分商品价格的影响。一单位标准差相当于房地产投资水平从基线下降2%。

国内影响

房地产投资增长的快速下降将会在经济领域再次产生影响，并降低大范围内多领域的投资。考虑到与其他产业的强烈后向联系，特别是建筑材料制造业、金属和矿产品以及机械设备，房地产投资增长下降短暂的一单位标准差可能会引起制造业和第二产业重工业的投资在第一年内下降差不多 1.5 个百分点。（包含矿业的投资增长是否会出现下滑尚不明确，见图 8.5）这个结果会在冲击后一年内转化成总固定投资增长（FAI）从基线下降约 0.8%（见表 8.2）。

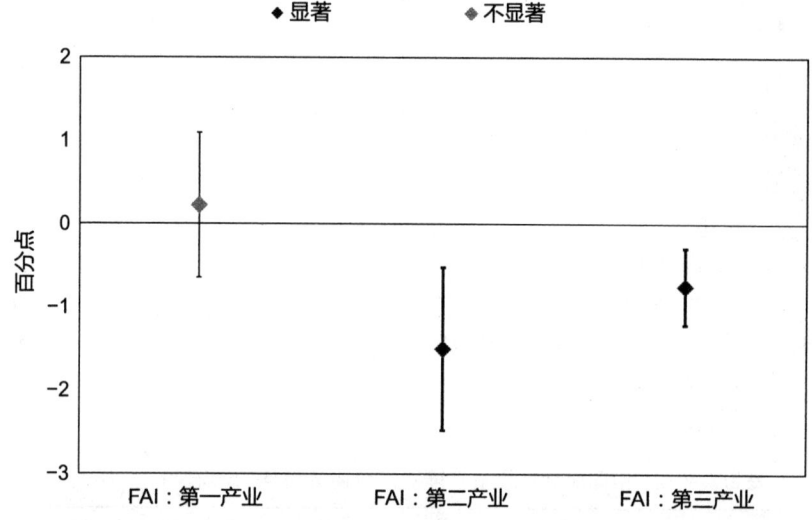

图 8.5　中国：对工业投资的峰值冲击（经季节调整后年率）

数据来源：IMF 工作人员的评估结果。

注：中国房地产投资一单位标准差冲击的影响。FAI = 固定资产投资。

其他需求构成反映一致。出口增长，特别是制造业出口，将主要因为贸易伙伴的需求消减而下降约 2.25 个百分点（见图 8.6）。国内需求衰退和出口增长衰减将会给进口增长带来峰值冲击，使其急剧下降约 5.75 个百分点。同样，出口和进口将会在冲击后的一年内分别从基线水平下降约 1.4% 和 1.6%（见表 8.2）。进口大幅下降还起因于贸易总额中加工贸易占了很大份额。更重要的是，强烈的进口反应反映了房地产活动和需要海外投入的国内产业之间的稳健联系，也即建筑材料制造业、矿产和金属产品以及机械设备①。即使增值率（贬值率）呈现轻度（加速）下降并持续约两到三个季度，中国的实际有效汇率（REER）及人民币和美元双边汇率似乎也并不能在实质方面有助于缓冲出口。

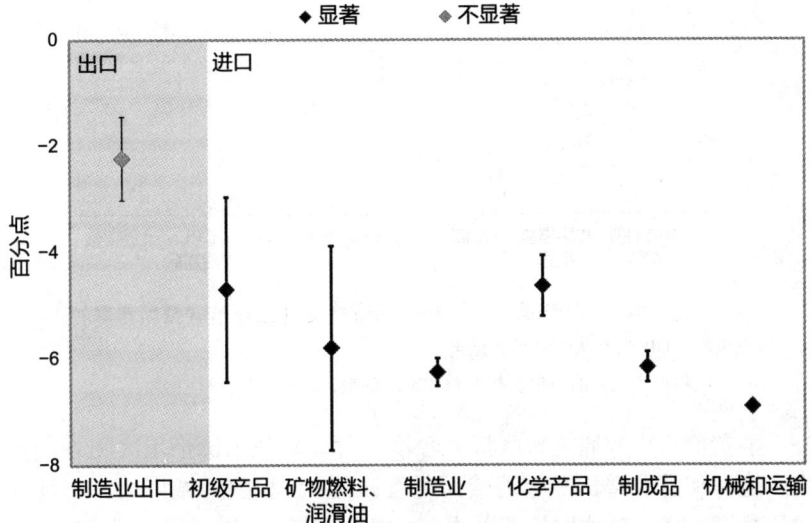

图 8.6 中国：对出口和进口的峰值冲击（经季节调整后年率）

数据来源：IMF 工作人员的评估结果。

注：中国房地产投资一单位标准差冲击的影响。

随着收入和财富扩张（包括房屋价格上涨和股票市值）减缓，消费将会受到抑制，实际零售销售在受到最大影响时将会下降 0.5%，最终结果将会是工业生产总值和产出下降。总而言之，工业总增加值增长将会最高下降约 0.4%，和基于年度分析的实际 GDP 下降 0.3% 一致②。这种影响几乎可以立即被发现，并且将会在一年后开始消退。这些事件将会使得总增加值和 GDP 在一年后分别从基线水平下降约 0.3% 和 0.2%（见表 8.2）。

---

① 结果和未出现在本章的输入输出分析结果相吻合，分析表明机械设备制造业以及矿业具有最高的进口系数，化学工业紧跟其后。

② 实际工业增加值增长下降一个百分点和中国实际 GDP 增长下降约 0.8 个百分点相一致。

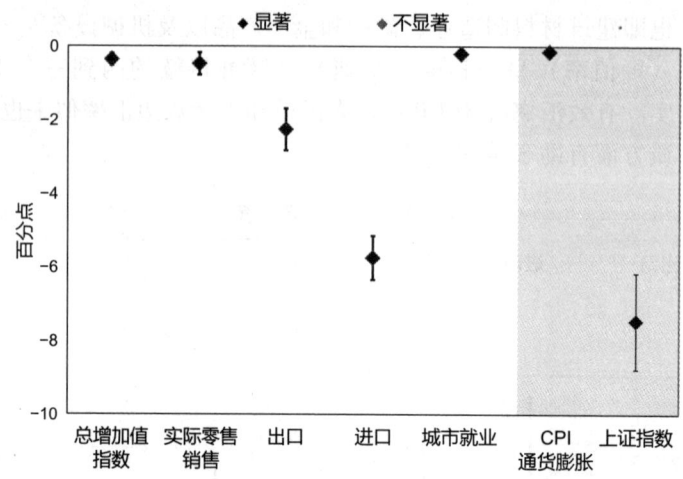

图 8.7 中国：对宏观经济指数的峰值冲击（经季节调整后年率）
数据来源：IMF 工作人员的评估结果。
注：中国房地产投资的一单位标准差冲击的影响。CPI = 消费价格指数。

消费价格指数通货膨胀将会轻度下降，反映出价格压力随着超额生产能力和需求增长一起消减而适度减缓①。和中国城市地区的就业增长减慢一样，整体增长减慢体现在股票市场和劳工市场情况方面。

收入和财富的恶化会对整体及住宅房地产市场带来重大影响。随着需求情况恶化，房地产市场的交易量和价格将会下跌。例如，住宅交易量增加将会最高跌落 7 个百分点（见图 8.8）。一年以后，住宅房地产的交易量将会下跌至低于基线 3%（见表 8.2），当前和未来房屋供应的减少会对房屋价格提供缓冲（由房屋开工率下降引起）。按照可能低估住宅房地产价格膨胀和下跌的官方房屋价格统计衡量，房屋价格增长可能会最高下降约 3 个百分点，或者在受到冲击一年后低于基线 1.5%（见表 8.2）。与此同时，建筑活动所需的金属国内价格的膨胀，例如铝、电解铜和锌的价格将会分别减少 1.25、5 和 7.33 个百分点。房地产市场恶化可能会对金融机构资产负债表和金融稳定性产生影响。然而，没有每月的具体金融指数，该模型不能揭示房地产市场下滑和金融稳定指数之间的关系②。

---

① 对超额生产能力问题及其与中国投资动力的关系的进一步讨论，见 IMF（2012）。
② 不考虑数据的可获得性，房地产行业的金融风险似乎大于官方数据所显示的结果，考虑到银行资产负债表外的活动增长显著、信托公司贷款、影子银行体系和未观察到的跨公司贷款，这些都可能和房地产相关。

第八章 中国房地产投资衰退的溢出效应

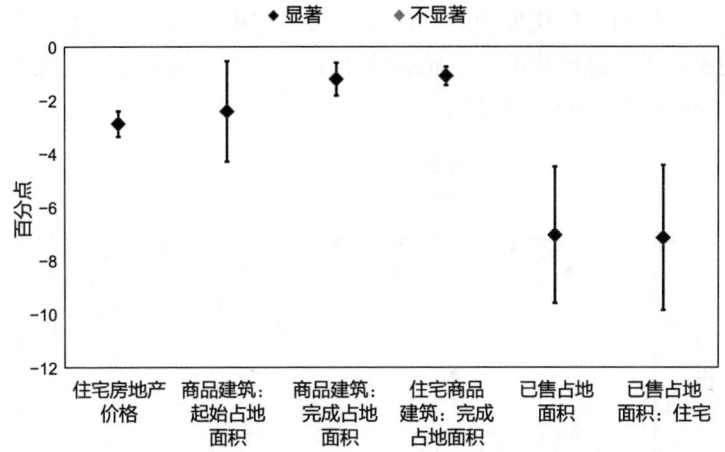

图 8.8 中国：对房地产市场的影响（经季节调整后年率）

数据来源：IMF 工作人员的评估结果。

注：中国房地产投资的一单位标准差冲击的影响。

全球溢出效应

中国房地产投资增长的短暂性冲击可能会在全球产生溢出影响，伴随着对 G20 经济体大约持续一年或者五个季度的影响。在这个实验中，对 GDP 增长的估算影响因为每个经济体的工业生产占 GDP 的比率不同而有所不同（见图 8.9 和图 8.10）①。对按购买力平价加权的 G20 的 GDP 增长产生的隐性峰值冲击为负 0.2 个百分点，在受到源于中国的冲击的一年后将转化成低于基线约 0.1%（见表 8.3）。整体而言，对华出口占 GDP 百分比可观、与中国具有大量直接接触并且和 G20 其他国家密切相关的资本产品制造国（因此和其他贸易伙伴共同承担源于中国负面冲击的不利影响，例如德国、日本和韩国）将会受到对工业生产和 GDP 的更多影响。结果还显示全球贸易活动将会下降（每个 G20 经济体的出口总额和进口总额都将会减少），这表明从全球贸易扩张中获取重要利益并在过去的十年里已经通过供应链加强联系的经济体，例如德国和日本，在第二轮中可能会受到更强大冲击（见表 8.4）。在前两个季度中对韩国 GDP 产生的

---

① 每个国家对工业生产的定义不同。经济合作和发展组织的定义包含采矿业、制造业和公共事业（电力、气和水），但建筑业除外。

冲击达到峰值并较快地消退，这符合韩国与中国虽有大量直接接触、但是通过供应链产生的第二轮影响小于日本和德国的情况（见 Riad、Asmundson 和 Saito，2012）。

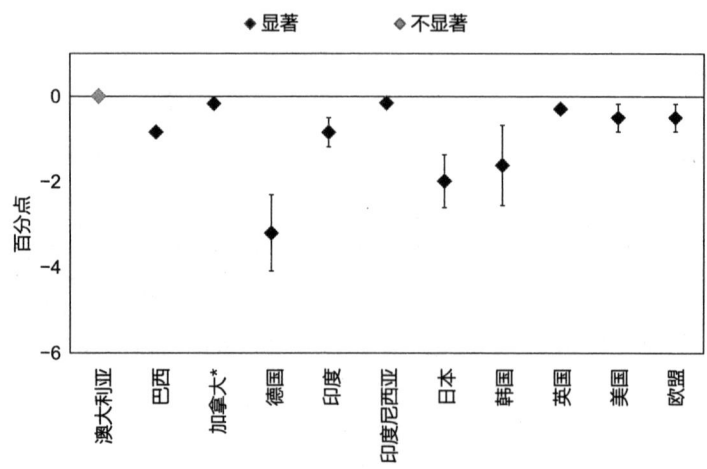

图 8.9　对工业生产的峰值冲击（经季节调整后年率）

数据来源：IMF 工作人员的评估结果。

注：中国房地产投资的一单位标准差冲击的影响。

* 加拿大的经济活动表示为所有产业的月度实际 GDP 指数。

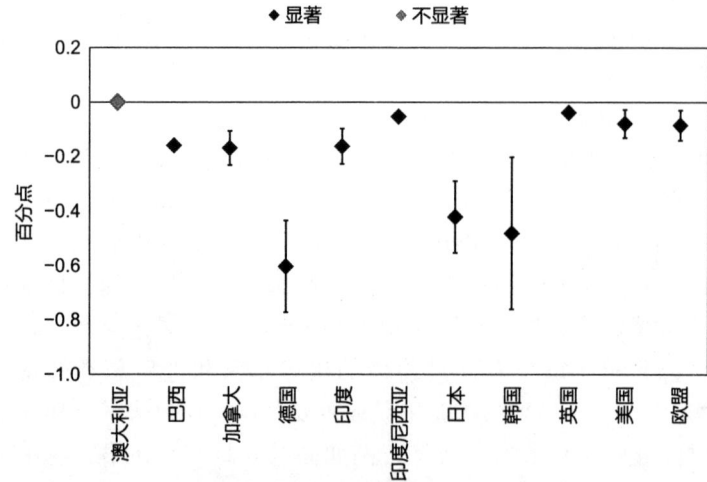

图 8.10　对实际 GDP 的隐性峰值冲击（经季节调整后年率）

数据来源：IMF 工作人员的评估结果。

注：中国房地产投资的一单位标准差冲击的影响。

中国和全球的贸易扩张也将会随着全球和中国需求增长的衰弱而减缓（见表8.4）。英国和印度对中国出口将会首当其冲，但是因为出口不是这些经济体最后需求的重要组成部分，所以对其经济活动的影响可能相对温和①。对中国出口商品的国家，例如澳大利亚、巴西和加拿大，在出口增长方面也将会经受不可忽视的溢出效应（见图8.11）②。相对而言，澳大利亚和中国具有大量直接接触，这表现为更大的直接影响，但是其他力量似乎能够减缓对澳大利亚工业生产的影响，例如，澳元汇率可以作用为冲击减震器。然而，其他指标，如就业增长和进口总额增长（未在此处显示），显示出澳大利亚经济活动的效缓。印度尼西亚的出口可能因中国的煤炭需求受到影响。因为印度尼西亚对中国的煤炭出口从21世纪第一个十年的后几年开始一直在急剧增长，所以印度尼西亚的实际GDP可能受到比表8.3中所显示的还要严重的影响。

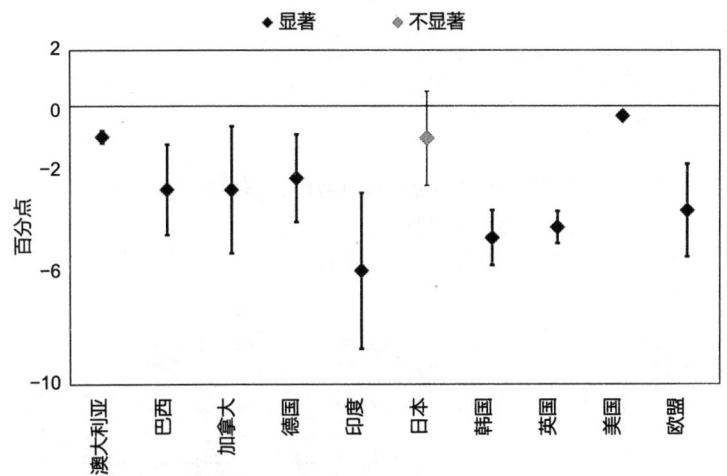

图8.11 对部分对华输出的峰值冲击（经季节调整后年率）
数据来源：IMF工作人员的评估结果。
注：中国房地产投资的一单位标准差冲击的影响。

增长溢出效应还表现在资产价格和估值方面。特别是对金融财富产生的影响，正如G20经济体股市扩张指数所表现的，这种影响将实际出现并持续四到五个季度（见图8.12）。对此，主权债券利

---

① 对中国的出口主要为英国的机械、设备和工业产品以及印度的矿产品和初级金属产品。

② 加拿大则对中国出口更多类型的矿产和制成品。

差的普遍下降（在受到冲击后的一年内所积累的；见图8.13）可能显示了对未来全球经济增长的担忧，并和之前显示的工业生产的即时影响一致。在美国的情况中，收益曲线的初始扁平状态在受到冲击的两个月后会逆转，这表明美国恢复前景可能好于G20的其他经济体。澳大利亚的结果与国家工业生产的评估影响结果吻合。

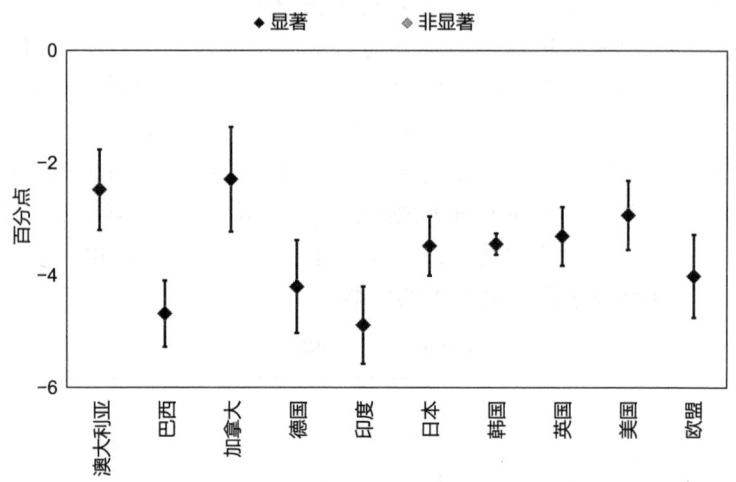

图8.12　对股票市场指数的峰值冲击（经季节调整后年率）

数据来源：IMF工作人员的评估结果。

注：中国房地产投资的一单位标准差冲击的影响。

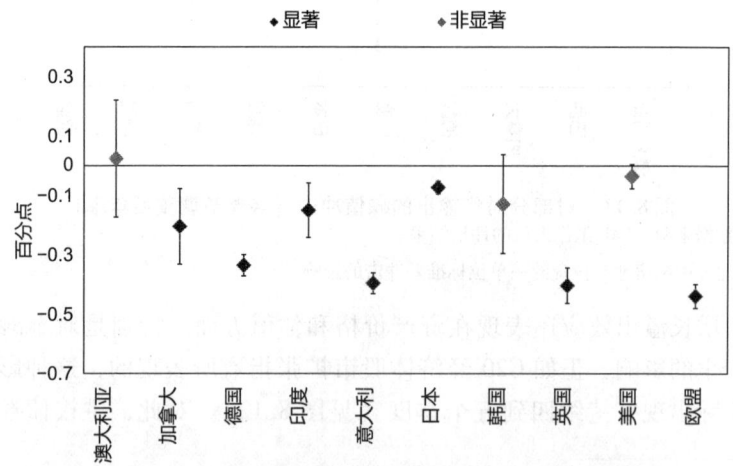

图8.13　对主权外债利差的峰值冲击（一年累计）

数据来源：IMF工作人员的评估结果。

注：中国房地产投资的一单位标准差冲击的影响。

由中国房地产投资减少导致的全球增长减缓和中国基本金属进口需求减少可能会使铁矿石、铝、铜、铅、镍和锌的价格增长跌落2.75到8个百分点（见图8.14和图8.15）。这种影响可能会持续一年——对于铅和锌甚至长达五至六个季度，这很可能是减弱供给反应带来的结果。这个结果相当于一年以后价格水平下降低于基线水平大约0.5%–4.5%（见表8.5）。本次实验并未明确原油价格如何受到影响——脉冲响应显示原油价格增长速度下降，在受到冲击三个季度后出现顶峰，但是没有统计显著性。当非燃料初级商品价格的通货膨胀消弭时，全球通货膨胀受到的影响呈现温和状态。

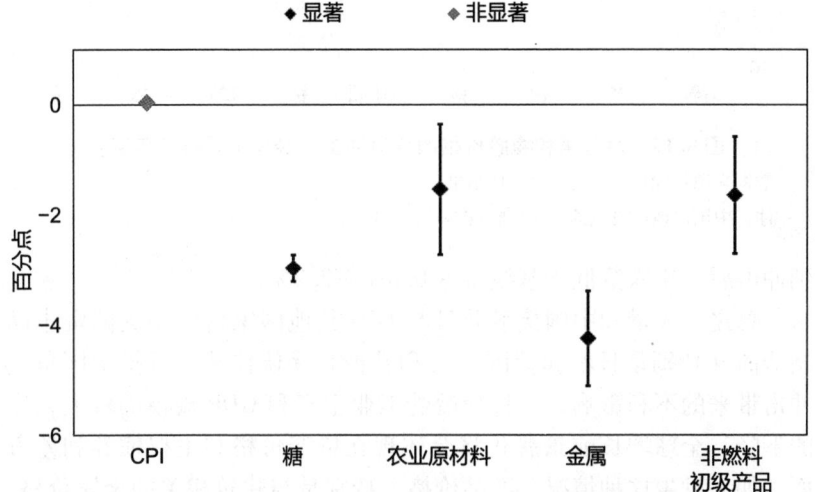

图8.14 对全球价格的峰值冲击（经季节调整后年率）
数据来源：IMF工作人员的评估结果。
注：中国房地产投资的一单位标准差冲击的影响。CPI = 消费价格指数。

结论

房地产投资占中国FAI总额的1/4。中国房地产投资的假设性崩溃对经济活动的影响相当大，带有对许多中国贸易伙伴的大量溢出效应。中国房地产投资每下降一个百分点可能会使中国第一年的实际GDP减少0.1%，并对中国在G20的贸易伙伴产生负面溢出效应，可能引起全球出口从基线下降0.06%。日本、韩国和德国将会受到最严重的打击。如果这样，商品价格，特别是金属价格，可能在受

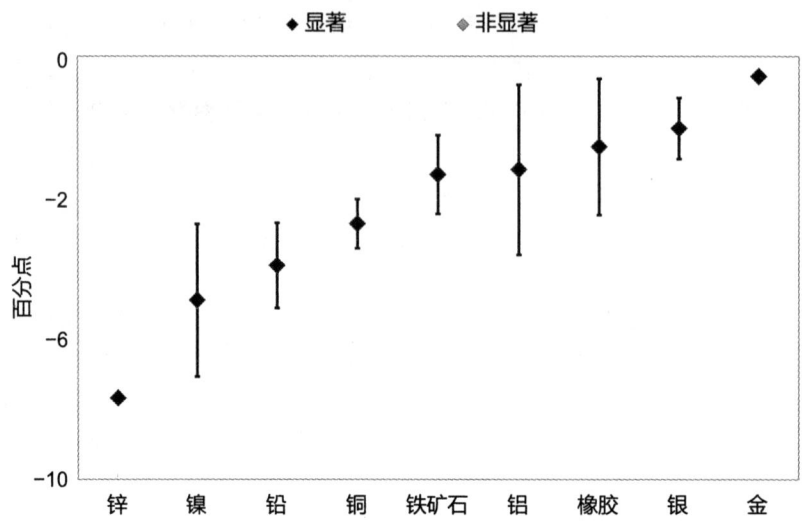

图 8.15 对金属和橡胶价格的峰值冲击（经季节调整后年率）

数据来源：IMF 工作人员的评估结果。

注：中国房地产投资的一单位标准差冲击的影响。

到冲击后一年跌落低于基线将近 0.8%—2.2%。

总之，大量和中国接触并且与 G20 其他国家密切相关的资本品制造商（特别是日本和韩国）会和其他贸易伙伴共同承担中国负面冲击带来的不利影响，并将会遭受工业生产和 GDP 规模的较大幅度的下降。全球增长前景恶化将会体现在资产价格和主权债券利差方面。如果发生这种情况，商品价格，特别是与建筑相关的金属价格，也将会下降。

样本中至少包含一次中国房地产投资的完整循环和房地产市场数据，并且包括中国与世界经济逐渐整合的时期。从统计观点出发，严格地说，从这个相对时间跨度较短的样本中估计很难发现统计关系，并且模型的丰富性很有限。不过，正如结果所示，样本中仍然存在充足的统计信息，可以有效解析近些年来中国和世界的相互作用。但是，必须强调的是，中国对于全球经济的重要性比样本所表示的结果更大，而且中国房地产投资即使出现崩溃也不大可能会和模型一样呈线性。对 G20 贸易伙伴的影响以及进而对当前全球经济的影响可能会比所报告的影响更大。

参考文献

Ahuja, A., and A. Myrvoda, 2012, "The Spillover Effects of a Downturn in China's Real Estate Investment," IMF Working Paper No. 12/266 (Washington: International Monetary Fund).

Bernanke, B., J. Boivin, and P. Eliasz, 2005, "Measuring the Effects of Monetary Policy: A Factor-Augmented Vector Autoregressive (FAVAR) Approach," *Quarterly Journal of Economics*, Vol. 120, No.1, pp. 387–422.

Boivin, J., and M. Giannoni, 2008, "Global Forces and Monetary Policy Effectiveness," NBER Working Paper No. 13736 (Cambridge, Massachusetts: National Bureau of Economic Research).

International Monetary Fund, 2012, "*People's Republic of China: Staff Report for the 2012 Article IV Consultation,*" IMF Country Report No. 12/195 (Washington).

Riad, N., I. Asmundson, and M. Saito, 2012, "China's Trade Balance Adjustment: Spillover Effects," 2012 Spillover Report–Background Paper (Washington: International Monetary Fund).

第三部分

政策意义

第九章

衰退预言实录：
中国是否已达"刘易斯拐点"？

米塔利·达斯（Mitali Das）和帕帕·恩迪亚耶（Papa N'Diaye）

本书最后一部分考察了完成国内再平衡需要采取的措施。即将发生的人口变动使改革迫在眉睫。中国正处在人口变动的前夕，此次人口变动将对经济和社会风貌带来深远的影响。近几年，劳动人口将达到历史新高，此后开始迅速递减。随着农民工工资的快速增长和正式职工的短缺，这一事实引发了关于中国是否准备好度过刘易斯拐点的问题，所谓的刘易斯拐点就是富余廉价劳动力转向劳动力短缺经济的交点。度过此转折点对中国和世界其他各国将有着深远意义。本章以经验主义评估了可能过渡到劳动力短缺经济的时间。主要结果是在当前趋势下，刘易斯拐点将会在2020年到2025年之间出现。此外，生育率提高、劳动力参与率提高、金融改革或者生产率提高等其他情况也许会延迟或者加速转折点的到来，但是人口将是推动剩余劳动力耗尽的主导力量。

简介

中国较大的农村劳动力储备在维持低通货膨胀和支持中国粗放型经济模式中发挥着重要作用。在很多方面，中国的经济发展与刘易斯模式相呼应，刘易斯模式认为在一种低生产率部门劳动力剩余的经济中（中国案例中的农业），工业部门的工资增长受到农业部门工资的限制。因为劳动力是由农业转向工业的（Lewis, 1954）。在工业部门里，通过更多投资实现的生产率提高使工业部门和整个经济的就业有所上升。与经济充分就业相比，生产率走在工业部门工资的前头，对工业部门更加有益，促进更高投资。由于农业部门剩余劳动力枯竭，工业部门工资上升较快，工业利润受到挤压，投资减少。在此阶段，经济已跨过刘易斯拐点（LTP）（见图9.1）。

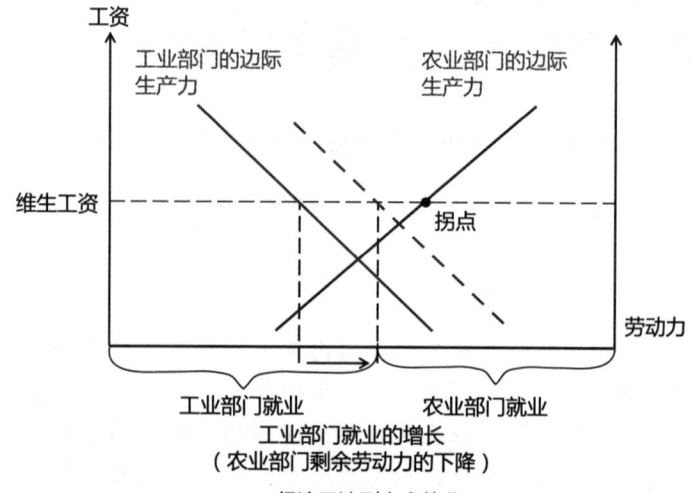

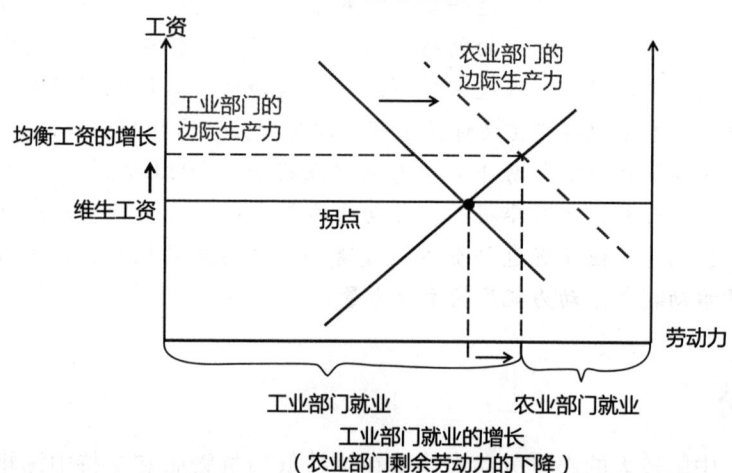

图9.1 刘易斯拐点及其影响

名义工资快速增长和正式职工短缺的传闻引发了关于廉价的中国劳动力时代是否即将结束以及中国是否已到达刘易斯拐点等问题。中国跨过刘易斯拐点将会对中国和世界其他国家都产生影响。对于中国，这意味着过分依赖要素投入积累的现阶段的粗放型增长方式难以为继，而且，中国将需要减少投资，但最好增加资本。因此，中国需要向更多依赖利用全要素生产率的集约型增长方式转变，这意味着政府相关议程的加速以实现从依赖投资转向个人消费的再平衡增长模式。

成功再平衡中国的增长模式将对世界其他国家产生重要的积极外部溢出，特别是供应链上的国家（主要是新兴的亚洲国家）和商品出口国可能会提高产出，但是对发达经济体来说，这会产生更多限制性溢出（IMF, 2011）。此外，劳动力成本上升（其影响将会在中国的价格和企业利润边际上体现出来）将会对主要贸易伙伴的贸易、就业和价格动态产生影响。

在该背景下，本章运用 Rosen 和 Quandt（1978）、Quandt 和 Rosen（1986）以及 Rudebusch（1986）研发的一般程序估计了中国剩余劳动力的供给。经验模型把明确性作用归于人口构成、劳动力参与以及生产率这一中国劳动力市场上最有可能与超额供给分析相关的特性。本章其他部分结构如下：下一部分概述了中国劳动力市场的近期趋势。然后介绍了经验框架，并提出基线结果。接着提出围绕劳动力市场未来趋势的主要基线预测的情景分析，最后做出总结。

近期发展动态

中国劳动力市场在 2004 年首次成为焦点，此时出口导向型沿海地区的外来劳动力短缺的报告开始出现。某些研究认为外来劳动力工资增长的传闻表明此时中国已耗尽先前大量供给的剩余劳动力，并且已经开始向成熟经济转型（Garnaut, 2006；Cai 和 Wang, 2008），人口转变的状况支持此观点，特别是劳动年龄人口增长的放缓以及老年劳动力比例的上升。但是，另一种观点认为外来劳动力工资的上涨是由于劳动力市场分割（比如户口登记制度、有限的可转移性利益和上涨的农村保留工资导致的劳动力市场分割）的结果，因此，其与沿海地区劳动力短缺和内陆劳动力剩余的共存局面是一致的（Chan, 2010；Zhang, Yang 和 Wang, 2010；Knight、Deng 和 Li, 2011）。

自 2009 年起，中国劳动力市场的发展使人想起 21 世纪头十年中期的一件事——由于企业从沿海地区转移出去，工资在经历过短暂停滞后继续快速上涨，特别是内陆省份。但是，作者阅悉了中国劳动力市场的近期发展后了解到，目前无法得出中国剩余劳动力是否已耗尽的结论。尽管出现劳动力市场存在压力的局部迹象，自 2000 年以来的总名义工资也一直以每年 12% 到 15% 的速度上涨。由于工资上涨带来了生产率的提高,所以企业利润一直保持很高,甚至在 2009—2011 年有所上升。这些发展与图 9.2 描述的 LTP 的基本前提不一致(面板 a)。据观察,城市雇主指出,间歇性局部工资上涨是由技术和区域不匹配等摩擦引起的,而非劳动力短缺本身。工业性沿海地区的系统化的劳动力短缺本应体现在沿海地区和工业部门工资上涨的分歧中,而工资发展的实际情况却恰恰相反(见图 9.2,面板 c)。

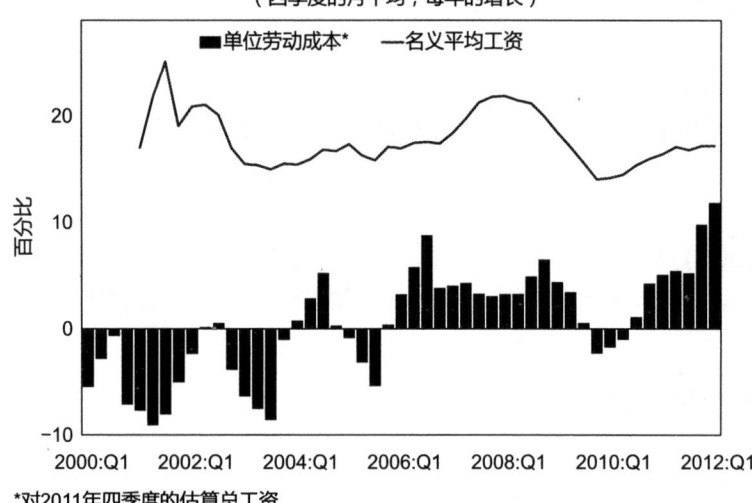

*对2011年四季度的估算总工资

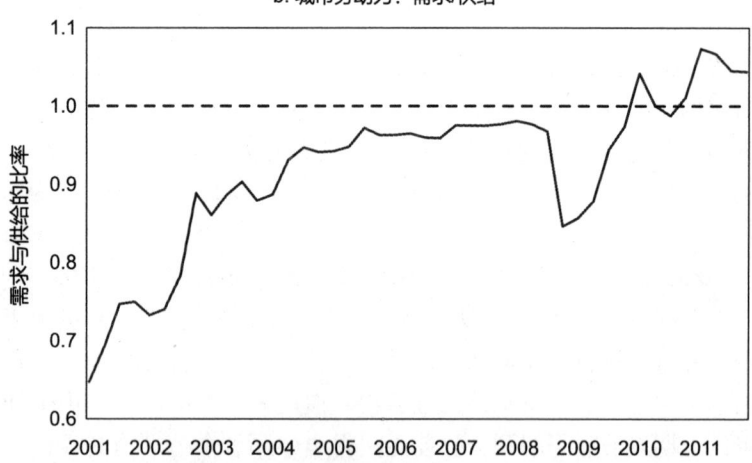

图 9.2 中国的劳动力、工资及人口变化(面板 a 和 b)(待续)

数据来源:CEIC 和 IMF 工作人员的评估结果。

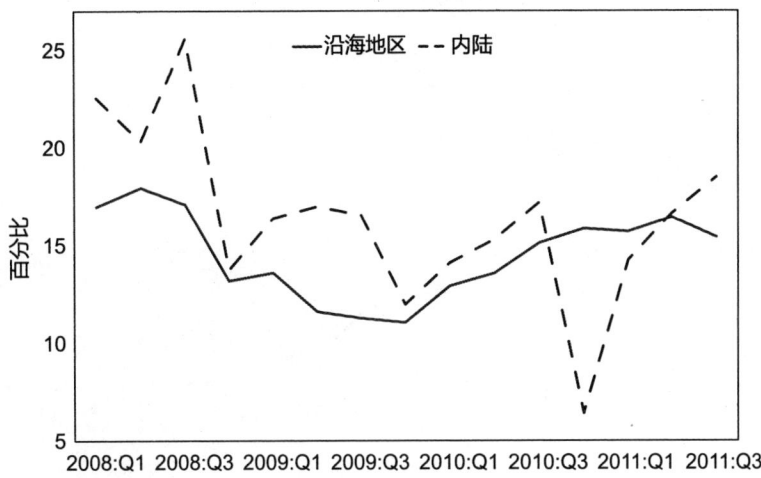

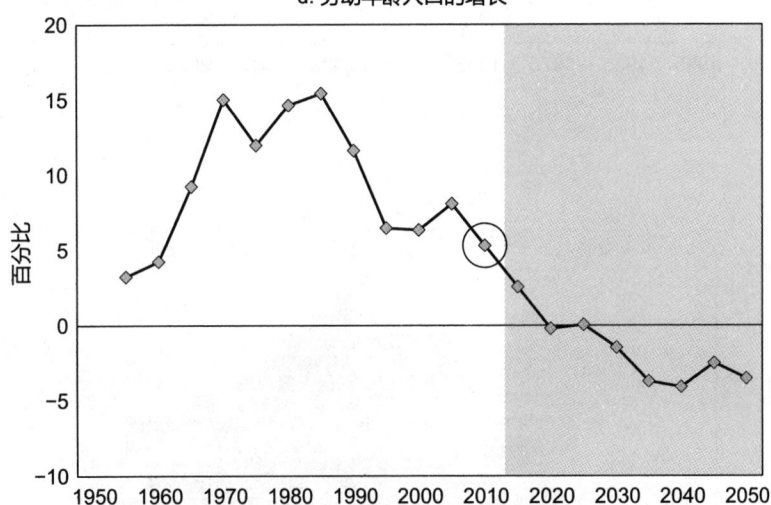

图 9.2　中国的劳动力、工资及人口变化（面板 c 和 d）（待续）

数据来源：IMF 工作人员的评估结果。

然而，其他迹象表明了劳动力市场的紧缩情况。城市的登记记录指出城市需求和劳动力供给之间的差额逐步缩小，实际上现在已经消除（见图 9.2，面板 b）①。工业转移到内陆省份（工资较低和

---

① 该评估方法来自国家统计局。但是，所有公司是否都被要求记录需求以及非正式和正式劳动力是否都被记录在劳动力供给的测量方法中，这些并不是很明确。

农村劳动力储备较大）的步伐自 2008—2009 年的全球金融危机后有

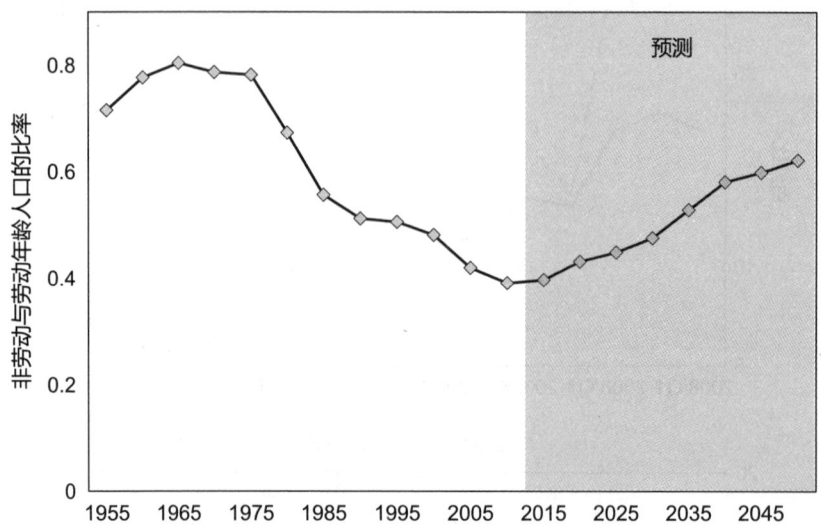

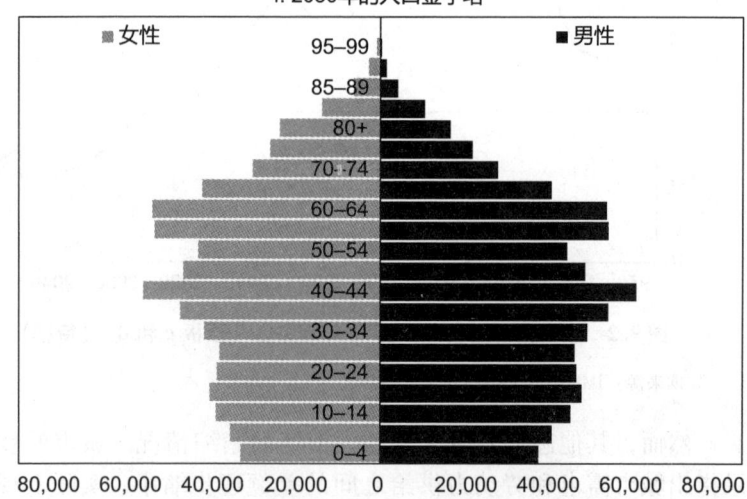

图 9.2　中国的劳动力、工资及人口变化（面板 e 和 f）
数据来源：IMF 工作人员的评估结果。

所加快①。其他随之而来的状况，例如，金融危机后劳动力能动性提高，也与随着劳动力储备萎缩而增强的议价能力相一致。工资的上涨也反映了政府提高最低工资以支持家庭收入和推动消费的决心。

因此，总的说来，劳动力市场的发展描绘了一幅剩余劳动力的混合图景：工资水平没有表明剩余劳动力已经耗尽，而就业、工业转移以及一些政策暗示了存在紧缩情况。

但是，人口统计更强有力地表明了中国经济即将向劳动力短缺时代转变。中国随时准备着在接下来的十年里经历生育率下降和老龄化双重作用下的意义深远的人口转变。联合国预测，劳动年龄（15—64岁）人口增长在2020年左右将变成负数（见图9.2，面板d）。该预测可能低估了劳动力短缺的前景，因为工业的工作人员大都是年轻人（Garnaut，2006）；20—29岁核心人口的增长速度在2010年缩减为零（见图9.3），而且根据预测，其在2035年将比整体劳动年龄人口下降得更快。人口数据也表明，在长时间的"人口红利"之后，中国人口中低于15岁、高于64岁的需要抚养的人口份额已在2010年降到最低点，并将在2035年上升至近50%（见图9.2，面板e）。

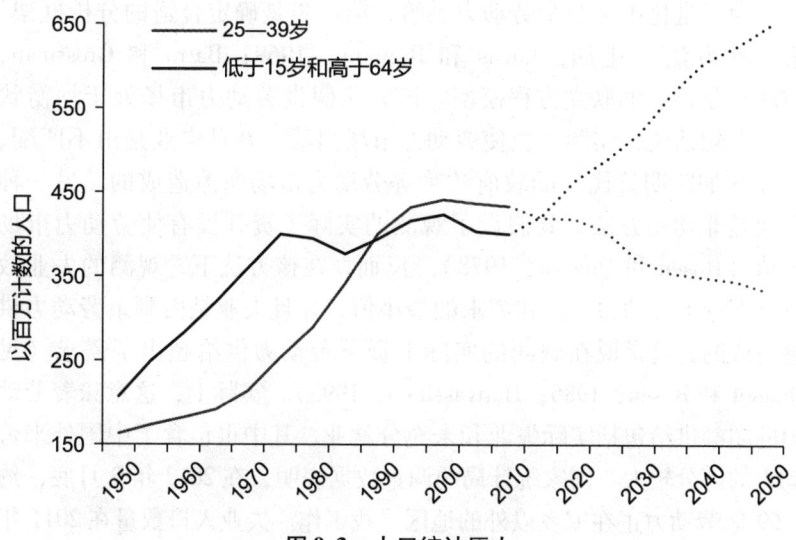

图 9.3　人口统计压力

数据来源：联合国人口数据库和IMF工作人员的评估结果。

---

① 工业转移到内陆不一定是沿海地区成本压力的反映，而是反映了向内陆省份中广大消费群体的扩张。在这一假设下，考虑到内陆更多的机会，沿海地区的劳动力瓶颈问题也许简单地就是对沿海地区就业的外来人员保留工资上涨的结果。

因为即将出现的人口转变在中期规模浩大、不可逆转和不可避免，所以它们是中国剩余劳动力演变的关键。但是，其他因素也可能是加速或减慢该过程的关键。户口改革的巨大进步（提高农村劳动力转移到城市的能力）将激励农村劳动力转移到城市。培训农村劳动力以满足工业工作的技术需求将缓解城市劳动力的瓶颈问题。虽然中国的第一产业雇佣了近一半的劳动力，但是农业的增值只占 2011 年 GDP 的 1/5。提高农业生产率（比如将机械化程度提高到其他国家的水平）将引起农村劳动力的大规模流出，这将部分地弥补城市劳动力需求的不足。

总之，人口统计、劳动力发展和政策的联合影响表明，中国极有可能处在刘易斯拐点的前夕，但是对转变何时发生并没有过多迹象。在该背景下，下一节将尝试对中国剩余劳动力供给进行估计，并预测其可能的发展。

经验框架

为了量化中国剩余劳动力供给，第一步是确定合适的分析框架。第一种方法（比如，Lucas 和 Rapping，1969；Barro 和 Grossman，1971）是传统的联立方程模型。该方法假设劳动力市场处于均衡状态，换句话说，实际工资使劳动力市场出清，并且失业是由不匹配、偏好（如跨期替代）的政府政策等劳动力市场摩擦造成的。另一种框架是非均衡方法，其假设了观测的实际工资并没有使劳动力市场出清（Rosen 和 Quandt，1978）。反而，在该方法下，观测的失业数量是理论上劳动力供给和需求的最小值，并且失业是由剩余劳动力供给造成的，就是说在观测的实际工资下劳动力供给超出了需求（见 Quandt 和 Rosen，1986；Hajivassiliou，1993）。实际上，这意味着劳动力的超额供给包括实际失业和未充分就业，其中也包含了中国外来劳动力的部分较大。国家统计局的调查数据表明，在 2012 年 9 月底，约 1.69 亿劳动力正在家乡以外的地区寻找工作。失业人口数量在 2011 年底达到 2150 万，总计达到总劳动力的 3%（城市失业率为 4.1%）。

除了农村劳动力占总劳动力比例近 50% 以及自 1980 年以来本就较低的劳动力收入份额进一步下降 20 个百分点这两个事实之外（Aziz 和 Cui，2007），上文所述的中国劳动力市场的特征事实，尤其是紧随生产率增长长达十年的工资增长，表明了非均衡框架是更适合分析中国劳动力市场的。此外，该框架足够全面，可以嵌入均衡方法作为该框架下的一个极限情况。用于分析的主要方程式在附件 9A 中详述；方法的具体细节见 Rosen 和 Quandt（1978）、Quandt 和 Rosen（1986）以及 Rudebusch（1986）。

结果

该模型运用的是 1992–2010 年间每年的观察值来进行估算的。因变量 L 是城乡地区总就业人数的自然对数，包括了政府部门、国有企业和私有企业的从业人员。工资变量 W 是按消费者物价指数（CPI）平减的名义工资总额（以十亿人民币计）。Wealth（财富）是按家庭净金融资产来衡量的，全要素生产率（TFP）是由使用固定劳资份额的标准增长计算法模型计算的剩余残差。人口、劳动力和劳动年龄数据都来自联合国人口数据库。数据来源和变量定义的完整列表见表 9.1。

表 9.1　变量的定义和数据来源

变量	描述	数据来源
L	总就业人数的自然对数；百万	CEIC 数据库
W	按 CPI 平减的每年实际工资总额的自然对数；十亿人民币	CEIC 数据库
GDP_P	中国贸易伙伴实际 GDP 增长加权平均数的自然对数；百分比	WEO、DOTS、IMF 工作人员的计算结果
TFP	全要素生产率，由增长计算法剩余计算而来	CEIC 数据库、WEO、IMF 工作人员的计算结果
H	参与率 * 人口；百万	联合国、WDI
Wealth	净家庭金融资产；1 亿人民币	Haver 分析
U	失业率；百分比	CEIC 数据库

注：CPI = 消费者物价指数；DOTS = 贸易统计方向；Ln = 自然对数；WDI = 世界发展指标；WEO =《世界经济展望》。

表 9.2 中所记录的结果包括了括号里估算的标准误差①。总的说

---

① 因为该模型是通过假定 $\delta \geqslant 0$ 得到的，所以对估算的 δ 的临界检验值是从单方面的 t-表格中得到的。此限制没有应用到估算中。δ 的非负性是可验证的假设，并且 δ 的非负性具有统计显著性，这意味着拒绝"劳动力市场均衡"这一假设。

来，这些结果的正负符合预期且数量大小较为可靠。劳动力需求的工资弹性是负值。此外，关于实际工资，劳动力需求弹性的绝对值小于1，与中国劳动成本仅代表企业总成本很小的一部分这一特征事实相一致。假定 TFP 可以通过提高盈利能力来提高劳动需求，那么正如所预料的，其影响是积极的，同时贸易伙伴的 GDP 也有预期中的积极征兆，但是却在统计上没有显著性[①]。

表9.2　　　　对剩余劳动力的估计回归系数

变量	系数
劳动力需求工资	−0.063**
	(0.013)
GDPp	0.001
	(0.01)
TFP	0.353**
	(0.036)
常量	7.3*
	(0.137)
劳动力供给工资	0.050**
	(0.007)
Wealth	−0.018**
	(0.0002)
失业率	0.0968**
	(0.033)
参与率*人口	0.0005**
	(0.0001)
常量	5.6**
	(0.101)
超额供给指数	0.018**
	(0.0009)
观测次数	36
伪 R 方	0.82

注：因变量：就业率（第二阶段）。括号内为标准误差。参见文中脚注3和4关于估计量的补充资料。

＊表示统计显著性在10%误差水平上；＊＊显著性在5%误差水平上。

① 因为参数 δ 在供给和需求方程式中都出现，所以使用了 9A.6 中三阶段最小二乘法进行估算。该方法产生了可用于估计的加倍观测值所获得的额外收益。在评估该模型时，假定了误差 ε_1 和 ε_2 每一个都是连续不相关的，且为 $(\varepsilon_{i1}, \varepsilon_{i2}) \sim N(0, \Sigma)$，这里的 Σ 有可能是非对角的，换言之，误差可能是同期相关的。此外，只假定了工资变量是内生性的。

第九章 衰退预言实录:中国是否已达"刘易斯拐点"？

估计供给方回归系数也与该理论相一致。劳动力供给的工资弹性是正的,在绝对大小上比劳动力需求的工资弹性要小,这符合中国拥有巨大劳动力供给储备的特征事实。Wealth 变量是负的,表明居民净资产的增长引起了休闲消费的增长和劳动力供应时间的下降;反之,失业率与劳动力供给如预期般正相关,验证了"额外劳动者"影响的存在。最后,劳动力供给弹性对于规模变量 H 来说是正的,与"潜在劳动力大小的增加和劳动力总供给的增加相关"这一观点是一致的。

对超额供给指标变量的估计回归系数 δ 是正的,并且统计显著性在10%误差水平上,这表明了以非加速通货膨胀失业率误差衡量的劳动力市场紧缩对剩余劳动力的存在具有统计意义。此外,δ 的显著性是均衡模型中零假设的排斥(见附件9A)。

结果中包含的剩余劳动力供给见图9.4。有几大特点需要解释:(1)中国至少从1991年开始不断出现劳动力超额供给;(2)估计的2000—2004年超额供给的激增与造成裁员、未充分就业和失业的国有企业改革的结果相一致;(3)在2004年到2008年间的持续下降之后,劳动力供给在2009—2010年急剧增长,反映了全球金融危机已经影响到了劳动力需求;(4)此模型生成的2007年超额供给估算值为1.6亿元,其中包含了经常引用的2007年《国家人口发展战略研究报告》中1.5亿—2亿元的估算值。

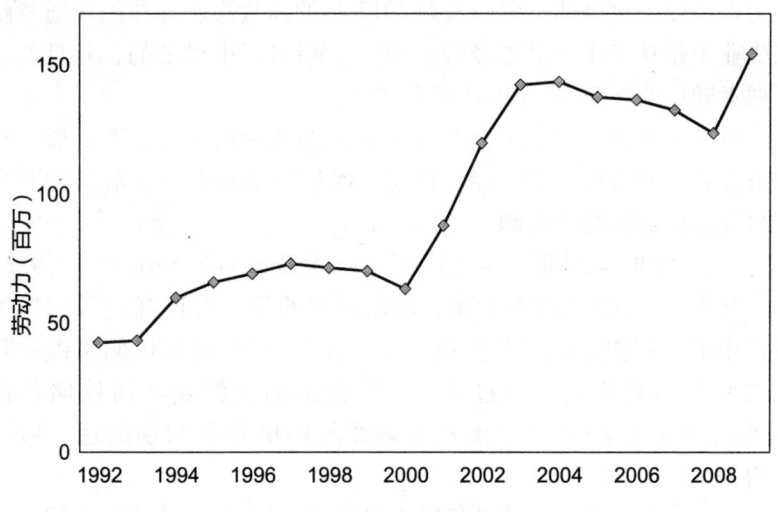

图9.4 估计的超额供给水平

数据来源:IMF 工作人员的评估结果。

情景分析

尽管从 1980 年起中国就开始提供大量有效就业岗位（总共达到了 3.5 亿个岗位），经验估计仍然支持上文里提到的中国存在长期剩余劳动力供给的观点。因为本章的核心问题是关于 LTP 的发生，本部分提出几种情景来预测剩余劳动力供给的演变。

基线情景

对剩余劳动力路径研究的主要预测是基线情景。基线下的预测是基于关于变量路径的以下假设，这些变量公认为是名义劳动力供给和需求的主要决定因素。

实际工资调整。t 时间的实际工资取决于过去两个时期的实际工资、同期的通货膨胀、上一期的通货膨胀以及当期的非加速通货膨胀失业率：

$$W_t = \gamma_1 W_{t-1} + \gamma_2 W_{t-2} + \gamma_3 \pi_t + \gamma_4 \pi_{t-1} + \gamma_5 U_t^* \quad (9.1)$$

滞后实际工资的存在充分体现了实际工资调整中的潜在滞后性。将通货膨胀 p 包含在内是为了反映劳动力（名义上）工资要求会随着通货膨胀而增加。最后，预计非加速通货膨胀失业率 U^* 将影响工资，因为假设了紧缩劳动力市场的情况很有可能提高劳动者的议价能力以及带来更高的工资。直到 2017 年的通货膨胀和非加速通货膨胀失业率是从 IMF《世界经济展望》（WEO）中得来的，并且假定了两者随后会在 2017 年的速度上增长。

居民净资产。净金融资产（NFW）的演变是来自标准的资产积累方程式，在方程式中，净资产每一时期的增长是由于股票的利息支付和居民储蓄的新流动：

$$NFW_t = NFW_{t-1} \times (1+i) + \alpha \times Household\ Saving_t \quad (9.2)$$

其中，i 是名义存款利率，α 是假定的每一时期都流入到居民资产中的居民储蓄的常数分数。参数 α 是 NFW 对居民储蓄做时间序列回归估算来的。反过来，居民储蓄的预测是从居民储蓄占 GDP 比例遵循 WEO 对中国私人储蓄占 GDP 比例的预测这一假设中得来的。

人口统计。人口和劳动年龄人口（15—64 岁）是从联合国人口数据库的"不变的生育率"变量中得到的。不变的生育率预测假设，

直到2050年生育率将保持在2005—2010年的平均值上。劳动力的预测是劳动力的时间序列数据对劳动年龄人口及其二次方进行的非线性回归得出的（见图9.5）①。

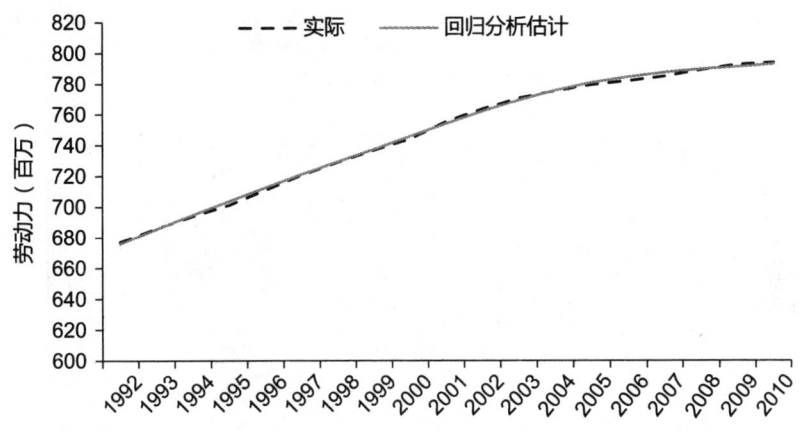

图9.5　劳动力，实际和回归分析估计

数据来源：IMF工作人员的评估结果。

TFP。TFP水平被假设为在2005—2010年间的平均增长速度（3.9%）上每年增长直到2017年，并且之后保持在2017年的水平。

失业率。直至2017年预测都是来自WEO。2017年之前，失业率假设固定在2017年的比率（4%）。

贸易伙伴GDP增长。按出口比例计算的中国八大贸易伙伴实际GDP的预测是从WEO和贸易统计方向（DOTS）中得出的②。2017年之后的实际增长率假设保持在2017年的水平；出口份额固定为2011年的水平。

在这些假设下，基线情景中超额供给的预测路径表明，中国劳动力的超额供给在2010年达到顶峰并倾向于急剧下降：从2010年的1.5亿人降至2015年的0.57亿人以及2020年的0.33亿人（见图9.6）。刘易斯拐点预测将在2020年至2025年之间出现，此时超额供给将变为负数（比如，劳动力市场进入超额需求时代）。超额供给的快速下降紧随着抚养比的预测路径，抚养比曾在2010年降至最低

---

① 虽然劳动力可能包含了劳动年龄人口以外的东西，但是此回归分析仍有较高的预测能力（调整后的拟合系数＝0.998）。

② 分别为欧元区、香港特别行政区、日本、韩国、新加坡、英国、美国和新兴发展经济体。每年中国所有出口的92%流向这些地区。

点,又被预测将快速增长①。在基线中,剩余劳动力供给的预测路径也反映了减少劳动力供给的资产的预期演变和增加劳动力需求的TFP的预期演变。

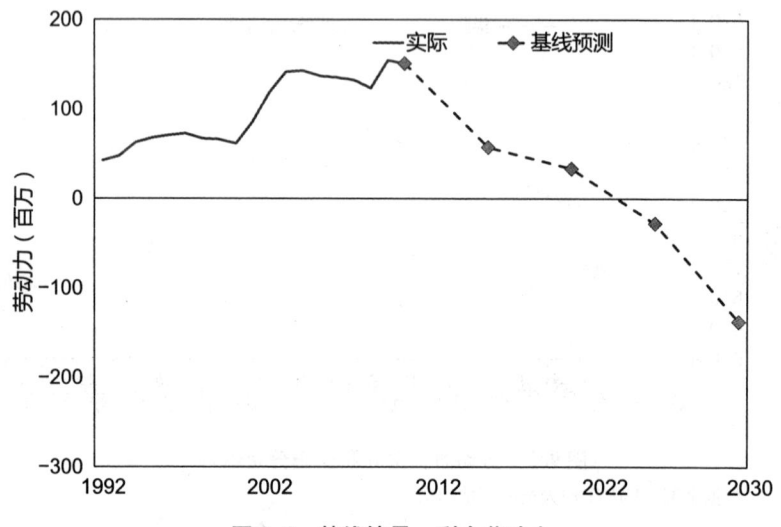

图9.6 基线情景:剩余劳动力

数据来源:IMF工作人员的评估结果。

基线结果是在市场情况和经济政策保持不变的预测下得到的。但是,显著性的人口转变、日新月异的外部环境以及不断增长的社会需求很有可能刺激出改变经济结构的内因性的政策响应,同时内因性的市场响应(比如较高的工资、增长的议价能力)也有可能出现。此外,政府计划改变"十二五"规划中所列的工业技术混合、城镇化以及收入分配,这将有可能通过转移劳动力供给或需求(或者两者)而影响刘易斯拐点。因此,下一节研究了假设较高生育率、较高的劳动力参与率、金融行业改革和产品市场改革所带来的影响。这些情景的结果如表9.3和图9.7中所示。

---

① 抚养比(低于15岁和高于64岁的人口比例)不在此模型中。但是,考虑到参与率是由劳动力规模标准化的劳动年龄人口来衡量的,劳动年龄比率也就能从规模变量中获得。

第九章 衰退预言实录：中国是否已达"刘易斯拐点"？ | 173

表 9.3　　　　　剩余劳动力供给情景（百万）

情景	2015	2020	2025	2030
基线	57.1	33.2	-27.8	-137.5
较高生育率	51.9	36.0	-16.8	-126.3
较高劳动力参与率	92.3	68.1	5.31	-114.1
金融行业改革	57.0	10.5	-70.4	-220.5
产品市场改革	54.9	11.6	-44.0	-153.7

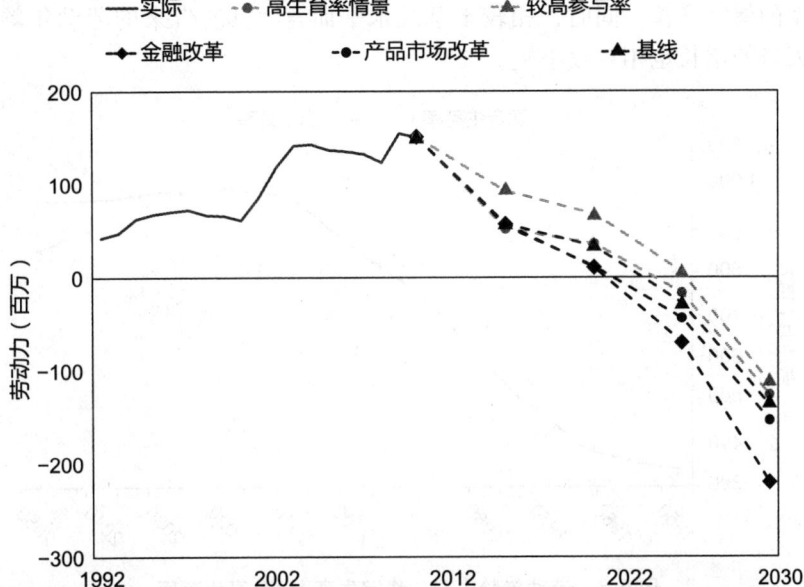

图 9.7　选择性情景：剩余劳动力

数据来源：IMF 工作人员的评估结果。

生育率的提高

第一个情景研究了一次性永久提高生育率的影响，比如选择性放宽独生子女政策。该情景是用联合国"高生育率"变量预测劳动年龄人口①和新变量预测劳动力来模拟的。其他所有剩余变量与基线情景中的一样②。

---

① 联合国"高生育率"变量假设比不变的生育率变量多 0.5 个子女。
② 在之后的每一个情景中，除了对刘易斯转折点的影响被验证的变量以外，其他所有剩余的预测都与基线中的一样。

结果如图9.8中所示。估计表明,在较高生育率情景中,刘易斯拐点相对于基线中的有所延缓。此结果与之前的一致,因为较高的生育率将产生更多的劳动年龄人口和更多潜在劳动力。但是,超额供给在2020年从3300万升至3600万人,在2025年从-2780万达到-1680万人,增长相对于基线中的要小。这有两种可能的解释。第一,较高生育率会延迟潜在劳动力的增加,因为对于新增的较大同龄组的人而言,其需要花时间去加入到劳工行列。第二,联合国高生育率变量是仅将中国1.6的生育率提高到2.1的替代水平生育率的保守增长,同时,相较于基线水平而言,其所带来的劳动年龄人口的增长也相对较小①。

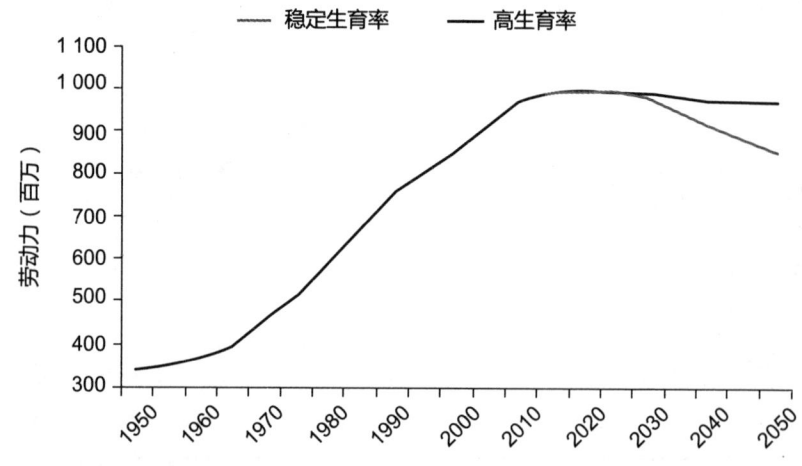

图9.8　劳动年龄人口:稳定生育率 VS 高生育率
数据来源:联合国人口数据库和IMF工作人员的计算结果。

较高劳动力参与率

该情景分析了在刘易斯拐点上的较高劳动参与率的影响。中国的参与率相对于比较期的要高,但是从20世纪90年代中期开始下降,从1995年的0.87下降至2010年的0.82(图9.9)。考虑到雇佣较年轻劳动力的倾向和相对较小的退休年龄,此下降反映了劳动力

---

① 生育率来自 Golley 和 Tyers (2006),替代率估计来自 Zhang 和 Zhao (2006)。高生育率变量中的劳动年龄人口比基线中2025年、2030年和2035年的分别高0%、1.4%和4%。

中老年劳动力比例的上升。稳定性退休金制度被认为是参与率下降的另一个原因（Yang 和 Wang，2010）。虽然本章并没有为提高参与率而确定一个具体机制，但是其中一种方式就是省际的劳动力流动，比如加速户口改革进程。特定的情景就是参与率一次性地从 0.82 增长到 0.85，达到过去二十年的平均速率。

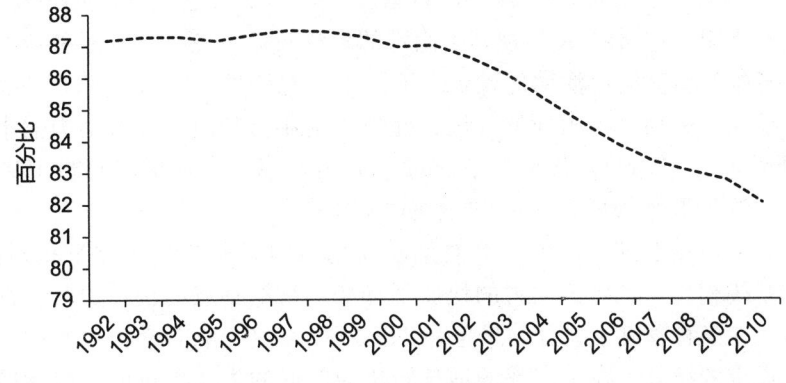

图 9.9　劳动力参与率

数据来源：IMF 工作人员的评估结果。

较高参与率对剩余劳动力供给的影响是十分有意义的。当参与率较高时，分析预测，劳动力的超额供给将持续到 2050 年以后，并且刘易斯拐点将在 2025 年和 2030 年之间出现。不同于生育率，较高参与率会直接影响劳动力的规模，从而影响劳动力供给。因此，相对于较高生育率，较高参与率会使刘易斯拐点更加延迟。

金融行业改革

这里考虑的金融改革情景是非常特殊的：放松利率管制以提高储蓄率。假设利率影响超额供给的渠道是财富效应：较高的存款利率提高了财富积累的收益，但是由于家庭更容易达到储蓄目标，减少了财富流入，进而减少劳动力供给。该情景是运用 Nabar（2011）对利率的储蓄响应（见本卷第五章）的估计，模拟名义存款利率增加 5 个百分点而得出的。

结果表明，金融改革加速了刘易斯拐点的到来。然而，在基线中，2020 年的劳动力超额供给在 3000 万左右，利率市场化会将其减少至 1000 万，而且刘易斯拐点将会在 2020 年以后很快出现。因为剩余劳动力的耗尽有可能与潜在提高了劳动力所得在国民收入中所占份额的较高工资有关,所以在此情景下的金融改革大体上与中国在中期提高居民收入的官方目标一致。

产品市场改革

最后情景考虑了提高 TFP 的产品市场改革。虽然 TFP 自 1990 年起对中国产出增长一直有积极贡献,但是其增长已经在近期放缓。提高 TFP 与"十二五"规划中制定的多种政策一致,比如服务业的高竞争和对高增值活动的投资。不同于其他情景,较高的 TFP 解决了框架中劳动力需求面的问题,提高了企业营利能力和劳动力需求(Freeman, 1980)。该情景是通过 TFP 增长率一次性提高到自 1990 年起的 TFP 平均增长率 4.5% 来模拟的。

从质量上讲,较高 TFP 对刘易斯拐点的影响与金融改革相同:与基线相比,剩余劳动力的快速下降和刘易斯拐点的快速出现。但是,在某种程度上,此结果也是 TFP 不能直接影响劳动力供给的模型设定的结果。在生产率的增长转化为较低的失业率进而转换为较低的名义劳动力供给的其他设定中(比如 Pissarides 和 Valenti, 2007),会产生剩余劳动力供给的下降幅度较小。

结论

中国正处在人口转移的风口浪尖上,此次人口转移将对经济和社会风貌产生深刻影响。在未来几年里,劳动年龄人口将达到历史新高,之后会开始迅速递减。20—39 岁的劳动年龄人口核心已经开始紧缩。随后,低成本劳动力的大量供给(中国增长模式的核心动力)将会消失,从而给国内外产生意义深远的影响。

本章以经验为主分析了劳动力短缺出现的时间。主要结果就是除内因性市场或政策响应之外,劳动力的超额供给(失业和未充分就业的劳动力储备)将会下降至 2020 年的 3000 万人,刘易斯拐点将在 2020 年和 2025 年之间出现。

但是,对潜在劳动力短缺的内因性政策响应有可能与政府试图推迟向刘易斯拐点的过渡相同。因劳动力市场紧缩而引起较高工资或引起向资本集约型生产过渡的市场机制也有可能弥补劳动力储备的萎缩。本情景分析揭示了通过放宽独生子女政策的较高生育率和通过户口改革的较高劳动力参与率都将会延迟剩余劳动力的耗尽。

相反，金融改革和较高 TFP 分别通过财富效应和企业的较高盈利能力来加快向劳动力短缺经济的过渡。

对劳动力超额供给和出现于本章的刘易斯拐点时机的定量估计本质上是不确定的。此外，其他情景实验是为了特别重要的特定改革分析的，其并没有把潜在的情景内影响考虑在内（比如较高生育率和金融行业改革的抵消性影响）。这就是说，分析的要点对剩余劳动力下降的市场和政策响应很大程度上是次要的；人口结构在即将来临的向劳动力短缺的过渡中发挥着主要作用。

附件 9A. 劳动市场的不均衡模型

劳动力需求。 劳动力的总需求是根据内因性实际工资、TFP（反映利益最大化的企业需要更多的劳动力和技术进步的标准柯布—道格拉斯生产函数）贸易伙伴国的 GDP 增长（由于中国对出口高度依赖，因此用这个变量来反映需求状况）。该模型是一种带有附加随机误差的对数线性模型：

$$L^D = \alpha_1 + \beta_1 W + \beta_2 GDP_P + \beta_3 TFP + \varepsilon_1 \quad (9A.1)$$

其中，L^D 表示假设的劳动力需求总额的自然对数；W 是实际工资总额（名义工资总额按消费者物价指数递减）的自然对数；GDP_P 是按贸易伙伴增长率计算的实际 GDP 的自然对数；而 TFP 指全要素生产率，是按增长计算法框架的残差和本书中所假设的资本和劳动力份额来计算的[①]。

劳动力供给。 劳动力总供给取决于实际工资、家庭净资产、潜在劳动力的规模（按参与率与人口的相互作用来估计）以及失业率。加入失业率是为了将"额外劳动力效应"纳入模型，所谓额外劳动力效应是指在劳动力需求状况很差的情况下，家庭可能会让额外人员去找工作，这就会呈现出劳动力供给和失业率之间的正相关（Basu，Genicot 和 Stiglitz，2000）

$$L^S = \alpha_2 + \beta_4 W + \beta_5 \ln H + \beta_6 Wealth + \beta_7 U + \varepsilon_2 \quad (9A.2)$$

其中，L^S 指劳动力总供给，H 表示规模变量的自然对数，U 指失业率。

在均衡模型中，劳动力的观测值等同于假设的劳动力供给 L^S 和

---

① TFP 是从水准角度看的。

假设的劳动力需求 L^D。但是，在不均衡模型中，假定观测值 L 是假设的劳动力供给和需求的最小值：

$$L = \min(L^S, L^D) \tag{9A.3}$$

该假设表明，若 $L^S > L^D$，则 $L = L^D$ 且观测值只取决于需求曲线；反之，若 $L^S < L^D$，则 $L = L^S$ 且观测值只取决于供给曲线。这是与均衡模型（$L = L^S = L^D$）最大的不同，因为在不均衡的情况下，除非劳动力需求和供给是方程式（9A.3）中的最小值，否则是无法观测的。确定性函数定义为

$$L^S - L^D = \delta(I - I^*) \tag{9A.4}$$

其中，I 表示超额供给指标，I^* 表示 I 的均衡值，δ 表示未观测参数（零假设下的 $\delta > 0$）。在经验分析中，I 是失业率，I^* 是非加速通货膨胀失业率。可以用来替代 I 的变量有工资膨胀率、解雇率和离职率等（Baily，1982）。两个附加变量定义为

$$Q_S = \begin{cases} 1 & if\ I - I^* > 0 \\ 0 & otherwise \end{cases}$$

$$Q_D = \begin{cases} 1 & if\ I - I^* < 0 \\ 0 & otherwise \end{cases} \tag{9A.5}$$

将方程式（9A.4）和（9A.5）代入方程式（9A.1）和（9A.2）中并重新整理产生模型来估算：

$$L^D = \alpha_1 + \beta_1 W + \beta_2 GDP_p + \beta_3 TFP - [\delta(I - I^*) \times Q_D] + \varepsilon_1$$
$$L^S = \alpha_2 + \beta_4 W + \beta_5 \ln H + \beta_6 Wealth + \beta_7 U + [\delta(I - I^*) \times Q_S] + \varepsilon_2. \tag{9A.6}$$

因为两个系统方程式都是过度估计的，因此马上可以得出估计值。由于 δ 出现在两个方程式中，所以该模型使用了三阶段最小二乘法来估计。

注意，当 $\delta = 0$ 时，方程式（9A.6）简化成

$$L^D = \alpha_1 + \beta_1 W + \beta_2 GDP_p + \beta_3 TFP + \varepsilon_1$$
$$L^S = \alpha_2 + \beta_4 W + \beta_5 \ln H + \beta_6 Wealth + \beta_7 U + \varepsilon_2 \tag{9A.7}$$

等同于标准均衡模型 $L = L^S = L^D$。因此，统计上拒绝 $\delta = 0$，表明支持"存在不均衡"这一假设。

附件 9B. 经验框架的推导

以下为方程式（9A.6）的推导：

转换模型。方程式（9A.3）中 min 条件的存在使得劳动力供给和需求生成的简化型方程式带有非线性特征，这增加了计算难度。该问题是通过使用 Fair 和 Jaffe（1972）的转换模型来解决的。特别是，该推导假设了 $\delta > 0$。接着，当 $I > I^*$ 时，推导出市场处于超额供给状态，且 $L^S > L^D$，$L = L^D$。转换模型克服了 min 条件的计算难度，因为其准确地把数据划分为超额供给阶段和超额需求阶段，有效地使 min 条件在估计中变得多余（见下）。转换模型是确定性的，但不必要描述因果关系。

不均衡联立方程模型。推导方程式（9A.6）的关键一步是用确定性指标取代不可观测变量（$L^S - L^D$）的差异以及把数据划分为超额供给和超额需求机制，两者共同获得联立方程模型。特别要注意以下：

If $I - I^* < 0$,
$$L = L^D - (L^S - L^D)$$
$$= \alpha_1 + \beta_1 W + \beta_2 GDP_p + \beta_3 TFP - \delta(I - I^*) + \varepsilon_1 \quad (9B.1)$$
$$L = L^S$$
$$= \alpha_2 + \beta_4 W + \beta_5 \ln H + \beta_6 Wealth + \beta_7 U + \varepsilon_2$$

If $I - I^* > 0$,
$$L = L^D$$
$$= \alpha_1 + \beta_1 W + \beta_2 GDP_p + \beta_3 TFP + \varepsilon_1 \quad (9B.2)$$
$$L = L^S + (L^D - L^S)$$
$$= \alpha_2 + \beta_4 W + \beta_5 \ln H + \beta_6 Wealth + \delta(I - I^*) + \beta_7 U + \varepsilon_2$$

参考文献

Aziz, J., and L. Cui, 2007, "Explaining China's Low Consumption: The Neglected Role of Household Income," IMF Working Paper 7/181 (Washington: International Monetary Fund).

Baily, M., 1982, *Workers, Jobs and Inflation* (Washington: The Brookings Institution).

Barro, R.J., and H.I. Grossman, 1971, "A General Disequilibrium Model of Income and Employment," *American Economic Review*, Vol. 61, No. 1, pp. 82–93.

Basu, K., G. Genicot, and J.E. Stiglitz, 2000, "Unemployment and Wage Rigidity When Labor Supply Is a Household Decision," Working Paper 00-10 (New York: Cornell University, Center for Analytic Economics).

Cai, F., and M. Wang, 2008, "A Counterfactual Analysis on Unlimited Surplus Labor in Rural China," *China and the World Economy*, Vol. 16, No. 1, pp. 51–65.

Chan, K.W., 2010, "A China Paradox: Migrant Labor Shortage amidst Rural Labor Supply Abundance," *Eurasian Geography and Economics*, Vol. 51, No. 4, pp. 513–530.

Fair, R., and A. Jaffe, 1972, "Methods of Estimation for Markets in Disequilibrium," *Econometrica*, Vol. 40, pp. 497–514.

Freeman, R., 1980, "The Evolution of the American Labor Market, 1948–80," in *The American Economy in Transition*, ed. by M. Feldstein (Chicago: University of Chicago Press).

Garnaut, R., 2006, "The Turning Point in China's Economic Development," in *The Turning Point in China's Economic Development*, ed. by Ross Garnaut and Ligang Song (Canberra: Asia Pacific Press).

Golley, J., and R. Tyers, 2006, "China's Growth to 2030: Demographic Change and the Labour Supply Constraint," Australian National University Working Paper (Canberra).

Hajivassiliou, V., 1993, "Macroeconomic Shocks in an Aggregative Disequilibrium Model," Cowles Foundation Discussion Paper No. 2063 (New Haven, Connecticut: Cowles Foundation, Yale University).

International Monetary Fund (IMF), 2011, *People's Republic of China: Spillover Report for the 2011 Article IV Consultation and Selected Issues* (Washington). www.imf.org/external/pubs/ft/scr/2011/cr11193.pdf.

Knight, J., Q. Deng, and S. Li, 2011, "The Puzzle of Migrant Labour Shortage and Rural Labour Surplus in China," *China Economic Review*, Vol. 22, No. 4, pp. 585–600.

Kwan, C.H., 2007, "China Shifts from Labor Surplus to Labor Shortage: Challenges and Opportunities in a New Stage of Development" (Tokyo: Research Institute of Economy Trade and Industry).

Lewis, W.A., 1954, "Economic Development with Unlimited Supplies of Labour," *Manchester School*, Vol. 22, No. 2, pp. 139–912.

Lucas, R.E., and L. Rapping, 1969, "Real Wages, Employment, and Inflation," *Journal of Political Economy*, Vol. 77, pp. 721–754.

Nabar, M., 2011, "Targets, Interest Rates and Household Saving in Urban China," IMF Working Paper 11/223 (Washington: International Monetary Fund).

National Population Development Strategy Research Report, 2007.

Pissarides, M., and G. Valenti, 2007, "The Impact of TFP Growth on Steady-State Unemployment," *International Economic Review*, Vol. 48, pp. 607–640.

Quandt, R.E., and H. Rosen, 1986, "Unemployment, Disequilibrium and the Short Run Phillips Curve: An Econometric Approach," *Journal of Applied Econometrics*, Vol. 1, No. 3, pp. 235–253.

Rosen, H., and R.E. Quandt, 1978, "Estimation of a Disequilibrium Aggregate Labor Market," *Review of Economics and Statistics*, Vol. 60, No. 3, pp. 371–379.

Rudebusch, G.D., 1986, "Testing for Labor Market Equilibrium with an Exact Excess Demand Disequilibrium Model," *Review of Economics and Statistics*, Vol. 68, No. 3, pp. 468–476.

Yang, D.U., and M. Wang, 2010, "Demographic Aging and Employment in China," Institute of Population and Labour Economics, Chinese Academy of Social Sciences.

Zhang, G., and Z. Zhao, 2006, "Reexamining China's Fertility Puzzle: Data Collection and Quality over the Last Two Decades," *Population and Development Review*, Vol. 32, pp. 293–321.

Zhang, X, J. Yang, and S. Wang, 2010, "China Has Reached the Lewis Turning Point," IFPRI Discussion Paper No. 977 (Washington: International Food Policy Research Network).

第十章

从国际视角看中国的减贫式和包容性增长

拉维·巴拉科瑞斯南(Ravi Balakrishnan)、
查德·斯坦伯格(Chad Steinberg)和司马喆(Murtaza Syed)

在过去35年的改革开放中,中国的贫困率已经急剧下降,但是,自20世纪90年代早期不平等程度的增加,抑制了中国经济增长对减贫的影响。本章发现,尽管中国在近阶段的增长保持较高的包容性,但是和其他地区相比包容性仍较小。以各国经验为基础,扩大中国增长利益的政策包括更公平的财政税收和支出体系、更高的医疗教育政府支出、加强包括有条件的转移支付的社会保障安全体系、对弱势工人提供更大帮助、增加劳工收入改革和提高金融服务覆盖。作为有利的附带结果,这些政策大部分还能通过储蓄合理化、居民收入增加和释放消费促进中国增长模式的调整。

简介

从1990年后,世界各地收入不平等程度开始加剧,学术文献把这种现象的产生归咎于三个主要因素:全球化、技能型技术变化和工人议价能力的下降。另外,文献还揭示了特定国家的特征,包括缩减社会开支、劳动力流动障碍和地理差距。2008—2009年的全球金融危机和近期世界不同地区的社会动乱已经加强了人们对不平等加剧对经济社会稳定和可持续增长的潜在影响的认识。这些关注并未忽略中国,中国的决策者现在高度优先重视寻找方法阻止不平等加剧和更加公平地分享增长成果。

本章对中国近期增强的扶贫性和普惠性程度进行了量化,并讨论了导致这些结果的因素和预计能够促进基础更加广泛和更加平等增长的政策。本章主要的发现是中国惊人的增长已经大大减少了贫困。但是，从 1990 年后不平等开始急剧增加，削弱了增长对减少贫困的影响。结果，相对于其他地区和中国在 20 世纪 80 年代平等增长的自身经历，中国的近期增长阶段已经具有较小的包容性。为了抑制这种趋势，可以通过政策措施抓住机遇，扩大增长利益、显著加强医疗和教育、增强社会保障安全体系、干预劳工市场和加强金融包容性。大部分政策还有助于针对家庭和个人消费调整中国经济。

本章结构如下：下一部分通过比较中国和世界其他地区贫困和不平等的近期趋势展开研究。随后的两部分提出在任何经济体中如何量化扶贫和包容性增长的方法以及使用回归法评价中国及同类国家在这些指标上的表现。最后一部分，从减贫举措的国际经验中总结教训，并且提出扩大中国增长利益的可能性政策措施。

贫困、不平等和增长：国际环境下的中国

从 1990 年以来，中国和大多数亚洲经济体的增长速度一直保持稳健，平均值高于其他新兴区域。反过来，这种增长已经转变成贫困的显著减少（见表 10.1）。

表 10.1　每天生活少于 1.25 美元的人口

	人口百分比		数目（百万）		世界总数百分比	
	1990	2008	1990	2008	1990	2008
欧洲和中亚地区	2	<1	9	<1	2	0
拉丁美洲和加勒比海地区	12	6	53	3	37	3
中东和北非地区	6	3	13	1	9	1
撒哈拉以南非洲地区	57	48	290	15	386	30
亚洲地区	55	25	1 544	81	855	66
中国	60	13	683	36	173	13
印度	47	33	433	23	395	31
亚洲其他地区	58	31	427	22	287	22
总数	43	22	1 909	1 290		

数据来源：世界银行、PovcalNet 数据库。

注：按 2005 年的购买力平价的价格。

开始改革时，中国是世界上最贫穷的国家之一。在 1981 年，84% 的中国人口日均收入少于 1.25 美元，贫困发生率占世界第五。到 2008 年，这个比例已经下降至 13%，大大低于发展中国家的平均值（见图 10.1）。然而，相较于中国的大量人口，意味着仍然有 17 500 万人生活极度贫困。

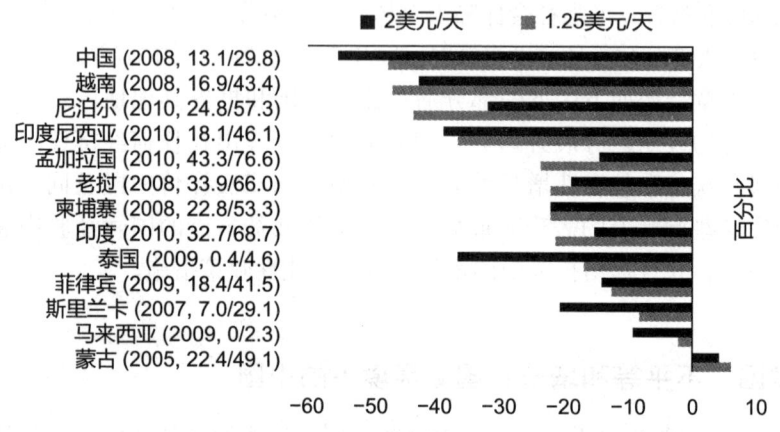

图 10.1 亚洲：1990 年后贫困人口的变化

数据来源：世界银行和 IMF 工作人员的计算结果。

注：按 2005 年购买力平价计算，括号内为最新的有效年份和分别按照每天 1.25 美元和 2 美元标准计算的贫困人口比例。

由于农村改革和初始较低的不平等，中国在 20 世纪 80 年代早期和 90 年代中期贫困减少最快。通过相对平等的土地使用权分配，80 年代早期的农业和农村经济改革促进的农业增长转化成快速减贫。医疗的普及和教育机会还确保随后农村和城市地区的非农业增长能够减少贫困。

从 90 年代早期后，中国贫困的性质一直在改变，不过农业部门的增长已经减缓，土地改革的红利也开始消退。这些变化导致较低的农村就业和收入增长以及城市贫困的增加，部分反映出农村地区的大规模人口迁移。

最惊人的是，不平等已经急剧增加（见图 10.2）。根据世界银行的消息，中国的基尼系数已经从 1981 年的 29% 增加到 2005 年的超过 42%，高于美国的基尼系数水平①。虽然基尼系数在 2009 年以

---

① 基尼系数是一种普遍用于一个经济体中的收入分配或者消费支出偏离绝对平均分配的尺度。基尼系数为 0 表示绝对平均，为 100% 时表示绝对不平均。

后有所下降，但是官方估计其在 2012 年会超过 47%。

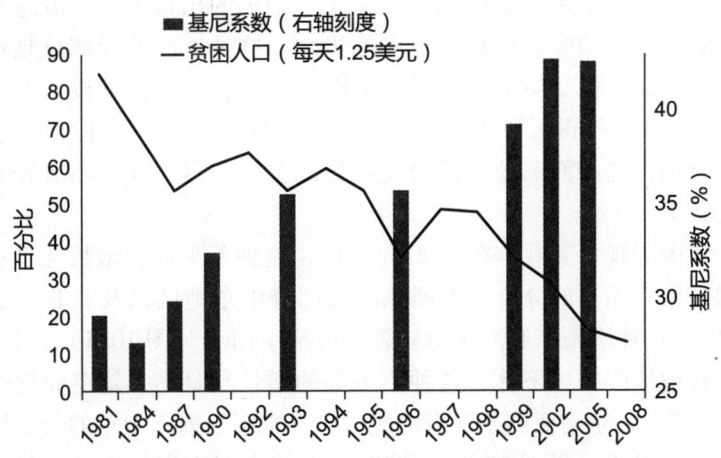

图 10.2　中国：贫困和不平等的趋势

数据来源：世界银行，《世界发展指标》。

差距上升以农村和城市差距与地区差距的增加为特征。在中国，1998 年以后的农村和城市收入差距明显加大，达到并超过 3∶1，高于国际标准（见图 10.3）。对于多数亚洲其他经济体，这个比率是 1.3 到 1.8（Eastwood 和 Lipton，2004）。

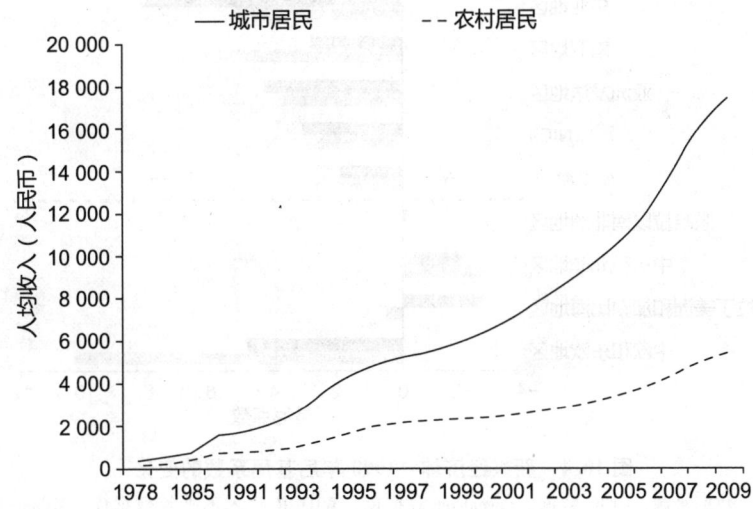

图 10.3　中国：农村和城市人均收入

数据来源：国家统计局。

与此同时，和中国东部沿海地区相比，中部和西部地区缓慢的收入增长扩大了地区之间的收入差距。中国的出口中心、沿海地区为非农业就业和收入提供了更多的机会。这种地区差异部分是地理优势的结果，但是掺杂着优惠政策以及人力资本和公共设施的持续差异（Fan、Kanbur 和 Zhang，2009）。在 21 世纪第一个十年中期后，随着中国内陆和西部地区政府支持性政策的出台，这种趋势开始有所反转。

　　从国际视角来看，在 1990 年以后，这种不平等的增长几乎成为全球现象，除了部分拉丁美洲地区和部分中东地区以及北非（见图 10.4）。这种增长在亚洲尤为显著，包括中国（见图 10.5）。对于中国和其他地区的经济体，这种不平等的增长与日本、新工业化经济体（NIEs）、东南亚国家联盟的成员以及中国之前三十年的公平增长形成鲜明对比（见图 10.6）。同时，即使中国中产阶级已经具有一定的规模和购买力，但是其总体收入比例下降，而最富裕人群的总体收入增长。相比之下，在拉丁美洲和中东及北非，最富裕人群的比例下降。早先的研究（IMF，2006）认为世界范围内不平等的增长源于技能型技术变化和亚洲低收入经济体处于农业向工业转型的

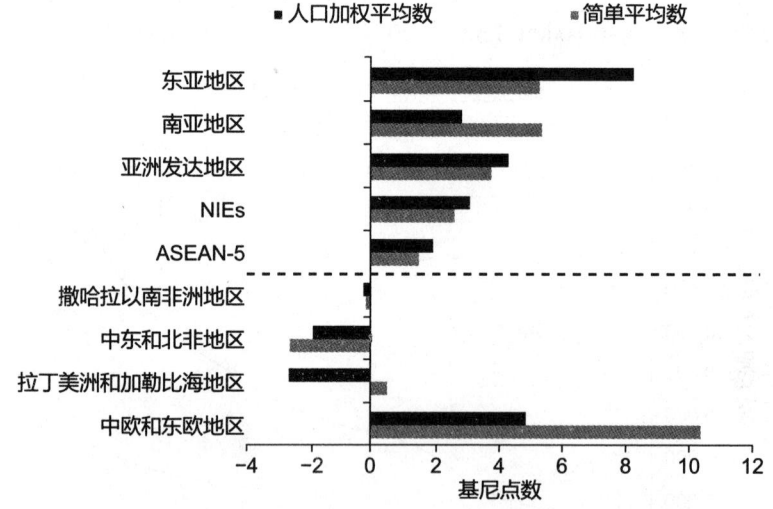

图 10.4　新兴经济体：1990 年后基尼系数的变化

数据来源：CEIC 数据、PovcalNet 数据库、WIDER 收入不平等数据库、Milanovic，2010、国家官方和 IMF 工作人员的计算结果。

注：ASEAN-5 = 东南亚国家联盟中最大的五个经济体（印度尼西亚、马来西亚、菲律宾、泰国和越南）；NIE = 新工业经济体。

过渡时期与 Kuznets 的假说一致①。

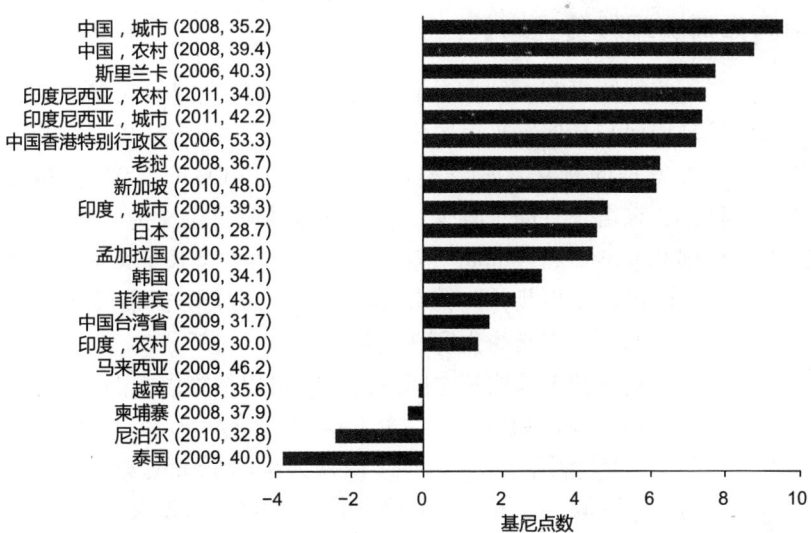

图 10.5　亚洲：1990 年后基尼系数的变化

数据来源：世界银行、国家官方和 IMF 工作人员的计算结果。

注：括号内为最新的有效年份和相应的基尼系数。

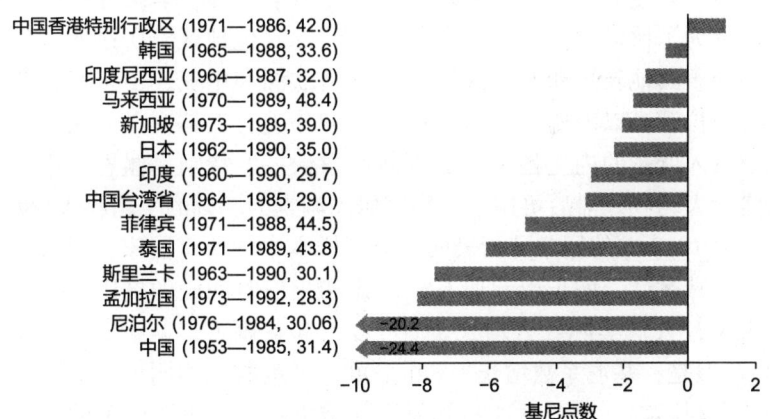

图 10.6　亚洲：1990 年以前的基尼系数变化

数据来源：Milanovic, 2010 和 IMF 工作人员的计算结果。

注：括号内为时间段和基尼系数的终值。

---

① Jaumotte、Lall 和 Papageorgiou（2008）还认为技能偏向性技术进步是不平等增加的关键驱动因素。

中国如何实现减贫式增长?

除了这些特征事实,回归分析可以用于量化中国的减贫式和包容性增长是如何与其他新兴地区相关的①。存在多种方法可以解析减贫和包容性增长的意义。本章遵循 Ravallion 和 Chen(2003)的方法,并且,如果增长有助于减少贫困,就将其简单定义为减贫增长。此外,根据 Rauniyar 和 Kanbur(2010),把包容性增长定义为与不平等增加无关的增长。更具体一点就是,本章把不会降低最底层 20% 人群收入份额的增长定义为包容性增长。

为了检验贫困减少和增长之间的关系,可以估算以下的回归:

$$\ln P_{i,t} = \gamma_i + \beta_{i,d} \ln y_{i,t} + \delta_{i,t} \ln GINI_{i,t} + \rho_d + \varepsilon_{i,t} \qquad (10.1)$$

在这个回归中,$P_{i,t}$ 为国家 i 在时间 t 内每天生活低于两美元的贫困人口,γ_i 是国家模拟,$y_{i,t}$ 是国家 i 在时间 t 内的人均收入,$GINI_{i,t}$ 为国家 i 在时间 t 内的基尼系数,ρ_d 为十年模拟组。因为方程式为对数,所以 β 给出收入增长对贫困减少的影响,δ 给出基尼系数变化的影响。β 和 δ 均可因国家和年份而改变。

为了评估固定效应,需要一组基准国家。由于本次分析的主要方向是为了比较中国与亚洲和拉丁美洲的其他地区,所以所有的国家均处于其他新兴和发展区域(特别是欧洲和中亚、中东和北非以及撒哈拉沙漠以南非洲)需要纳入基准分类。工具变量方法可用于考虑收入变量的内生性偏差和可能测量误差。特别是佩恩表中测定的实际人均收入滞后可用于检测以居民调查为基础的平均收入变量。

表 10.2 中的回归分析表明,对于样本中的所有国家,通常具有增长是减贫性,增长引起所有经济体和相应时间段的贫困下降。具体来说,人均实际收入增长 1% 可以引起贫困人口减少 2%(第一列)。但是,基尼系数增长 1% 几乎可以抵消收入相同增长对减少贫困的有利影响。这个发现和其他研究结果吻合,表明中国的赤贫发生率将会下降至低于 5%,使得不平等在 1990 年以后没有增加。

而且,不平等和收入相互作用,这意味着更高水平的不平等将

---

① 至于经济计量分析,主要数据来源为 PovcalNet 数据库和佩恩表。选择 PovcalNet 是因为其已经尽力使其不平等和贫困数据在多个调查和国家中具有可比性:这一研究包括 700 个家庭调查和 120 个国家(econ.worldbank.org/povcalnet)。加入 NIEs 的居民调查数据使得 1971 年到 2010 年为非平衡面板数据,样本偏向于该时段的后期。

第十章 从国际视角看中国的减贫式和包容性增长

表 10.2　　亲贫困增长的回归分析[1]

变量	(1) P	(2) P	(3) P	(4) P	(5) P
平均居民收入	-2.146*** (0.262)	-8.205*** (1.079)	-2.627*** (0.300)	-3.406*** (0.428)	-10.536*** (1.232)
EAP × y				1.258** (0.616)	1.138* (0.644)
南亚 × y				-0.159 (1.202)	1.177** (0.584)
LAC × y				1.294*** (0.502)	0.653 (0.506)
中国 × y				1.149 (0.712)	2.046*** (0.743)
印度 × y				1.889*** (0.675)	2.178*** (0.559)
巴西 × y				1.220*** (0.436)	0.640 (0.409)
印度尼西亚 × y				1.957*** (0.433)	2.432*** (0.464)
基尼系数对数	2.258*** (0.463)	5.838*** (1.205)	2.277*** (0.450)	2.003*** (0.499)	-7.799*** (1.502)
九十（20世纪90年代虚拟变量）			-0.743 (0.536)	0.074 (0.075)	0.054 (0.075)
零零（21世纪第一个十年虚拟变量）			0.694 (0.647)	0.262** (0.112)	0.142 (0.099)
九十 × y			0.193* (0.110)		
零零 × y			-0.067 (0.126)		
收入与基尼系数的相互作用		1.723*** (0.267)			2.035*** (0.317)
观察	579	579	579	579	579
R-平方	0.558	0.654	0.558	0.461	0.591
样本数目	98	98	98	98	98
模型	FE IV	FE IV	FE IV	FE IV	FE IV

数据来源：作者的计算结果。

[1] 因变量为低于两美元的贫困人口的对数。括号内为稳健标准差。

*** $p<0.01$，** $p<0.05$，* $p<1$。

会减少收入增长对减少贫困的作用（第二列）。作为例证，基尼系数增长约25%（如中国城市在1995年到2005年）会使1%的收入增长在基本情况中能够使贫困人口从2%降低为1.5%。这个结果隐含着即使不平等水平保持不变，过去不平等的增加也可能会削弱收入增长对贫困的未来影响。另外，在20世纪90年代发现增长对减少贫困的影响有所减少，可能是因为增长性质的改变（第三列）。

不过，各地区和经济体之间的关系发生了改变（第四列和第五列及图10.7）。特别是在东亚和拉丁美洲，收入增长对贫困的影响明显小于在中东和北非、东欧和中亚以及撒哈拉以南非洲的基线经济体对贫困的影响。这种影响在印度和印度尼西亚相当小，明显小于基尼系数的等效化简影响。就中国而言，这种影响和基线经济体中的影响同样强大，表明增长高度亲贫困。

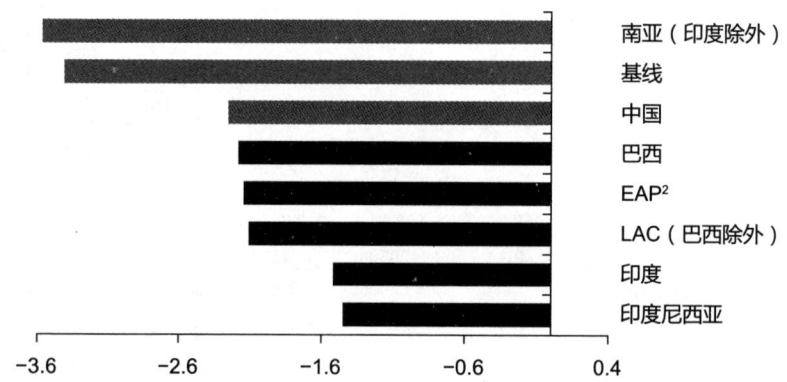

图10.7　贫困减少[1]的收入弹性（人均收入增长1%对贫困人口百分比的影响）
数据来源：世界银行、PovcalNet、佩恩表和IMF工作人员的计算结果。
[1] 黑色条形表示贫困减少的收入弹性评估明显不同于基线国家的国家。
[2] EAP包括柬埔寨、马来西亚、菲律宾、泰国和越南。

中国如何实现包容性增长？

第二步，分析遵循Dollar和Kraay（2002）的方法，并观察人均收入和更广泛定义下"穷人"的收入——收入分配底层人群的收入。若穷人的收入上升速度与平均收入上升速度相同——就是说，收入增长不会导致最底层20%人群收入份额的下降——那么看作是包容性增长。具体来说，可以估算下面的面板回归分析：

第十章　从国际视角看中国的减贫式和包容性增长

$$\ln yp1_{i,t} = \theta_i + \lambda_{i,d} \ln y_{i,t} + \eta_d + \varepsilon_{i,t} \quad (10.2)$$

在这个回归中，$ypl_{i,t}$ 为国家 i 在时间 t 的收入分配底层人群的人均收入，θ_i 为国家模拟，$y_{i,t}$ 为国家 i 在时间 t 的人均收入，η_d 为十年模拟组。λ 项（可以因国家和十年期间的不同而不同）是和平均收入增长相关的底层人群的收入增长弹性。这个等式可以改写作：

$$\ln Ql_{i,t} = \theta_i + (\lambda_{i,d} - l) \ln y_{i,t} + \eta_d + \varepsilon_{i,t} \quad (10.3)$$

在这个等式中，$Ql_{i,t}$ 为国家 i 在时间 t 的收入分配的底层人群的比例。如等式（10.3）所示，若 λ 小于 1，那么收入增长和底层收入比例的下降有关：也就是说，增长不具备包容性。等式 10.3 就是我们评估的模型。考虑到对包容性的很多讨论不仅关注了社会中最贫困的 1/5 人群，还包括了表现非常好的最富裕的 1/5 人群，此分析还对顶层的相似收入关系进行了评估。就亲贫困回归而言，我们使用工具变量方法，以考虑收入变量的内生性偏差和可能的测量误差。

结果展示于表 10.3 中。如果只是简单地汇集所有的观察结果，那么可以获得相近的 Dollar – Kraay 结果——即社会最贫困的 1/5 人口的平均收入和人均收入呈比例上升（第一列），最富裕的 1/5 人群的平均收入也是如此（第四列）。但是，一旦此分析为收入变量设置衡量工具（第二列和第五列），那么底层人群的收入增长比例明显低于平均收入的增长比例，并且顶层人群的收入增长比例明显高于平均收入的增长比例。

表 10.3　　　包容性增长回归分析[1]

变量	(1) lnQ1	(2) lnQ2	(3) lnQ3	(4) lnQ4	(5) lnQ5	(6) lnQ6
平均居民收入的对数（y）	-0.025 (0.043)	-0.142** (0.061)	-0.097 (0.126)	0.040** (0.023)	0.119** (0.034)	0.060 (0.061)
EAP × y			0.126 (0.180)			-0.142 (0.101)
NIEs × y			-0.430*** (0.126)			0.098 (0.062)
LAC × y			0.133 (0.186)			-0.068 (0.080)

续表

变量	(1) lnQ1	(2) lnQ2	(3) lnQ3	(4) lnQ4	(5) lnQ5	(6) lnQ6
南亚×y			-0.480*** (0.178)			0.390*** (0.185)
中国×y			-0.204 (0.128)			0.138** (0.062)
巴西×y			0.469*** (0.126)			-0.260*** (0.063)
印度×y			0.320 (0.305)			-0.224 (0.146)
印度尼西亚×y			0.049 (0.133)			-0.030 (0.069)
观察	661	633	633	661	633	633
R-平方	0.001	-0.027	0.017	0.021	-0.019	0.064
模型	FE	FE IV	FE IV	FE	FE IV	FE IV
样本数目	107	105	105	107	105	105

数据来源：作者的计算结果。

[1] 因变量为低于两美元的贫困人口的对数。括号内为稳健标准差。

*** $p<0.01$，** $p<0.05$，* $p<1$。

此外，这些弹性在不同地区和国家明显不同（第三列和第六列）。就底层人群而言，中国、NIEs 和南亚（印度除外）的弹性明显小于1，而巴西则明显大于1[1]。至于顶层人群，其结果和底层人群的情况刚好相反，NIEs 除外（见图10.9）。这种弹性对于中国、NIEs 和南亚（印度除外）而言明显大于1，而对于巴西（第六列）而言明显小于1。总体而言，结果表明，中国的增长已经不再具有普遍包容性，NIEs 和南亚（印度除外）亦是如此，而巴西的增长则具有包容性[2]。

---

[1] 尽管中国的弹性并未明显不同于10%水平的基线弹性（表10.3 第三列），但是进一步的 c^2 检验则显示其在1%水平时明显不同于1。

[2] 重要提醒，巴西进入20世纪90年代时不平等水平相对较高。

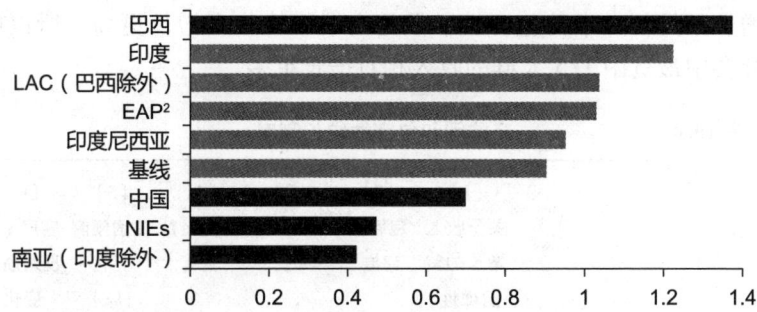

图 10.8　增长包容性的程度[1]（人均收入增长 1% 对底层收入百分比的影响）

数据来源：世界银行、《世界发展指标》和 IMF 工作人员的评估结果。
[1] 黑色条形代表包容性程度评估明显不同于 1 的国家。
[2] EAP 包括印度尼西亚、马来西亚、菲律宾、泰国和越南。

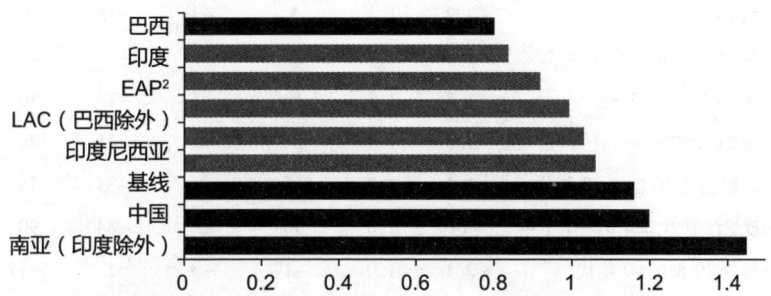

图 10.9　增长包容性的程度[1]（人均收入增长 1% 对底层收入百分比的影响）

数据来源：世界银行、《世界发展指标》和 IMF 工作人员的评估结果。
[1] 黑色条形代表包容性程度评估明显不同于 1 的国家。
[2] EAP 包括印度尼西亚、马来西亚、菲律宾、泰国和越南。

最后，通过回归估计，表 10.4 研究了贫困人口财富增长的重要性，构建了巴西、中国、印度、印度尼西亚、墨西哥和俄罗斯近几十年的亲贫困和包容性增长测度。表格显示，虽然收入贫困弹性和底层收入在不同经济体中各异，人均收入增长仍然是最底层 20% 人群收入的主要驱动因素。部分更加具体的结果如下：

- 与巴西和墨西哥相反，中国的不平等程度已经扩大。但是，因为中国平均收入的较大增长，中国的贫困减少更多。
- 当观察印度尼西亚和俄罗斯的趋势时，平均收入增长的重要性有所加强。就 21 世纪第一个十年和 20 世纪 90 年代的经济而言，因为增长更多，所以尽管不平等情况不断恶化，贫困减少也较多。
- 包容性增长的测量结果相似。例如，虽然和巴西相比，中国的增长只具备一半的包容性，但是由于平均收入增长更高，所以中国社会中最贫困 1/5 人群的收入相对增长更多。

表 10.4　亲贫困和包容性增长测度

	[1] 关于收入增长的贫困弹性[1]	[2] 包容性程度[1]	[3] 收入增长[2]	[4] 基尼系数变化	[5] 贫困预测变化（%）	[6] 底层 1/5 收入预测变化
中国 20 世纪 80 年代	-3.4	0.7	84	54	-177	59
中国 20 世纪 90 年代	-3.4	0.7	88	36	-277	61
中国 21 世纪第一个十年	-3.4	0.7	123	22	-377	86
巴西 20 世纪 80 年代	-2.2	1.4	24	5	-43	33
巴西 20 世纪 90 年代	-2.2	1.4	5	-3	-18	7
巴西 21 世纪第一个十年	-2.2	1.4	34	-9	-92	47
印度 20 世纪 90 年代	-1.5	1.0	10	-1	-17	10
印度 21 世纪第一个十年	-1.5	1.0	26	9	-21	26
印度尼西亚 20 世纪 90 年代	-1.4	1.0	15	-5	-31	15
印度尼西亚 21 世纪第一个十年	-14	1.0	90	23	-84	90
墨西哥 20 世纪 90 年代	-2.1	1.0	-17	-3	31	-17
墨西哥 21 世纪第一个十年	-2.1	1.0	41	-4	-94	41
俄罗斯 20 世纪 90 年代	-3.4	1.0	-47	-26	110	-47
俄罗斯 21 世纪第一个十年	-3.4	1.0	92	12	-289	92

数据来源：世界银行、PovcalNet、佩恩表和 IMF 工作人员的计算结果。
1 当无法排除显著差异的无效性时，把基线国家设置为相同值。
2 由相关时期内对数变化的一百倍来表示。

中国迈向更多的包容性增长——借鉴国际经验

本部分会以回归结果和国际经验为基础讨论能够减少不平等并加强包容性的政策[1]。这并不是全部，随着不平等加剧，多因素表明可能需要一系列的相互促进政策，而必要的混合政策因国家不同而不同。

---

① 在关于亚洲的内容中，有证据显示，劳工收入比例、公共教育支出、受教育年份、工业就业和金融改革显著增强了包容性程度（Balakrishnan、Steinberg 和 Syed, 2013）。

在中国，增加居民收入将会是解决不平等的首要因素，例如，降低通过人为压低投入成本的方式向资本提供的补贴，推进趋向于更加劳动密集型的服务和农业，继续提高最低工资，以及通过利率改革和经济发展提高居民储蓄收益等。

财政政策

*政府教育和医疗支出增长。*中国政府教育和医疗支出总额占 GDP 比例相对较低，这表明，财政政策在加强包容性方面可能存在重要作用（见图 10.10）。在提高技术奖励和人力资本回报时，增加支出也尤为重要。从 1988 年到 2003 年期间，中国多接受一年教育的薪资回报从 4% 上升至 11%（Zhang 等人，2005），而且接受教育的差异在小学就已经产生。

*税收和支出。*另外，需要努力调整税收的水平和结构与支出。在经济合作与发展组织（OECD）国家，据估计，税收和转移政策已经减少了约 1/4 的不平等（OECD，2012）。形成强烈对比的是，由于发展中经济体的税收和转移支付水平都较低，因此其财政政策的再分配效应受到了严重限制——但是发达经济体的平均税率超出 GDP 的 30%，亚太地区只有其一半的水平，并且在发展中地区最低（Bastagli、Coady 和 Gupta，2012）。中国的税收大约占 GDP 的 20%，税收比率较低。这在一定程度导致发展中经济体的社会支出也持续较低，差不多为 GDP 的 8%，而发达经济体则占 GDP 的 15%，大部分差异来自较低的转移支付和医疗支出。此外，在税收占 GDP 比率较低的国家中中国甚至更加异常。中国的医疗公共支出、养老金和其他形式的社会保障仅占 GDP 的 5.7%。平均来说，发展水平相近的经济体支出差不多超过中国支出的两倍。

*税收和支出结构。*对较少累进税以及对支出工具的较强依赖性会使问题加剧。在亚太地区，间接税占了税收的一半，相比较之下发达经济体则少于 1/3。在中国，这种情况更为严重，收入和利润税收仅占总税收的 1/4，中国应考虑扩大计税基数和提高部分税收的累进税中国应考虑扩大计税基数和提高部分税收的累进程度[①]。同

---

① 亚洲发展银行注意到，只有 11 种类型的个人收入需要纳税。还有，虽然部分税收以累进税率缴纳（工资薪酬），但是其他则以统一税率缴纳（比如个人服务收入、稿酬以及租金）。

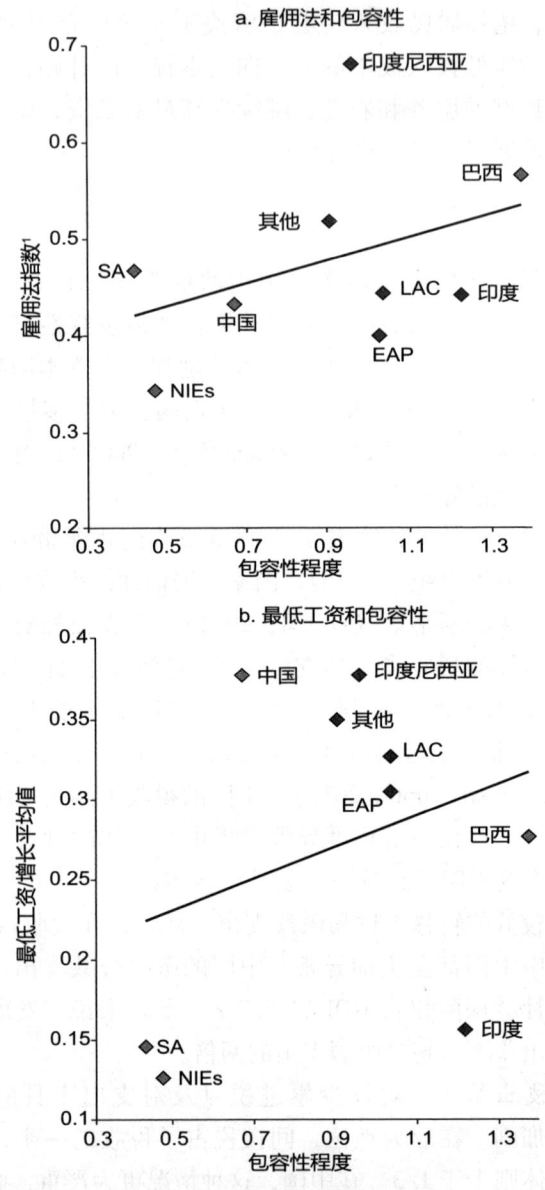

图 10.10　劳动力市场体系和包容性

数据来源：Botero 和其他人等，2004、世界银行，《营商环境报告》和 IMF 工作人员的评估结果。

注：EAP = 东亚和太平洋　LAC = 拉丁美洲和加勒比海　NIEs = 新工业化经济　SA = 南亚　浅灰色方块表示包容性程度评估结果明显不同于 1 的国家。

[1] 一般根据选择就业合同、加班工资、解雇员工成本和解雇手续来衡量劳工保护程度和就业法的完善程度。

时，在许多像中国（特别是农村地区）这样的发展中经济体中，社会保险计划的参与仍然有限。而且社会救助项目支出通常较低且缺乏目标。据亚洲发展银行（ADB）透露，中国约 1/3 的贫困人口无法参与享受任何社会项目。因此，可以加强依靠以弱势群体为目标的定向社会开支，包括医疗和教育。低收入新兴经济体正越来越多地使用有条件的现金转移。巴西和墨西哥（巴西的家庭保障项目 Bolsa Familia 覆盖了约 25% 的人口）的转移支付计划规模最大，这些计划的内容和需求有关，例如儿童上学或免疫接种。这两个计划均被认为取得了成功，墨西哥引进计划以后在两年内将贫困率减少了 10%。在亚洲，菲律宾在 2008 年引入有条件的现金转移（4Ps）以通过目标明确的方式促进资源重新流向公众认可的项目。到 2012 年，预计可以覆盖菲律宾 60% 的贫困人口。在印度，最近发起的唯一身份方案可以确保社会计划进行更有效的定位，并可以让弱势群体享受社会福利。

政府间的财政分配。在中国，政府间财政关系的现行体系可能会加剧这一问题。中国的财政分散比 OECD 和中等收入国家程度更高，特别是在支出这方面，超过全部支出的一半（包括社会支出）用于省级以下机构。这个结果就是，贫困乡镇无力提供良好的服务，贫困居民无法承担基本公共服务的个人的高费用。关于教育的公共支出，发现各省份间的人均分配存在巨大差异。虽然从 2000 年开始实行的西部开发政策已经促进差距的缩小，但是最富裕省份的总体人均公共支出几乎是最贫困省份的 50 倍（ADB，2012）。

其他社会保障安全体系。世界银行估计，相比于 OECD 国家 60% 的平均覆盖率（OECD，2009），2008 年在中国仅有 30% 的劳动力对养老金计划进行缴费，流动人口的缴费尤其有限。和包容性增强一样，加强这样的社会保障安全体系还能减少预防性储蓄动机，从而增加消费和刺激需求以调整中国经济。不过，考虑到中国的老年人口，确保福利项目的持续性非常重要。这些政策的一个关键问题是财政支出。巴西的家庭津贴计划只占了 GDP 的 0.4%，近期 IMF 对中国的研究（Barnett 和 Brooks，2010）认为，需要以最低成本提供最低的社会保障安全体系，并通过扩大税收基数和增加部分税收，连同重新分配现行支出，建立更加综合的体系。另外，部分政策可能没有财政支出，例如雇主和雇工对个人账户作出贡献的就业保险计划。关于教育，许多案例中最大的难题就是提高教育质量。扩大养老金覆盖范围可能带来成本，但是如果能够按照规定的基础进行缴费并且提高缴费率，则不一定会出现额外成本。

劳动力市场政策

劳动力收入比例。纵览 OECD 以及亚洲的许多国家，在过去的二十年中，劳动力收入比例下降，而资本收入比例上升——在中国，劳动力比例从 20 世纪 90 年代早期预计的 50% 跌落至 21 世纪第一个十年中期的 40%。因为资本收入的均匀分布程度趋向于低于劳动力基本工资收入，所以这个比例导致了不平等。这个结果在一定程度上源于技术的改变，因而资本回报上升和就业增长弹性下降；根据 ADB 的内容，在 1991 年到 2011 年期间，中国的就业增长弹性从 0.44 下降至 0.28。在中国的情况中，这可能是由人为压低的资本成本。以往农村地区大量的剩余劳动力也减弱了工作者的议价能力，导致工资水平持续相对低于生产力水平。

工作者的议价能力。学术研究还把不平等的增强和工作者较弱的议价能力联系起来（Levy 和 Temin，2007）。事实上，世界范围内正在越来越提倡重视劳动力市场的二元性和最低工资，以扶助低收入工作者。在这一点上，中国在 2013 年 1 月发布针对收入不平等的 35 点计划，其中包括在 2015 年之前将大多数地区的最低工资至少提高 40%。这些努力似乎与经验有关。包容性增长和就业保障程度与最低工资水平呈正相关（见图 10.10）。虽然中国最近的增长使得最低工资相比于其他新兴地区较为可观，但是就业保障呈现弱势，可能反映了流动工人的困境。

劳动力市场障碍。在中国，可以关注其他劳动力市场的相互作用。特别是，户口制度对城乡迁移的限制（没有城市户口的工作者买房困难，难以享受社会服务和社会保障），相对而言贫困农村人口拥有的机会有限。事实证据表明实际困难会继续使农村土地买卖或者抵押变得复杂，加剧问题。此外，工作培训和技能更新则有助于实现更加良好的就业增长。

金融覆盖

最新研究认为，金融发展不仅能够促进经济增长，而且还有助于让分配更加平均。根据一些评估结果，对于收入最低的人群，金融发展的益处可以粗略地分为来自更加快速增长和收入更加平均的益处（Beck、Demirgüç–Kunt 和 Levine，2007）。金融市场不完善（例如，与交易和合同执行相关的非对称信息和费用）对资金缺乏的小型企业打击最为严重，这是因为它们缺少抵押品、信用记录和人脉关系。这些不足使得即使贫困个体拥有高预期回报的项目，资本也不能流向它们，从而降低资本配置效率并加剧不平等。通过对这些不完善的地方进行改善并为金融市场和工具的发展创造条件（比如可以促进应对冲击的保险产品的发展），政府不仅能够刺激增长，还能够促进更加平等的分配。

和同类国家相比，中国目前是如何进行金融发展的呢？亚洲国家之间存在明显的差异（见图 10.11）。金融深度（金融服务水平的测度，主要表现为广义货币与 GDP 的比例）和人均收入正相关，而且在中国有所提高，反映出中国的高储蓄和大量外部资金流入。

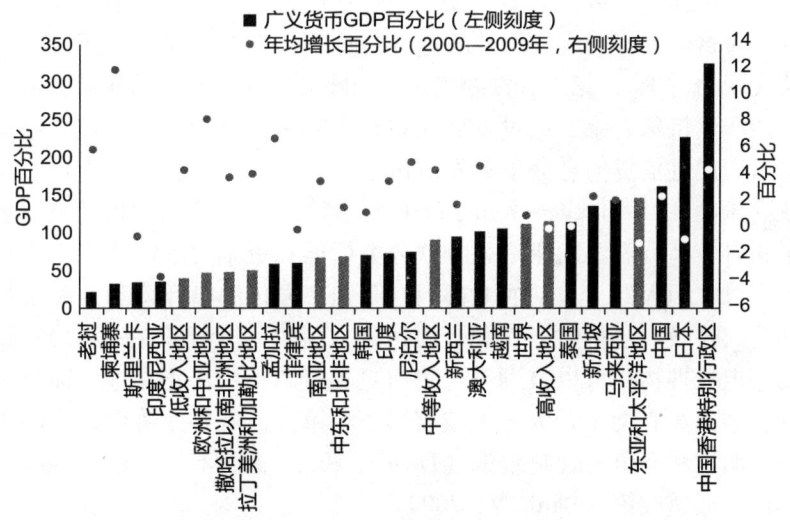

图 10.11 最新有效年份的金融深化

数据来源：世界银行发展指标和 IMF 工作人员的评估结果。

不过，金融深度不一定会转化成公司和居民能够广泛享受的金融服务，因此"金融可及性"和金融深度同等重要。纵观全球，平均来说，在高收入国家每 10 万人银行支行数是低收入国家的约 12 倍，每十万人自助取款机数是低收入国家的 30 倍。实际上，缺乏金融可及性是许多亚洲地区的主要障碍，其中也包括中国。中国超过一半的人口和相当一部分小中型企业无法进入正常的金融体系（IFC，2010）。

此外，有证据表明，金融渠道和有效降低贫困发生率以及确保亚洲经济体平等正相关（Beck、Demirgüç-Kunt 和 Levine，2007）。就中国而言，一些经验研究显示金融服务可获性的不平等已经助长了其他不平等，在控制了其他变量之后（例如，省际公共设施建设、农村地区的制度变迁和国际一体化程度），金融发展差异化和借贷严重偏向城市导致 20 世纪 80 年代后期以后中国的城乡收入差距扩大。研究发现金融发展（以农村贷款总额占农村 GDP 总额的比例衡量）显著有效地缩小了中国农村的不平等（Liang，2008）。实际上，中国较贫困的三个省区——西藏、云南和四川——有 50 多个县没有银行。

中国政府将会如何推进支持增长和减小差距这两个目标？国际经验可以提供一些方向。第一，随着金融体系自由化，特别是其向世界其他地区开放，需要确保宏观经济的稳定性，因为金融冲击通常会对贫困人群造成最严重的打击（见第十三章中对为中国设计的路线图的讨论）。第二，需要确认并消除对金融可及性的妨碍，但又不能产生特殊后果。通过发展农村金融来扩大信贷投放、扩大小额贷款、促进信贷信息分享和发展风险资本市场可以明显扩大信贷投放（Beck 和 Demirgüç-Kunt，2006）。第三，由于农村地区的贫困水平相对较高，需要确保诸如贷款分类标准和资本要求的规定不会排斥农村贫困人群，包括农业部门。第四，强化法律环境和金融市场的公共建设，包括财产权和合同执行。例如，违约事件中明确规定的固定抵押物品可以鼓励银行拨出更多贷款给中小型企业，而且发展资本市场有助于扩大金融覆盖渠道。第五，需要完善促进金融机构透明度和竞争的管制政策（Levine，2011），而不是政治优待终端的信贷通道政策（Barth 等，2009）。

除了控制中国不平等的增长趋势，本章所讨论的许多政策可能会使储蓄合理化并推动居民收入、减少对于资本和大型企业的偏向、释放消费。这些措施将会促进中国居民、劳动者和消费的增长模式所需要的调整。

参考文献

Asian Development Bank (ADB), 2012, "Confronting Rising Inequality in China," in *Asian Development Outlook 2012* (Manila).

Balakrishnan, R., C. Steinberg, and M. Syed, 2013, "The Elusive Quest for Inclusive Growth: Growth, Poverty and Inequality in Asia," IMF Working Paper 13/152 (Washington: International Monetary Fund).

Barnett, S,. and S. Brooks, 2010, "China: Does Government Health and Education Spending Boost Consumption?" IMF Working Paper 10/16 (Washington: International Monetary Fund).

Barth, J.R., C. Lin, P. Lin, and F.M. Song, 2009, "Corruption in Bank Lending to Firms: Cross-Country Evidence on the Beneficial Role of Competition and Information Sharing," *Journal of Financial Economics*, Vol. 91, pp. 361–388.

Bastagli, F., D. Coady and S. Gupta, 2012, "Income Inequality and Fiscal Policy," IMF Staff Discussion Note 12/8R (Washington: International Monetary Fund).

Beck, T.H.L., and A. Demirgüç-Kunt, 2006, "Small and Medium-Size Enterprises: Access to Finance as a Growth Constraint," *Journal of Banking and Finance*, Vol. 30, No. 11, pp. 2931–2943.

———, and M. Martinez Peria, 2008, "Banking Services for Everyone? Barriers to Bank Access and Use around the World," *World Bank Economic Review*, Vol. 22, No. 3, pp. 397–430.

———, and R. Levine, 2007, "Finance, Inequality and the Poor," *Journal of Economic Growth*, Vol. 12, No. 1, pp. 27–49.

Berg, A., and Ostry, J., 2011, "Inequality and Unsustainable Growth: Two Sides of the Same Coin?" IMF Staff Discussion Note 11/08 (Washington: International Monetary Fund).

Botero, Juan C., Simeon Djankov, Rafael La Porta, Florencio Lopez-de-Silanes, and Andrei Shleifer, 2004, "The Regulation of Labor," *Quarterly Journal of Economics*, Vol. 119, No. 4, pp. 1339–1382.

Dollar, D., and A. Kraay, 2002, "Growth is Good for the Poor," *Journal of Economic Growth*, Vol. 7, No. 3, pp. 195–225.

Duflo, Esther, 2011, "Balancing Growth with Equity: The View from Development," paper prepared for the Federal Reserve Bank of Kansas City's Economic Policy Symposium, Jackson Hole, Wyoming, August 25–27.

Eastwood, R., and M. Lipton, 2004, "Rural and Urban Income Inequality and Poverty: Does Convergence between Sectors Offset Divergence within Them?" in *Inequality, Growth, and Poverty in an Era of Liberalization and Globalization*, ed. by G.A. Cornia (Oxford, United Kingdom: Oxford University Press).

Fan, S., R. Kanbur, and X. Zhang, 2009, "Regional Inequality in China: An Overview," in *Regional Inequality in China: Trends, Explanations and Policy Responses*, ed. by S. Fan, R. Kanbur, and X. Zhang (New York, New York: Routledge).

International Finance Corporation, 2010, "Access to Finance: Annual Review Report" (Washington: World Bank).

International Monetary Fund (IMF), 2006, "Rising Inequality and Polarization in Asia," in *Asia Pacific Regional Economic Outlook*, October (Washington).

Jaumotte, F., S. Lall, and C. Papageorgiou, 2008, "Rising Income Inequality: Technology, or Trade and Financial Globalization?" IMF Working Paper 08/185 (Washington: International Monetary Fund).

Levine, R., 2011, "Finance, Regulation and Inclusive Growth," paper presented at OECD and World Bank Conference on "Challenges and Policies for Inclusive Growth," Paris, March 24–25.

Liang, Z., 2008, "Financial Development and Income Inequality in Rural China: 1991–2000," in *Understanding Inequality and Poverty in China: Methods and Applications*, ed. by Guanghua Wan (New York, New York: Palgrave Macmillan) pp. 72–88.

Levy, F.S., and P. Temin, 2007, "Inequality and Institutions in 20th Century America," Working Paper No. 07-17 (Cambridge, Massachusetts: MIT Department of Economics).

Organization for Economic Cooperation and Development (OECD), 2009, "Pensions at a Glance: Asia/Pacific," 2009 ed. (Paris).

———, 2012, "Income Inequality and Growth: The Role of Taxes and Transfers," OECD Economics Department Policy Note No. 9 (Paris).

Rauniyar, G. and R. Kanbur, 2010, "Inclusive Development: Two Papers on Conceptualization, Application, and the ADB Perspective, " (Manila: Asian Development Bank).

Ravallion, M., and S. Chen, 2003, "Measuring Pro-Poor Growth," World Bank Policy Research Working Paper No. 2666 (Washington: World Bank).

Zhang, J., Y. Zhao, A. Park, and X. Song, 2005, "Economic Returns to Schooling in Urban China," *Journal of Comparative Economics*, Vol. 33, pp. 730–753.

Zhang, Q., M. Liu, R. Tao, and V. Chen, 2003, "Development of Financial Intermediaries and Urban-Rural Income Inequality in China" (in Chinese), Working paper, Peking University.

第十一章

消除垄断以实现中国的长期繁荣

阿什文·阿胡加（Ashvin Ahuja）

在过去十年间，普通中国劳动力的收入大致只有普通美国人的1/10，并且从购买力平价来看，普通中国劳动力创造的经济价值是普通美国人的1/11。当目前的共识是劳均产出的巨大差异来自全要素生产率（TFP）的差异。有迹象表明，美国和中国 TFP 的大部分差异在于中国面向国内的服务和农业部门的低效率。本章的重点为：（1）垄断的表现及其对改善中国企业工作状况的影响；（2）政策鼓励商品制造业和重工业更具竞争力，但在国内市场（尤其是服务业）新企业的市场进入壁垒仍然过高。经验分析表明，中国可以通过实施改革来削弱垄断保护及鼓励进入所有行业来提高全要素生产率，主要凭借全要素生产率的增加，就可以将长期人均收入提高10倍。

简介

2000 年至 2009 年间，普通中国劳动力的收入大约只有普通美国人的 1/10，而且按购买力平价来衡量，具有代表性的中国劳动力创造的经济价值只有美国同样人群的 1/11[①]。

是什么导致了中国和美国人均收入如此大的差异？对于增长和发展核算，当前一致认为富裕国家和贫困国家劳均产出的巨大差异来自 TFP 的差异，而物质和人力资本存量之间的差异对此差异的影

[①] 基于 2000—2009 年按购买力平价（PPP）计算的实际人均 GDP、链式法和来自佩恩表 7.0 版的按 PPP 计算的劳动者人均实际 GDP。

响要小得多①。基于对生产率测定和比较的跨国微观数据方法的结论也证实了这些结果（见 Baily 和 Solow，2001）。关于中国和美国的差异，Hall 和 Jones（1999）估计如果没有 TFP 的巨大差异，中国劳均产出会是美国劳均产出的一半②。

大量的研究文献已经集中研究了导致国家间 TFP 如此大差异的原因。系统资源分配不当是关键论点。比如说，Restuccia 和 Rogerson（2008）及 Hsieh 和 Klenow（2009）发现企业间资源分配不当会对总 TFP 产生重要影响。针对中国、印度和美国，Hsieh 和 Klenow（2009）量化了源于中国加入世界贸易组织（WTO）之前的资源配置不当的巨大制造业 TFP 损失。基于 1997—1998 年的数据，从静态的标准的垄断性竞争模型来看，发展到"美国效率"将会使中国制造业的 TFP 增加 30%—50%。文献提出了其他资源分配不当降低 TFP 的具体机制，比如劳动市场调节（如 Hopenhayn 和 Rogerson，1994；及 Lagos，2006）、与管理优势相比的资本配置的缺陷（如 Caselli 和 Gennaioli，2003；Buera 和 Shin，2013）和既得利益者阻止企业引入更好工作实践的能力（Parente 和 Prescott，1997，1999）。

Lewis（2004a，2004b）提供了 13 个新兴发达经济体中制度和政策与产业和经济系统的低 TFP 的关系。这些研究的首要经验是总生产率水平的时间路径是与国家选择的经济政策安排高度相关的（特别是为了抵抗高新技术的使用和坚持当前使用的低效率技术而在社会中组织力量的能力和激励措施等方面）。贫困国家生产率增长和经济进步的主要障碍是限制市场竞争的政策。

在美国和中国的案例中，中国总 TFP 差距约是美国的 13 倍（见图 11.1）③。美国和中国制造业的 TFP 水平差异在 1.3—1.5 倍，似乎小很多（Hsieh 和 Klenow，2009）。因此，即使造成测量误差，中国和美国的总生产率的差异和生活标准也必定是深植于主要为面向

---

① 比如，参见：Klenow 和 Rodriguez‐Clare（1997）；Hall 和 Jones（1999）；Jasso、Rosenzweig 和 Smith（2000）；Easterly 和 Levine（2001）；Hendricks（2002）；Caselli（2005）；以及 Hsieh 和 Klenow（2010）。

② 以劳动力素质调整的 TFP 差距来衡量和假设固定总资本和人力资本存量。

③ TFP 差距大小是基于按购买力平价调整资本存量后的 2005—2007 年数据，但是没有对劳动力素质进行调整。衡量的中国生产率水平可能会因多方面补贴的要素价格（资本、土地、能源和知识产权）而失真。

国内的服务业和农业的非制造业的效率低下。与该观测一致，He 等人（2012）报告中国非贸易业 TFP 增长在 2001—2010 年间比重工业贸易 TFP 增长每年低 2.2%—2.5%。

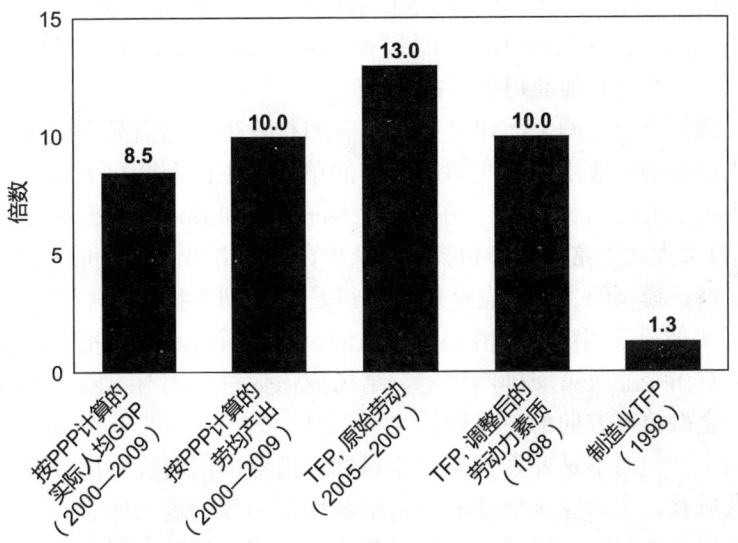

图 11.1 相对于中国的美国收入和生产率

数据来源：Hall 和 Jones，1999；Hsieh 和 Klenow，2009；佩恩表 7.0 和作者的计算结果。

注：PPP = 购买力平价；TFP = 全要素生产率。

本章给出了国内市场（特别是服务业）TFP 产出和"垄断权利"与中国欠佳的工作实践的联系以及 TFP 和旨在通过外贸鼓励商品制造业和重工业竞争的政策之间的联系。结果发现，拒绝采取更好的工作实践已造成大量寻租行为，这种现象普遍存在于中国国内（非贸易业的）行业，这很有可能是对中国长期经济发展的重大阻碍。

本章也运用 Parente 和 Prescott（1999）研究的带战略博弈的一般均衡模型来探讨了要对中国目前应用的垄断权政策进行什么程度的改革才能提高长期人均收入。模型的定义特征是存在对既得利益集团和行业内部人员的国家保护，以采取阻碍高科技企业进入市场的战略行为。

一旦调整了中国和美国增长的情况，该模型就可以合理地获得两经济体间按购买力平价调整的人均 GDP 差异。人均 GDP 差异主要是由 TFP 差异造成的，这与增长和发展核算的跨国工作相一致。特别是，该模型预测了在"自由企业"安排下的中国长期人均 GDP 将比当前经济近似于受保护的垄断权安排下的高出 10 倍。个人平均所得的增长由中国 TFP3.5 倍的增长来推动（随着可再生资本比保持在 0.45）。随着时间的推移，当收益率随着高 TFP 而增长时，物质资本积累和教育与技能获得也将紧随其后。

该模型也预测了，相对于竞争激烈行业生产的商品和服务，有进入壁垒的行业生产的商品和服务的单价在中国垄断权下将比美国自由企业的高出 3.25 倍。在 Aten、Summers 和 Heston 数据中（三到四倍），大致为富裕国家和贫困国家投资品价格和消费品价格之比。

特征模型的主要观点是长期所得是通过 TFP 提高而不是要素积累（比如通过固定资产增长）产生的，并且所得是通过把垄断权转变为自由企业政策安排产生的。结果应该促进中国对不断发展的企业和金融改革方向的政策讨论。特别是，进行中的改革努力应该把提高生产力而不是要素积累作为目标。借鉴中国制造业出口取得的非凡成就，中国应该坚持改革来削弱保护和鼓励进入所有行业。来自跨国企业和新兴的国内企业的竞争压力将会帮助中国企业改变工作实践[①]。将会以更低的价格生产出更多的产品和服务。各行各业的工资将会普遍上涨。更多的中国企业将进行创新，向世界输出最佳的工作成果。中国劳动力和居民将会随着寻租行为的逐渐消失而变得更富裕。因此，中国和工业强国的巨大收入差距最终将会消除。

本章其他内容如下：下一部分将呈现受保护的垄断权的显著证据和讨论中国企业的工作现状。紧接着提出模型背后的直观以及概述模型的校准和叙述结果。

垄断权迹象和中国工厂现状

已发布的对中国行业和企业生产率的实证研究很少，并且集中于制造业部门。中国非制造业部门生产率的现有行业核算大部分是基于麦肯锡全球研究所（MGI）所做的案例分析。在中国加入 WTO

---

① 可能需要合理安排改革顺序来对抗来自既得利益团体的阻碍，但是关于顺序的讨论超出了本章的范围。

前后的几十年里，中国制造业部门经历了罕见的生产率快速增长①。此次制造业生产率暴涨带来了政企分开政策的逐步实施，此政策从形式上将政府职能和企业经营分开。政府首先将该政策应用于消费品行业，接着应用到准备进行全球竞争的高科技和重工业当中（Woetzel，2008）。加入WTO以后，对大型国有企业的扶持开始减弱，而国内私有企业开始跃至商业前沿。TFP比国内私有企业低40%的国有制造企业开始退出，其数量从1998年占所有企业的29%下降到2005年的8%（Hsieh和Klenow，2009）。无论是何种所有权，退出就意味着当前的幸存者以很高的平均TFP运营着工厂。此外，市场竞争的增强很大程度上反映了国有企业的退出、大部分中小型企业和私有企业的快速发展（Conway及其他人，2010）。随着国有企业管理的改进，国有企业也变得更加有效，表现得更像私有企业。

成功的工业受益于政府的政策，尤其是对有补贴价格的产品要素、市场进入壁垒和刺激国内商品和服务的购买力的政策（保证收入储备）的使用权。然而，简单地将制造业做出的进步归于政府的支持是错误的。不仅很多政府支持的项目没有成功，而且很多成功的公司也面临来自全球市场的竞争压力。举几个例子，中国的通信设备行业提高了自身的质量，并在发达经济体中获得了市场认可。中国的太阳能和风力发电行业使用了新生产技术来创造更有效的太阳能板，早已为全世界的工业提供了复杂的关键组件（Orr和Roth，2012）。

甚至，中国制造业生产率增长绩效的成功案例看起来也十分适合其他跨国案例的研究。13个新兴和发达经济体的案例研究证据揭示了限制竞争的政策安排有可能导致工业和经济系统总TFP处于低水平②（Lewis，2004a，2004b）。中国制造业部门的成功证实了来自国际竞争的压力和强大的激励与采用高科技和改善工作实践的能力之间有着明显关系。

---

① He及其他人（2012）估计2002—2007年每年可贸易（大多为制造业）TFP增长在4.6%到5.4%之间。Guo和N'Diaye（2009）估计2002—2007年制造业TFP增长每年平均在6.5%。Bosworth和Collins（2007）估计1993—2004年工业TFP增长每年平均在6.2%。

② 包括澳大利亚、巴西、法国、德国、印度、荷兰、波兰、俄罗斯、韩国、瑞典、英国和美国。每一份研究都分析了6到13个行业，以及比较了自身绩效和其他国家相同行业的绩效。这些是从最先进的自动化工厂到在黑市贩卖的摊贩的个体工商户的详细研究。

尽管有了这些进展，有影响力的伙伴、竞争力保护和粗放型定价能力仍然是中国商业部门的特征（World Bank，2011；Conway 及其他人，2010）①。中国的服务业（非贸易业）部门明显地缺少竞争压力。He 及其他人（2012）提出了对中国自 2000 年以来贸易业（主要为制造业）和非贸易业 TFP 增长巨大差异的深刻理解。

总的说来，中国经济仍然以国家和国家伙伴垄断为主导，通过国家支持、条例规定②、许可和技术分享条例避开了对国内市场的良性竞争（见图 11.2）。这些企业倾向于规模大、资本密集和社会关系优越；集中于"战略"和"中流砥柱"部门；受益于补贴以及优惠的资金、土地和其他资源。它们不受电力、天然气和供水部门的限制，也不受非工业部门的限制，比如银行、通讯和媒体③。企业补贴可以有效提高就业增长、阻止进入、抑制更富有成效的改革。最后，混乱的所有权和无系统控制的头衔、财务记录、保证金和抵押品提高了尽职调查成本，充当了特别是较小的或非国产的潜在市场进入者的壁垒（见图 11.3）④。

即使在外部竞争激烈的制造业部门，证据也表明了政策安排将妨碍工作实践和生产率的改善。明显性浪费甚至也会出现在跨国性的产业领导性企业运营的高生产率工厂，这对一些工厂来说将会减少 20%–40% 的利润（Aminpour 和 Woetzel，2006）。效率低不是由工厂经理缺乏利润动机引起的，在一定程度上是由于外企易于获得市场进入权，也即通过与大型国企的合作关系或者企业兼并而获得的市场进入权。虽然此过程保护了"合适的定位、恰当的政府合作关系、正确的合资企业，这将使其他参与者被排除在市场门外"数年甚至十年，但是跨国公司继承了"难于改变传统的工作流程、员

---

① Conway 及其他人（2010）把此快速改进归于新公司法和新破产法的改革，两项改革有利于减少登记或破产所需时间，提高了破产恢复速度，以及降低了成立公司所需的最低资金。

② 比如说，如果所有权形式、最高股权、地理范围的限制、行业范围限制和最低资本要求（不平等地强加于国内竞争者）都消除的话，法律和会计、海运和空运和邮局部门等服务业可通过外国直接投资（FDI）受益于外国供应商（OECD，2009）。当前，大多数服务业的 FDI 进入了不断发展的房地产业和银行业。

③ 尽管对于私人投资来说最初目的是发展这些部门，但仍然是以公共企业为主。

④ 世界银行（2011）对 183 个经济体的"经商难易度"进行排名，中国位居第 79 名，并且认为在中国"开办企业"（183 个经济体中位居第 151 名）、"获取施工许可证"（位居第 181 名）和"投资者保护"（位居第 93 名）较难。

第十一章 消除垄断以实现中国的长期繁荣 | **209**

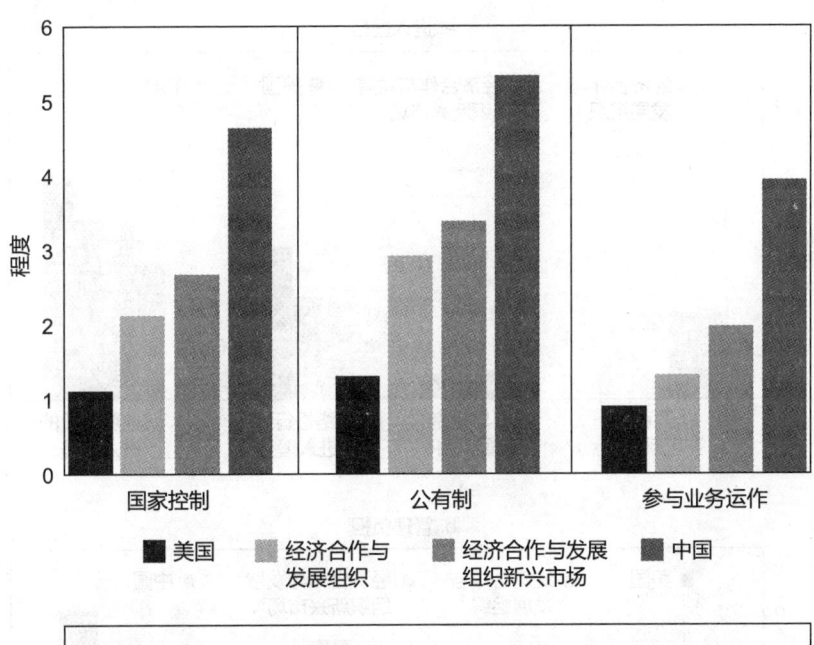

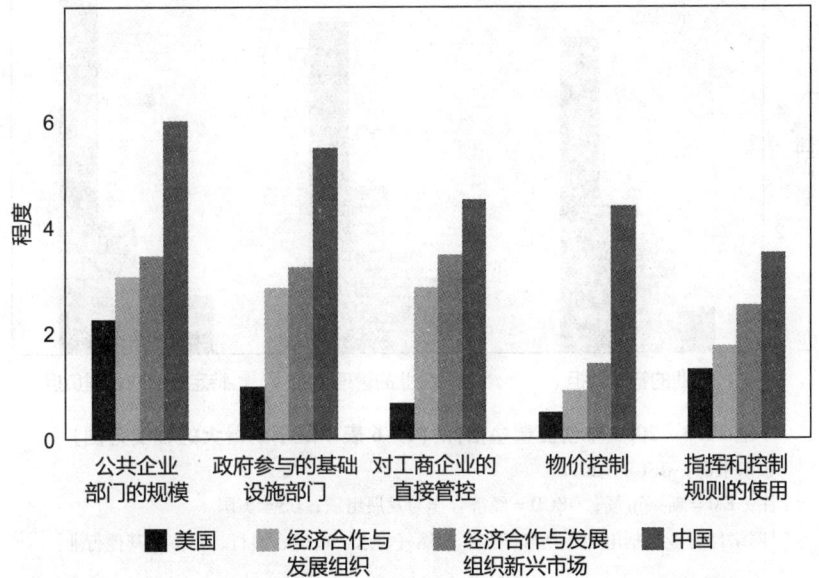

图 11.2　2008 年国家控制指标（1 – 6 表示最小到最大的程度范围）

数据来源：OECD，2011。

注：EM = 新兴市场；OECD = 经济合作与发展组织；US = 美国。

工的思维定式和制造方法"（Hexter 和 Woetzel，2007，pp. 1，2）。在一些案例中，引进跨国公司在本土市场上采用的采购流程（中国

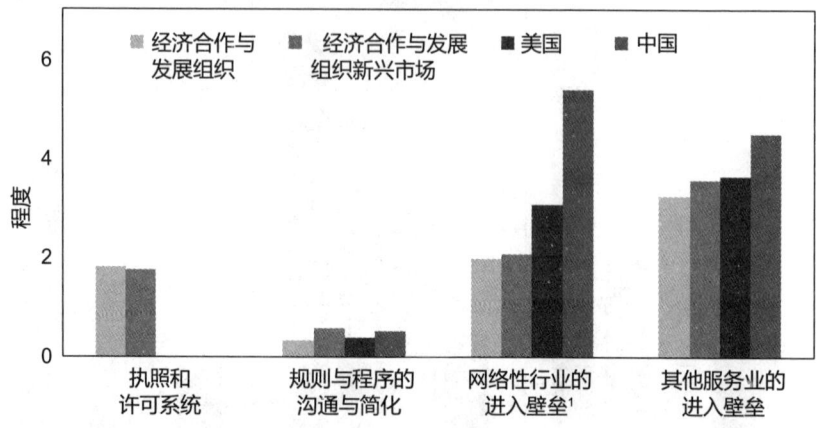

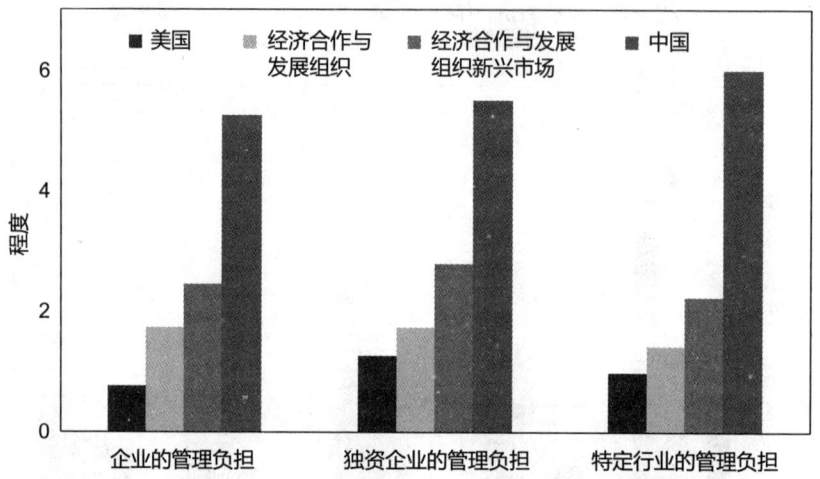

图11.3 2008年创业壁垒指标（1-6表示最小到最大的程度范围）

数据来源：OECD，2011。

注：EM = 新兴市场；OECD = 经济合作与发展组织；US = 美国。

[1] 网络性行业包括电力生产和配送、天然气、水、通讯、银行、媒体及其他行业。

的一次"创新"）可以为他们在中国的运营节省大量成本。然而，与在欧洲和美国相比，很多跨国公司已不能更有效地运营工厂，但仍然凭着相对较低的劳动力成本和源于当地的中间投入的优势"远远走在前头"。就这样，高利润边际和企业增长会削减改变工作实践和提高运营效率的动机。

为了适应当地市场情况的最佳实践和实施最高经营绩效，企业需要可靠的市场和客户数据、优质供应商和高效的配送网络,这些在中国并不是现成的。这些障碍明显表明服务业生产率较低,其中也包括金融服务(MGI,2006)。假如服务业的质量和成本得到改善,已高于或接近于美国水平的制造业生产率有可能进一步提高。

这些研究有助于阐明国家间 TFP 差异的根本原因。这与"激励措施和当前企业决定行业工作实践的能力是一种资源错配的重要机制"这一观点相吻合。国家保护使其他国家和国内企业的进入成本高得难以负担,这反过来使垄断权产生了巨大的价值。经验教训似乎与 Parente 和 Prescott(1999)提出的理论相一致,他们认为国家行为对企业转变工作实践动机的禁止或歪曲往往不重要,除非国家也保护各行业免受外部竞争。

模型的环境和均衡:直觉[①]

为了衡量垄断消除中的潜在增益,本章依靠 Parente 和 Prescott(1999)的框架和模型。相对简单的封闭经济模型有着允许既得利益者阻止经济进步的战略机制。既得利益团体拥有依赖于现有的生产技术的重要垄断权。在每一阶段,拒绝采用更好的技术或工作实践以及当前的低效率是要素供应商的保护联盟和为克服进入壁垒必须付出代价的潜在市场进入者之间战略博弈的可能结果。

该模型有两种使用不含固定成本的规模报酬不变技术的生产行业。虽然不必单独进行,但是行业之间也具有激烈竞争。模型中还存在经济租金。

在垄断权利之下,盟友间可以成立受保护的公司来使用当前技术。由于这些权利的存在,行业中使用该技术的每一家企业都必须雇佣盟友。联盟的目标是为了通过设定成员规模、补偿和工作实践水平(或生产率)来使每个成员所得最大化。在该模型中,联盟的规模代表进入壁垒。

因为这些受保护权有价值,所以潜在市场进入者必须为克服联盟者对他们进入市场的阻挠付出代价。如果进入了市场,市场进入者接着就要使用更先进的技术。在这场博弈中,进入市场的收益取决于国家保护的程度和联盟的规模。当保护过弱时,进入就会发生,

---

[①] 该模型的进一步展开详见 Ahuja(2012)。

因为阻止进入所需的最小联盟规模太大以至于不能提供适当补偿来招募和雇佣成员。因此，每一行业的企业总是以采用更好的工作实践收尾。另一方面，当保护过强时，进入就不会再发生，而且每一个企业会使用当前的水平较低的技术。有趣的是，当国家保护不是太强时，最低阻碍联盟的规模要比生产竞争性均衡产出所需的成员数量大。在该案例中，企业不仅未能采用更好的工作实践，也低效率地使用当前的低水平技术。这是这一分析中与中国有关的案例。

在自由企业政策安排下（或者相当于垄断消除安排）没有联盟能阻止进入，所有代理商都表现出完全竞争。

该经济模型包括了三个部分：家庭、农业和工业。在任何特定时期，家庭可以是三者之一：农业工作者、工业工作者或者采用技术生产商品和服务的工业企业家。

每个家庭都有一单位劳动和一单位土地作为初始禀赋。每个家庭的效用只来自农产品和差异化（工业化）产品，闲暇不带来效用。他们希望能在各时期平滑消费，从多样化中获得乐趣。

工业部门有三种规模报酬不变的生产技术——低、中、高效率水平，这是按每单位产量所需的劳动力投入数量来划分的。成立工业化企业的企业家可以采用任何技术，不需要任何特殊投资。

在农业部门，在规模报酬不变、嵌套式和常数替代弹性的生产函数中，中间工业产品的混合物被看做是复合劳动土地投入的替代品①。

垄断权安排：均衡和直觉

在该模型中，垄断权只和工业部门有关。农业部门（可能也被认为包含服务）是完全竞争的②。在每一个行业中，任何个体都可以使用低端技术，而且使用中等技术的个体可以自由进退。进入壁垒只适用于高端技术企业。

工业部门的劳动力和企业家可以形成联盟。受保护的垄断权只扩展到当前使用中等技术的企业。在联盟的存在期，这些权利都会受到保护，而存在期的长度取决于给成员提供剩余租金的能力。

---

① 详见 Ahuja（2012）。
② 包含服务的实例是商品和服务的本土或市场产品，比如发达国家的自行车修理厂、理发店、餐馆等等。

任何使用中等技术行业的联盟都有权限制成员规模、设定补偿（工资）率和决定工作实践方法。联盟是通过决定生产率水平来决定工作实践的，也就是中等技术水平，但这不一定能够获得有效使用。使用高端技术的潜在市场进入者必须为克服垄断权保护的阻挠付出代价。以劳动力服务的单位来衡量的进入代价取决于国家保护的优势和联盟的规模（在该案例中随生产力而变化）①。垄断企业剩余的市场份额越多，新企业就会越愿意为进入付出代价。

垄断权均衡

接下来阐述对称的无进入稳态均衡的工业进入博弈。该战略博弈中存在着均衡。均衡既不是无进入也不是以稳态进入每一行业。均衡的特点是居民效用最大化、农业部门利益最大化、市场出清和各行业博弈中的子博弈精炼均衡。在该博弈中，双方不怀疑并接受工业产出需求和竞争性农业部门工资的存在。这些前提确保了从代理商效用和企业利益最大化中得到的均衡解决符合双方战略行为，以及不可信的（进入）威胁在均衡中是不存在的。

在该博弈中如果进入发生，Bertrand 价格竞争是有效的，这意味着市场进入者拥有依赖于农业工资的边际成本，可以生产消费者需求的任意量。联盟因容量限制没有边际成本，因为其成员在这一时期均在此行业进行着劳动。

在均衡中，（实际）要素投入价格等同于各自边际产量；差异化产品价格与农业化产品价格之比等同于各自边际消费效用；居民花光生活收支费用；以及供给量必须与市场需求数量相等。此外，市场进入者将选择输出价格，这样其必须为克服壁垒和进入市场所做的投资将恰好是剩余需求所产生的最大利益；因此，其成为最小进入条件障碍。面对拥有较高水平技术的进入企业以及由市场进入者设定的入市价，联盟应尽其所能地选择有效供应产量，使其每一位成员的所得最大化，进而使市场进入者的利益最小化。无论何时进入威胁的前景是可信的，联盟的成员都应设定最高水平的工作实践②。

---

① 进入成本与人口规模（也是联盟的规模）成比例的假设也确定了所有结果是人口规模的不变量。

② 联盟也将设定工作实践和工资水平，所以在竞争的低技术企业中，均衡价格等于边际成本。联盟设定的工作实践和工资水平的综合选择与低技术企业支付的名义工资必须等于劳动力的边际生产成本的均衡条件相一致。

最后,由于总收入等于总成本,也即支付给联盟成员的工资等于自身的边际生产收入,所以中等技术企业的均衡利益为零。

竞争性均衡

在此特定经济中,存在着独特的竞争均衡,特征如下:行业产出价格等于和高科技相连的边际成本,因为其就是竞争性企业所使用的。此外,各个行业的工资是相等的。

校准与发现

一旦每一部门的实证结果被确定,将选定优先权、工业部门技术和农业部门参数来复制模型总量间的"特征"关系。校准的模型将衡量中国消除垄断权中的潜在收益。

校准模型的数值结果如下:在自由企业下,农业和小服务企业相对于总产量使用了较少的劳动力投入和较多的差异化中间产品。在垄断权下,农业户(或者等同于无市场进入壁垒的劳动密集型部门)比工业户贫困,且人均消费较少。

自由企业的工资趋向于各行业相同,因为没有经济租金需要衍生和保护。安排(垄断权 vs. 自由企业)不同,价格也就不同。受保护企业生产的"工业"产品在垄断权下要比在自由企业下贵得多。因此,企业在垄断经济下使用较少的中间产品和服务。

在自由企业经济里,"农业"户面对着与"工业"户相同的预算约束,他们的消费大致相等。此外,"农业"户在自由企业经济里将开始相对地消费更多的"工业"产品和服务(因为目前"工业化"产品的相对价格要低得多)。

长期结果也表现出定量性①。自由企业的"工业"部门产生了大部分总增值和工资收入;但是,"农业"的总增值和工资收入份额萎缩了4倍。此外,相对于"农业"产品,"工业"产品的单价在垄断权的贫困国家里比在自由企业的富裕国家里高出3.25倍。这大致为国际数据中富裕国家和贫困国家的投资品和消费品之比。

从长远来看,消除垄断权对产出的影响是具有实质性的。模型

---

① 为了顾及不同经济体间的比较,"国际价格"的一般设定是计算来的和用来按 PPP 计算实际 GDP 的,而且其价值是基于 Geary–Khamis 的方法来比较的(Kravis、Heston 和 Summers,1982)。

中按 PPP 计算的 GDP 以稳定状态增长了 3.5 倍。由于模型中没有资本，且假设劳动力和土地服务在不同安排下是相同的，所以此数字等同于两种安排下 TFP 的差异。如果没有此数量级的 TFP 差异（以及为了比较，假设总资本和人力资本存量固定），垄断权下的中国劳均产出将会是自由企业下劳均产出的 45%，这接近于 Hall 和 Jones（1999）计算的数字（美国劳均产出的 50%）①。从长远来看，大批工业和服务业中较差技术的低效运作造成了中国相对美国（在模型中代表了自由企业下的中国）而言较低的总 TFP。在此校准中，"工业"部门只实现了自身一半的潜在生产率。

在带有资本积累的扩展模型中，TFP 的增长对产出的影响将会被放大，因为资本会为了保持收益率长期不变而随着 TFP 的增长自发积累。那么，两种安排之间人均 GDP（按 PPP 计算）的差异将等同于 TFP 的要素差异（这里为 3.5）的 1/（1 - 可再生资本比）次幂。考虑到中国可再生资本比约为 0.45，按 PPP 计算的人均 GDP 调整后差异约为 10 倍，大致等于 2000 年到 2009 年美国和中国按 PPP 计算的人均产出与劳均产出之间衡量的差异（分别为 8.5 倍和 10 倍）。

结论

大量研究文献强调了企业间资源配置不当会对经济中总 TFP 产生不利影响。本章运用了包含既得利益者的阻止采用更优工作实践的战略行为的抽象模型，以衡量中国消除受保护垄断权中的潜在收益。由于进入企业（国内的或国外的）有更高水平的技术，不受保护的理性既得利益团体将别无选择地以适合竞争的最佳标准来设定自身工作实践。只要进入威胁的前景是可信的，相同的结果都会出现。

本章的数值结果需要一些说明。使用的简单抽象模型是中国和美国的不准确估计。数据中有可能出现巨大的测量误差以及缺少数据，这两者都会导致校准过程中的误差。因此，该校是一次尝试。虽然如此，结果仍然强调了在提高全要素生产率中竞争的战略重要性。

这里记录的长期结果在与美国长期经历的比较中表现出定量性。

---

① 该计算分别使用了中国和美国的 0.5 和 0.36 的资本比。

如今，如果中国能将国内市场（特别是服务业）自身低效率的垄断转化为使既得利益团体不再有能力和动机阻止更好科技和工作实践的应用，那么中国与美国的 TFP 和人均 GDP 的巨大差距将会明显缩小。若中国消除了国内市场的垄断权，中国的人均 GDP 从长期来看将高于目前状况的 10 倍。更重要的是，大部分增长将源于 TFP 增长，再分配增长的空间主要来源于服务业。

如果中国继续改革的话，中国就可以适用让制造业出口取得显著成功相同的基本观点，即让服务业和农业 TFP 达到世界水平。因此，改革努力应集中于金融服务、建筑（目前为止劳工最密集）、运输、教育、卫生、通讯及公共事业的生产率提高。通过不断坚持改革来削弱保护、鼓励进入，竞争压力将有助于中国企业转变工作实践。

随着改革的努力，基于创造和维持特权进入的经营战略将会愈加不合时宜。越来越多的服务将以可承受价来生产。工资也将增长，并普遍发生于各行各业。随着时间的推移，物质资本积累和教育及技能获取必然将迎数据来源于较高 TFP 的收益率的正常化。更多中国企业将进行创新，并向世界输出最佳工作实践。中国的劳动力和居民将因沉重负担的消除而获益。同时，中国和当前主要工业国家的巨大收入差距将会消除。

参考文献

Ahuja, A., 2012, "De-monopolization Toward Long-Term Prosperity in China," Working Paper 12/75 (Washington: International Monetary Fund).

Aminpour, S.. and J.R. Woetzel, 2006, "Applying Lean Manufacturing in China," *The McKinsey Quarterly*, 2006 special edition: Serving the New Chinese Consumer, pp. 106–115.

Baily, M.N., and R.M. Solow, 2001, "International Productivity Comparisons Built from the Firm Level," *Journal of Economic Perspectives*, Vol. 15, No. 3, pp. 151–172.

Bosworth, B., and S.M. Collins, 2007, "Accounting for Growth: Comparing China and India," NBER Working Paper No. 12943 (Cambridge, Massachusetts: National Bureau of Economic Research).

Buera, F., and Y. Shin, 2013, "Financial Frictions and the Persistence of History: A Quantitative Exploration," *Journal of Political Economy*, Vol. 121, No. 2, pp. 221–272.

Caselli, F., 2005, "Accounting for Income Differences across Countries," in *Handbook of Economic Growth*, Vol. 1A., ed. by P. Aghion and S. Durlauf (Amsterdam: Elsevier).

———, and N. Gennaioli, 2003, "Dynastic Management," NBER Working Paper No. 9442 (Cambridge, Massachusetts: National Bureau of Economic Research).

Conway, P., R. Herd, T. Chalaux, P. He, and J. Yu, 2010, "Product Market Regulation and Competition in China," OECD Economics Department Working Paper No. 823 (Paris: OECD Publishing).

Easterly, W., and R. Levine, 2001, "It's Not Factor Accumulation: Stylized Facts and Growth Models," *World Bank Economic Review*, Vol. 15, No. 2, pp. 177–219.

Guo, K., and P. N'Diaye, 2009, "Is China's Export-Oriented Growth Sustainable?" IMF Working Paper 09/172 (Washington: International Monetary Fund).

Hall, R.E., and C.I. Jones, 1999, "Why Do Some Countries Produce So Much More Output per Worker than Others?" *Quarterly Journal of Economics*, Vol. 114, No. 1, pp. 83–116.

He, D., W. Zhang, G. Han, and T. Wu, 2012, "Productivity Growth of the Non-tradable Sectors in China," Working Paper No. 082012 (Hong Kong SAR: Hong Kong Monetary Authority).

Hendricks, Lutz, 2002, "How Important is Human Capital for Development? Evidence from Immigrant Earnings," *American Economic Review*, Vol. 92, No. 1, pp. 198–219.

Heston, A., R. Summers, and B. Aten, 2011, Penn World Table Version 7.0 (Philadelphia, Pennsylvania: Center for International Comparisons of Production, Income and Prices at the University of Pennsylvania).

Hexter, J., and J.R. Woetzel, 2007, "Bringing Best Practice to China," *The McKinsey Quarterly*, McKinsey Global Institute.

Hopenhayn, H., and R. Rogerson, 1994, "Job Turnover and Policy Evaluation: A General Equilibrium Analysis," *Journal of Political Economy*, Vol. 101, pp. 915–938.

Hsieh, C.T., and P.J. Klenow, 2009, "Misallocation and Manufacturing TFP in China and India," *Quarterly Journal of Economics*, Vol. 124, No. 4, pp. 1403–1448.

———, 2010, "Development Accounting," *American Economic Journal: Macroeconomics*, Vol. 2, No. 1, pp. 207–223.

Jasso, G., M.R. Rosenzweig, and J.P. Smith, 2000, "The Earnings of US Immigrants: Skill Transferability and Selectivity" (New York, New York: Department of Economics, New York University).

Klenow, Peter J., and Andres Rodriguez-Clare, 1997, "The Neoclassical Revival in Growth Economics: Has It Gone Too Far?" NBER Macroeconomics Annual 1 (Cambridge, Massachusetts: National Bureau of Economic Research).

Kravis, I.B., A. Heston, and R. Summers, 1982, *World Product and Income: International Comparison of Real Gross Product* (Baltimore, Maryland: Johns Hopkins University Press).

Lagos, R., 2006, "A Model of TFP," *Review of Economic Studies*, Vol. 73, pp. 983–1007.

Lewis, W.W., 2004a, "The Power of Productivity: Poor Countries Should Put Their Consumers First," *The McKinsey Quarterly*, No. 2.

———, 2004b, *The Power of Productivity: Wealth, Poverty and the Threat to Global Stability*, (Chicago, Illinois: University of Chicago Press).

McKinsey Global Institute (MGI), 2006, "Putting China's Capital to Work: The Value of Financial System Reform," McKinsey and Company.

Organization for Economic Cooperation and Development (OECD), 2009, "OECD Review of Regulatory Reform—China: Defining the Boundary between the Market and the State" (Paris: OECD Publishing).

———, 2011, Product Market Regulation Database (Paris).

Orr, G., and E. Roth, 2012, "A CEO's Guide to Innovation in China," *The McKinsey Quarterly*, February.

Parente, S.L., and E.C. Prescott, 1997, "Monopoly Rights: A Barrier to Riches," Research Department *Staff Report* No. 236/JV (Minneapolis, Minnesota: Federal Reserve Bank of Minneapolis).

———, 1999, "Barriers to Riches," Third Walras-Pareto Lecture, University of Lausanne, October.

Restuccia, D., and R. Rogerson, 2008, "Policy Distortions and Aggregate Productivity with Heterogeneous Plants," *Review of Economic Dynamics*, Vol. 11, pp. 707–720.

Woetzel, J.R., 2008, "Reassessing China's State-Owned Enterprises," *The McKinsey Quarterly*, McKinsey Global Institute, July.

World Bank, 2011, "China – Doing Business 2011: Making a Difference for Entrepreneurs," (Washington).

第十二章

转型中国：从日本 20 世纪 80 年代的经历中得出的见解

帕帕·恩迪亚耶（Papa N'Diaye）

中国正处于向服务型经济转变的边缘。本章探讨的日本 20 世纪 80 年代的经历为中国推进经济转变和避免经济下滑提供了经验。特别是，日本对出口型增长策略的局限给出了有益的经验教训；汇率、宏观经济政策和体制改革对于经济向非贸易行业进行起再平衡的作用；金融自由化的相关风险。中国当前经济和日本 20 世纪 80 年代经济的相似点使得这些见解对中国而言意义重大。通过分析日本的经历，两个经济体之间存在的重大差异，中国应该能够成功调整增长模式并避免日本所遭遇的经济下滑。

简介

本章观察了日本在 20 世纪 80 年代期间的经历并提出以下问题：中国向高产能、服务型经济转变并避免长期停滞和通货紧缩需要什么政策？

当前中国的经济和日本 20 世纪 80 年代的经济具有很多相似点。就像当时的日本，中国的增长策略面向出口导向型和资本密集型；可贸易行业发挥主要作用；储蓄率高以及经常账户盈余大。与 20 世纪 80 年代的日本一样，中国经济在三十年间完成了惊人的转变而成为世界第二大经济体。这个成就反映出多年的改革使得中国经济更加市场化①。考虑到中国经济的规模和对世界市场的大量参与，这个出口导向型增长的政策也变得更加难以持续（Guo 和 N'Diaye,

---

① 请参考 Chow（2002）关于中国改革的综合评论。

2009）。类似80年代的日本，中国把出口型经济调整转向消费型经济面临着相当大的国内和国际压力和非贸易行业的更大增长比例。因为全球经济危机造成发达经济体增长受挫，特别是美国和欧洲地区（中国的主要出口市场），这使得分析师下调对这些经济体的中期需求前景的预期。面对出口需求更加黯淡的前景，中国政府已经采取一定范围的结构性调整措施，力求把增长模式从出口和投资模式转向个人消费模式。这些举措还伴随着支持性宏观经济政策，就像20世纪80年代日本的政策一样，已经促进资产价格的快速增长（Ahuja和其他人，2010）。

中国可以从日本20世纪80年代的经历中吸取的经验教训如下：

- 出口导向型增长策略存在局限性。
- 向更加依赖于服务行业转变需要兼备实际有效汇率增值、宏观经济政策支持需求和发展不可贸易行业的体制改革。
- 支持性宏观经济政策可以减缓汇率增值对可贸易行业活动和就业的短期不良影响。
- 不过，如果影响持续时间过长，那么相同的宏观经济政策存在造成资产市场未来动荡和膨胀泡沫的隐患。
- 倘若同时进行金融体系自由化，那么这样的风险会很复杂。需要保证谨慎进行金融自由化。

但是，和日本进行对比对我们的帮助仅此而已。当前中国经济在许多方面不同于20世纪80年代的日本经济，包括经济、人口和金融发展水平，以及经济结构、政治制度和全球环境。许多差异性实际上可以帮助中国避免日本所经历的经济停滞并能够成功调整经济增长。可是，完成调整需要中国进行一定范围的改革和恰当实施宏观经济政策。因为中国在中期可能需要面对人口压力，所以要求推进改革变得更加迫切。政策将必须调整要求，支持需求以应对资产市场的风险加剧不平衡。与此同时，政府将需要确保完善管理和监督金融体系以预防对银行资产负债表、居民和企业所造成的风险。改革将需要包括测定可贸易行业和不可贸易行业的竞争环境，进一步向外国竞争开放经济，发展非贸易行业以及增加政府医疗教育开支（Blanchard和Giavazzi，2005；Barnett和Brooks，2010；N'Diaye、Zhang和Zhang，2009）。

本章的其他内容结构如下：接下来的两部分将分别讨论日本在20世纪80年代期间的宏观经济政策的立场和货币改革。随后部分将会关注日本引进的助长资产价格泡沫的金融自由化措施,再下面的部分概述日本在其发展进程中所经历的结构变化。最后部分总结中国从日本的经历得到的重要教训。

宏观经济政策立场

日本进入 20 世纪 80 年代时存在大量的财政赤字——源于日本政府试图恢复因为 70 年代石油危机而造成停滞的发展势头(见图 12.1)。出口增长从 70 年代前五年期间的平均约 8% 减缓至后五年期间的 4%。在强大的净外部需求的支持下,增长保持在 80 年代前五年的水平。随着财政整顿快速推进较高的社会保障费用和支出控制,强大的净外部需求有助于抵消国内需求的弱点。扩大需求的货币政策会降低日元利率,由于日本与美国存在的巨大利率差异,低利率可能使日元进一步贬值。虽然货币政策并不完全具备支持性,但是为了对抗石油危机,货币政策开始从紧缩向宽松方向转变(见图 12.2)。

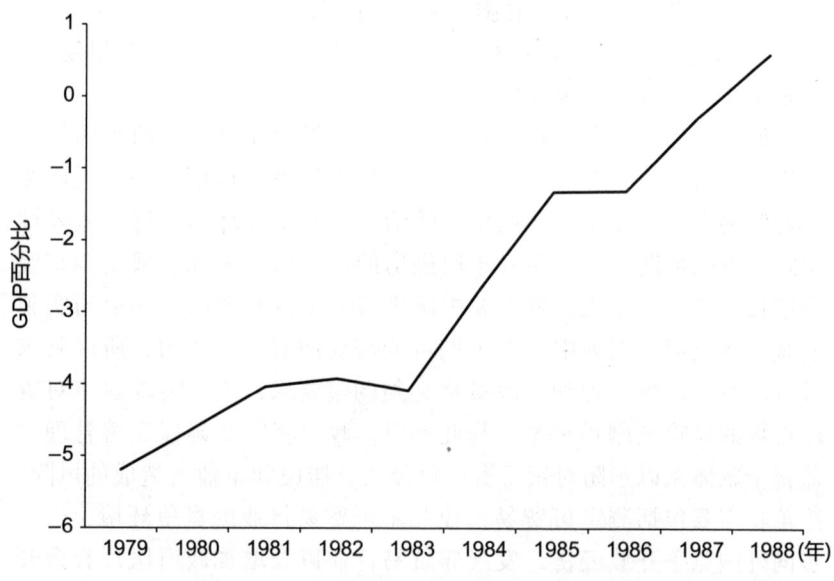

图 12.1　日本:1979—1988 年的政府总体平衡

数据来源:IMF 工作人员的评估结果。

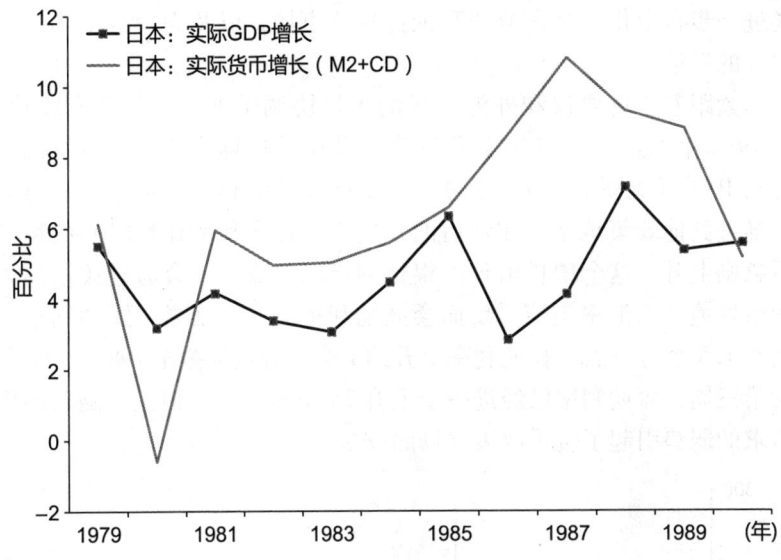

图 12.2　日本：1979—1990 年的 GDP 和实际货币增长

数据来源：IMF 工作人员的评估结果。

注：M2 = 广义货币；CD = 存款单。

货币调整及结果

缓慢增长趋势和美国在 20 世纪 80 年代中期持久的双赤字加重了日本面临的保护主义政策的压力[1]。针对贸易摩擦增长的背景，G5 成员国（法国、德国、日本、英国和美国）在 1985 年 9 月 22 日签订了《广场协议》。

《广场协议》的提出愿景是为了在 G5 国家内达到更加趋同的政策和绩效以及建立合适的汇率模式，考虑到主要工业国家的外部失衡预计持续较大——伴随着美国持久的经常账户赤字以及日本、德国较少的相一致的外部盈余。美国致力于减少预算赤字；日本致力于继续进行财政调整并准许地方政府进行更多投资，提供有益于私营部门发展的环境，以及通过充分关注汇率以灵活的方式实现货币政策。日本提倡私营部门发展的举措包括国有企业私有化、金融市

---

[1]　1985 年 2 月，在里根总统和首相中曾根康弘会见之后，成立了包括日本和美国高层官员的咨询委员会，并且在四个行业市场导向的磋商：通讯、林产品、药物和医疗设施、电子。市场开放措施于 4 月引入。

场进一步自由化、扩大消费和抵押贷款市场，以及为国内市场提供更好的渠道。

紧跟着广场协议和外汇市场的大量协调干涉，日元急剧增值，从1984年末到1985年末上升20%，并在《广场协议》后的一周上升约10%（见图12.3）。不过，鉴于这些外汇趋势将会继续，有必要推进其他政策承诺。在随后的几周中，日本利率在长时间的稳定后急剧上升。这个增长由日本银行的指示促成，不会通过放松国内货币环境抵消汇率增值，反而会鼓励利率上升。结果，短期利率调高约1.5个百分点，长期利率上升约1个百分点。截至1985年11月的第三周，短期利率已经进一步上升25个基本点。但是，随后国内需求的弱势引起了货币政策立场的放松。

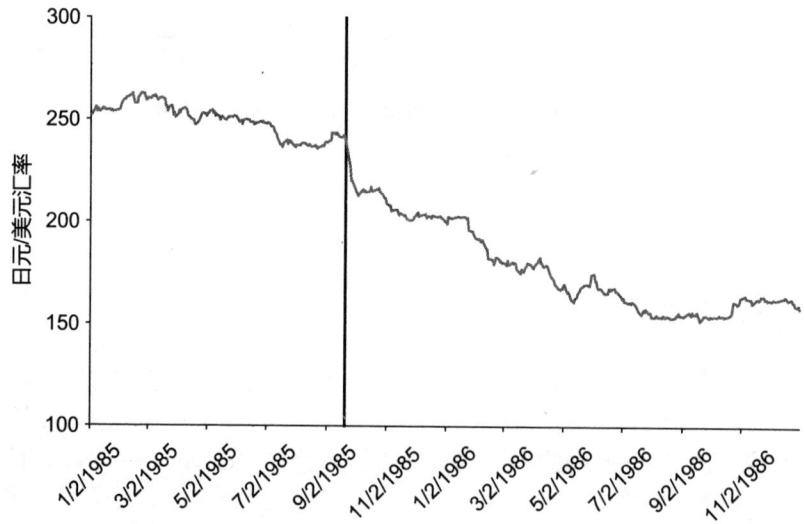

图12.3 《广场协议》中日元/美元变动

数据来源：IMF工作人员的评估结果。

在财政方面，于1985年10月15日宣布刺激计划（针对由财政投资贷款计划资助的地方政府和国有企业），并且将住宅贷款公司提供的贷款的附加条件自由化。这个措施预计可以生成约3%的个人住宅投资。1986/1987年的预算向个人贷款提供房屋贷款利息至多1%的新三年税收贷款。这些措施有助于刺激个人消费和房地产投资，但是却不足以抵消净出口增长贡献的下滑和制造业运营投资的减少。结果，增长持续减慢，从1985年的6.25%下降至1986年的2.75%。制造业就业略有下降，潜在失业上升。伴随着多数产业，特别是钢铁、造船、电子和汽车工业等的急剧下滑，制造业利润在 1986 年上半年下降了 32%①。但是，由于建筑业的繁荣和服务项目的大量增长，其他行业发展较好，包括批发和零售业。在外部方面，尽管在外部调整的趋势下贸易量有大的不同，但外部经常账中盈余持续扩大，这主要归因于石油价格的下降。许多分析家认为经常账户的持续扩大是暂时的，也许反映汇率变化的 J 曲线效益（Krugman，1991）。

面对持续的外部失衡和贸易保护主义措施，G6 国家（G5 国家加上加拿大）于 1987 年 2 月 22 日达成《卢浮宫协议》。根据协议条款内容，日本承诺实施大量的以支持内部需求和促进向发展中国家资源流动为方针的经济措施。

金融自由化

在签署《广场协议》之前，日本的金融系统受到高度管制，并且对外资银行进入设有多重壁垒（Guttman，1987），通过对细分市场控制利率和通过资本控制规避外部影响。内部和外部因素在日本金融体系自由化中均发挥了部分作用。内部因素包括来自想要更高储蓄回报的储户的压力；现金充裕企业的自费投资比例上升，降低了对银行贷款的需求；财政情况的恶化。外部压力也来自美国，美国撤除管制规定浪潮使得日本的投资者在美国资产中获取重大股份，连同日元走弱，引起了对日本开放其金融市场的呼吁并使得日元计价资产更具吸引力。

在 1980 年到 1986 年期间，日本撤除对金融体系的管制主要集中于扩大市场准入、存款利率自由化、增加可用的金融工具以及消除银行机构和证券经纪人操作的障碍。主要变化包括：（1）解除多种离岸日元交易管理的限制——包含发行欧洲日元债券，面向日本民众的欧洲日元贷款以及发行欧洲日元存款单（CDs）；（2）解除对国内银行发行 CDs 的限制；（3）放松对部分类型的资本外流的限制（附件 12A）。其他变化包括消除对远期外汇交易、银行外币对日元的现场兑换以及外国 CDs 和商业票据在日的销售的限制，以及多项促使外部金融机构参与日本资本市场的举措。资本流入和流出的自

---

① 政府在中小型企业重组以服务国内市场的情况下通过贴息贷款对受到沉重打击的中小型企业提供支持。

由化（开始于20世纪70年代）和日元愈加国际化的结果是在20世纪80年代有大量国外资本流入日本。这些资本流入的主要渠道为日本市场的日元计价证券的外资并购，以及日本公司发行的国外债券（后者规模相对较小）。

金融市场和利率自由化导致日本银行过度依赖货币政策的间接工具，而不是对货币增长的直接控制①。自由化还导致了储蓄利率大幅下降、信贷增长（用于日本和国外）和货币市场存单需求的快速增长（见图12.4）。日本官方在利率自由化之前表示，存款利率将会上升，贷款利率将会停滞，并且银行利润将会受到压制，而这些结果与之相悖②。自由化还通过向非金融企业提供以市场利率收取报酬的更广泛的流动性金融工具，严重影响非金融企业的投资组合。金融改革和自由化导致企业大量增加流动性资产，反过来说就是在1985年至1986年期间促进广义货币增长，最为明显的是货币市场存

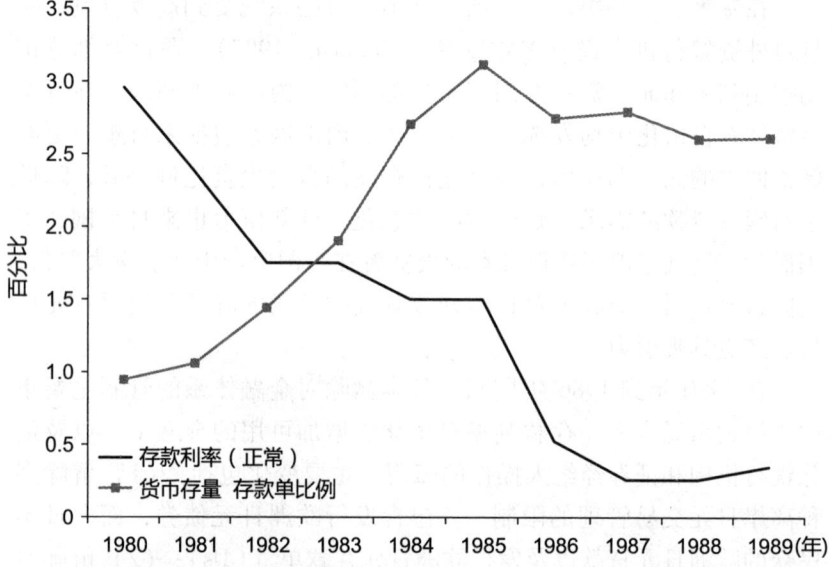

图12.4　日本：金融体系自由化前后的存款利率和存款单

数据来源：IMF工作人员的评估结果。

① 货币政策主要集中于第一次石油危机后的货币增长和日本银行愈加重视控制通货膨胀。

② 见IMF对于与日本1984年进行磋商的第四条的报告。在自由化之后，官方强调改善监督金融机构和规章制度的其他方面以确保自由化环境中体制稳定的重要性，审查资本资产和流动比率及其他参数，同时拟定立法以加强和扩大存款保险体系。

款单的引进和 CDs 的增长。但是，随后大量定期存款的利率自由化，CDs 的增长相对慢于大量定期存款的增长。

经济结果

GDP 收敛

日本金融体系的自由化标志着多年改革的高潮和日本历史上最长扩张时期（1955—1982 年）的结束，在此期间日本的人均收入赶上了美国和欧洲的人均收入。在 1955 年到 1982 年期间日本的人均 GDP 增长了 17 倍，从占美国人均 GDP 的 25% 到超过 75%（见图 12.5）。

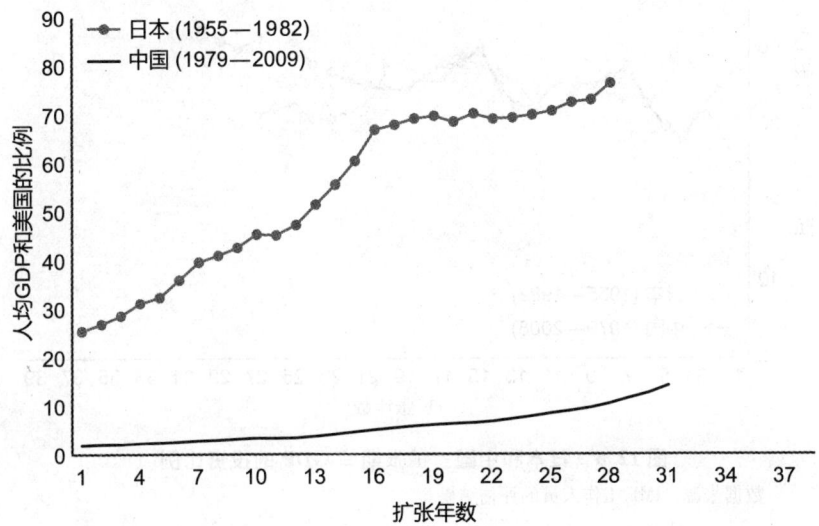

图 12.5　日本和中国：扩张期间人均 GDP 覆盖范围和美国的比例
数据来源：IMF 工作人员的评估结果。
注：按购买力平价。

日本在国家发展早期主要通过有效利用大量廉价劳动力以及集中利用资本和强劲提高生产率完成快速追赶。由通过金融领域控制较低的资本成本支持的国内投资在快速增长阶段占 GDP 的 30% 以上（见图 12.6）①。另外，政府在发展早期的工业政策主要鼓励重工业

---

① 美国和日本资本成本的对比见（Ando 和 Auerbach，1988a，1988b）。

领域的投资，例如钢铁、造船和化工，并且目标产业受益于贴息贷款、出口补贴、进口限制和外汇储备的大量配置（考虑到实行的资本控制，这对企业实行扩张计划较为关键）。日本企业在研究和发展中的投资占 GDP 的大约 2%，近似于美国和德国的企业，并且通过合资和特殊协议获得新技术。投资的行业结构随着时间转变，伴随着工业结构从原材料加工向高科技领域的变化。这些结构转变很大程度上源于 20 世纪 70 年代中期第一次石油危机后开始采取的措施，并且由工业重整中的科技的快速进步维持。

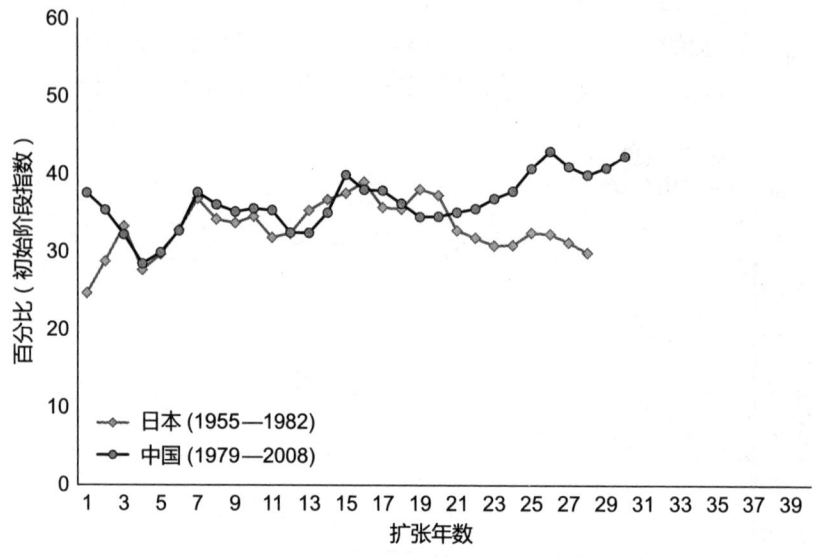

图 12.6 日本和中国：扩张期间 GDP 的投资比例
数据来源：IMF 工作人员的评估结果。

高储蓄率

日本的快速资本积累主要来自于国内的高储蓄率，主要为个人储蓄，特别是居民储蓄。在下降到 1982 年的约 32% 之前，全国储蓄从 1950 年的少于 22% 上升至 20 世纪 70 年代早期的最高点——约 40%（见图 12.7）。大部分储蓄来自于私营部门，居民储蓄比例略少于一半。针对日本在那些年期间的高储蓄率提出的几种解释包括文化因素（儒家思想）、欠发达社会保障安全体系、工人的丰厚奖金制度、多种税收鼓励、与房屋和土地高价格相关的持续支付下滑、生命周期以及遗产动机（Horioka, 1988；Ito, 1992）。不过经验性研究已经表明，仅有这些因素不会造成高储蓄率（Hayashi，1986）。

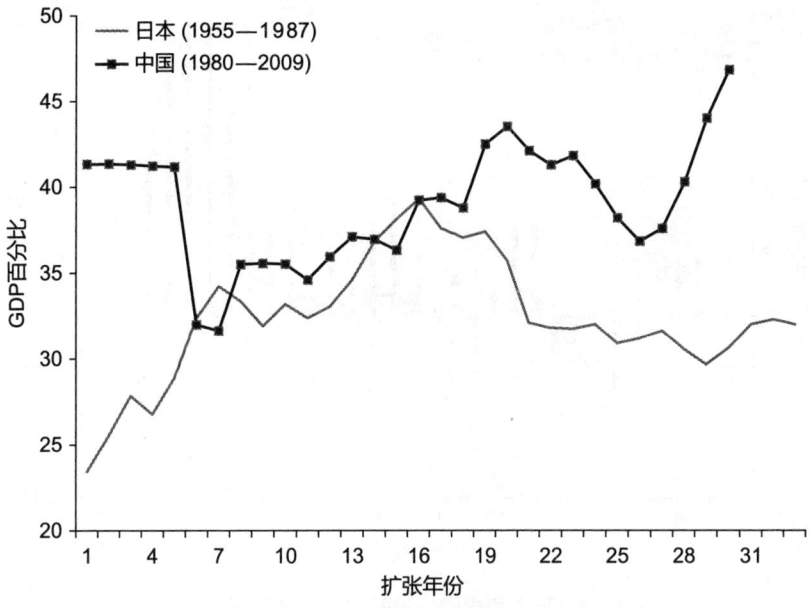

图12.7　日本和中国：扩张期间的国家储蓄

数据来源：IMF、世界经济展望数据库。

对外顺差

当日本的经常账户飙升，在1986年约达到GDP的4%时，直到20世纪80年代早期日本才向世界其他地区输出其大量储蓄（见图12.8）。经常账户的上升部分是因为美元相对其他主要货币（特别是日元）持续走强。在1978年到1984年期间，日元兑美元贬值约20%（从1978年末的195日元兑一美元到1984年末的251日元兑一美元）。贬值反映出国外更好的增长前景，这鼓励日本企业采取相对更加外向的投资策略；增加现场生产以避免其他工业国家抵制日本制造业出口的贸易摩擦和保护主义措施；由于海外市场的利率相对较高，增加日本本土企业对海外分公司的贷款；增加对多国的产业合作；东道国政府所提供的奖励，这些都增加了日本投资海外生产设备的利润。

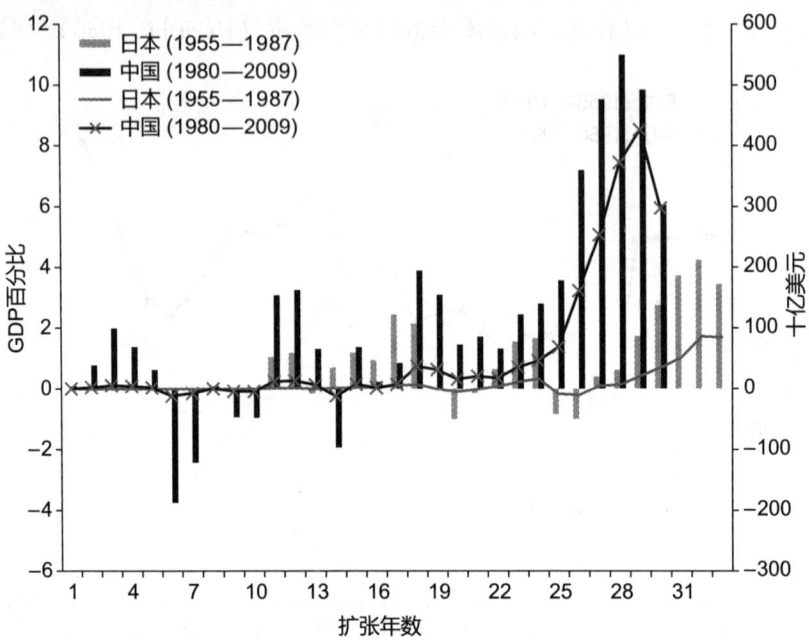

图 12.8　日本和中国：扩张期间的经常账户平衡

向服务业转变

日本多年的快速增长和发展伴随着经济主要成分的转变，从农业转向制造业及其后从制造业转向服务业。从 1955 年到 20 世纪 80 年代早期，农业就业比例从略低于 40% 下降至低于 10%（见图 12.9）。制造业就业在 70 年代中期达到顶峰，略超过 35%，而服务业就业上升稳定，在 80 年代达到略少于 60%。这种向服务业的转变伴随着日元在实际有效条件下的升值（见图 12.10）。但是，结构改革需要用来支持和维护向服务业的转变并巩固其成果。于是，在 1986 年 5 月，政府采取措施（《前川报告》）以提升国内需求导向型增长策略，主要措施包括贸易和金融自由化、撤销管制和行政改革、减少土地使用限制、通过削减收入税收增加消费开支以及提早实行五天工作制。不过，许多《前川报告》中的建议被延期实行，部分是因为日本经济部门的强烈反对。

第十二章　转型中国：从日本20世纪80年代的经历中得出的见解

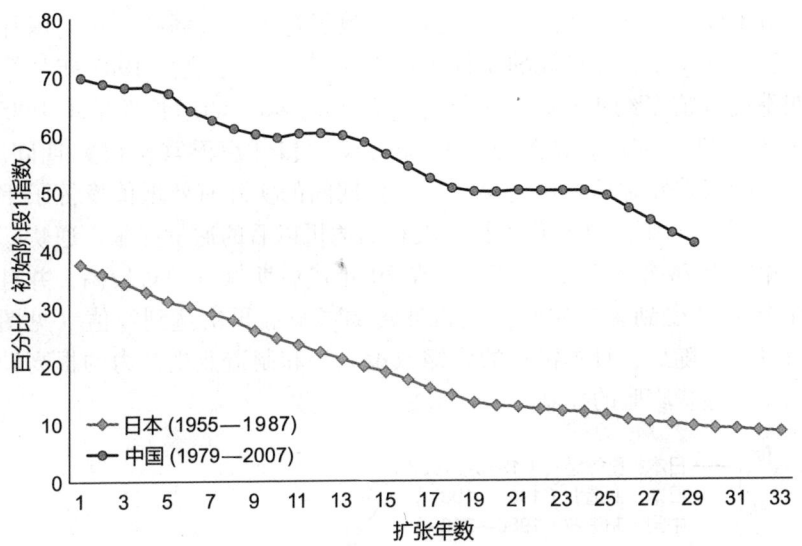

图12.9　日本和中国：扩张期间第一产业的就业比例

数据来源：IMF工作人员的评估结果。

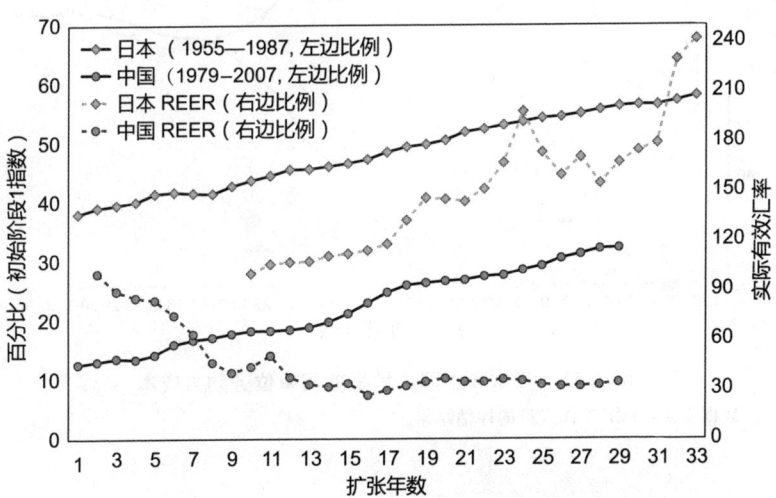

图12.10　日本和中国：扩张期间第三产业的就业比例

数据来源：IMF工作人员的评估结果。

工业成本结构的改变

随着日本经济向服务型经济转变，收入上升，并且在20世纪80年代早期，日本不再是廉价劳动力经济体（见图12.11）。所有行业的劳工成本上升，连同日元升值，导致了竞争力较弱的公司向国外迁移。日元在实际有效的条件下从 1964 年第一季度到 1987 年的第四季度升值了约 140%（每年约 3.75%），40% 的增长发生于 1985 年至 1987 年期间，即签署《广场协议》和《卢浮宫协议》期间。通货膨胀差异对日本在多年结构改变期间的实际有效增值发挥了重要作用，特别是 70 年代末第二次石油危机以后的通货膨胀。通货膨胀率在 1974 年上升了约 25%，在 70 年代后期保持相对较高，并且在 1980 年受到第二次石油危机冲击的影响后再次达到峰值（见图 12.12）。随后，日本银行的紧缩政策立场和制造业生产力的提高助长了对通货膨胀的控制。

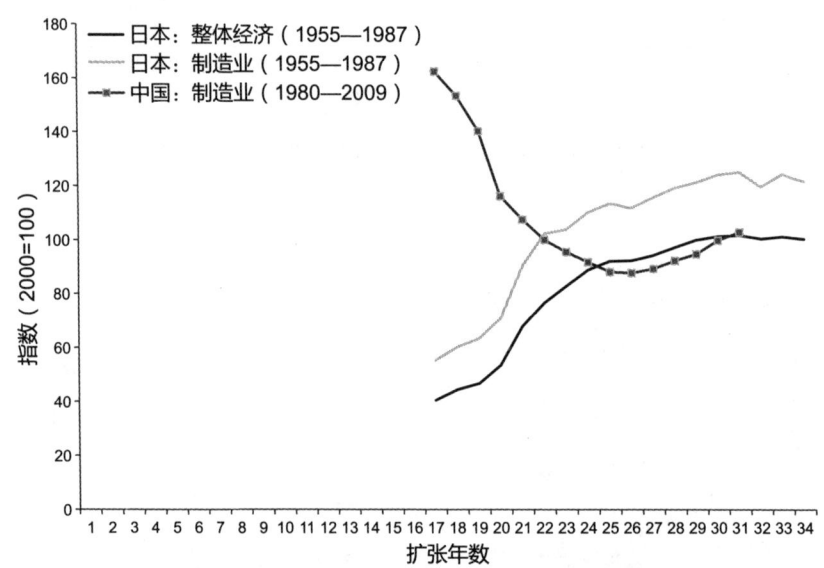

图 12.11　日本和中国：扩张期间单位劳动力成本

数据来源：IMF 工作人员的评估结果。

城市化和人口统计

日本的职业和工业结构改变体现在日本经济的城市化方面（见图 12.13）。因为随着人口老龄化，服务业的需求明显增长，所以人口变化也可能推动城市化进程。这些人口压力没有现在中国的压力严重，但是也处于边缘（见图 12.14）。联合国人口预测表明，到 2025 年中国的老年抚养比将会翻倍（见图 12.15）。这个趋势可能会

第十二章 转型中国：从日本20世纪80年代的经历中得出的见解 | 231

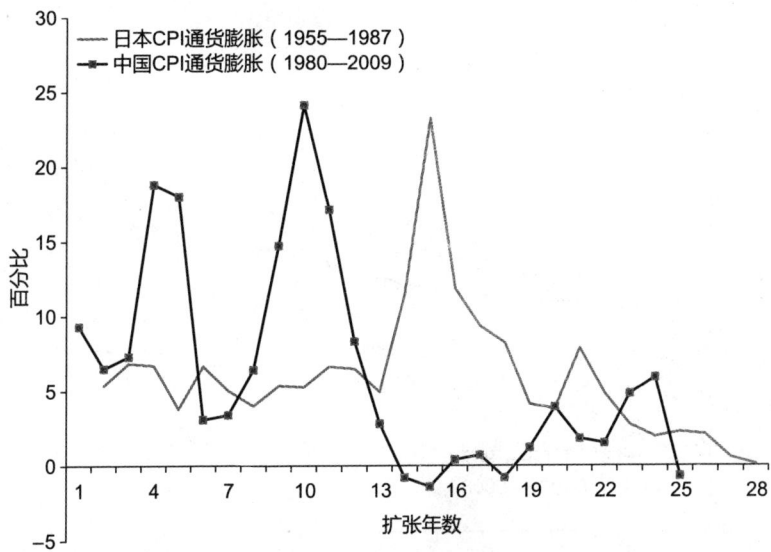

图12.12 日本和中国：扩张期间消费价格指数通货膨胀

数据来源：IMF工作人员的评估结果。

注：CPI＝消费价格指数。

对增长造成消极影响并可能使从可贸易行业向非贸易行业的劳动力再分配复杂化（见第九章）。

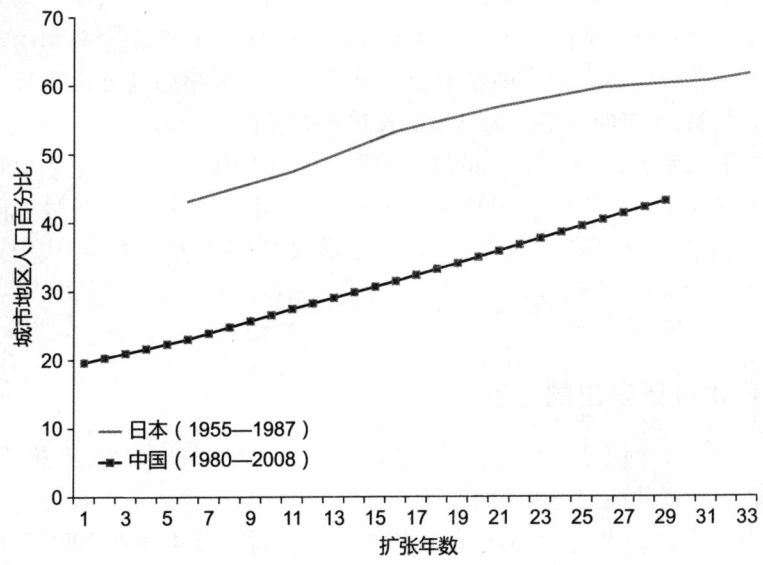

图12.13 日本和中国：扩张期间城市化率

数据来源：联合国、全球城市化发展数据库。

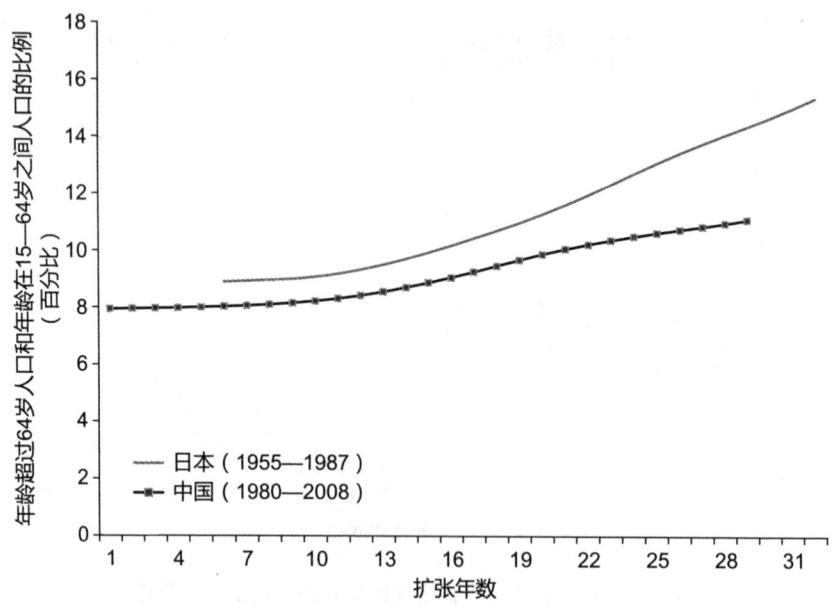

图 12.14　日本和中国：老年抚养比

数据来源：世界银行、世界发展指标数据库。

20 世纪 80 年代日本经济体和当前中国经济体之间人口结构的差异反映出两个经济体的城市化阶段不同。在 80 年代早期，日本的城市化远远超过现在中国的城市化。事实上，现今中国的城市化处于日本在 1955 年的水平，为日本最长扩张时期的开始时间。中国的城乡差距也大于 80 年代日本的城乡差距。对于中国而言，基尼系数从 1980 年的 30% 扩大到 2008 年的近 50%，并且后来出现轻微下降（但仍然高于 47%）；不过在日本，该系数在 1960 年到 80 年代中期保持在 35%—40%。

从日本经历得出的见解

日本和中国的发展进程有许多共同点，特别是储蓄和投资模式。在收敛过程的前二十年，中国的投资多数集中于制造业，投资水平相当于日本 20 世纪 70 年代的投资水平。不过，差不多在 2008 年以后中国的投资就已经超过日本，主要依靠多种成本优势，包括资本和公共设施、劳动力、能源以及土地的低成本，以及税收优惠、估值偏低货币和大量的储蓄①。当前中国的国家储蓄率甚至高于日本在20世纪80年代的国家储蓄率,多数储蓄来自于私营部门。造成高储蓄率的原因被认为和上面日本的原因相似,特别是有关于社会保障体系缺乏与教育公共开支水平低的原因(Barnett 和 Brooks, 2010)。在发展进程中,中国储蓄比日本储蓄更早超过投资,出现在以大量需求外部投资的标志的外部环境中,与美国一起出现空前较高和持久的赤字以及人民币贬值。

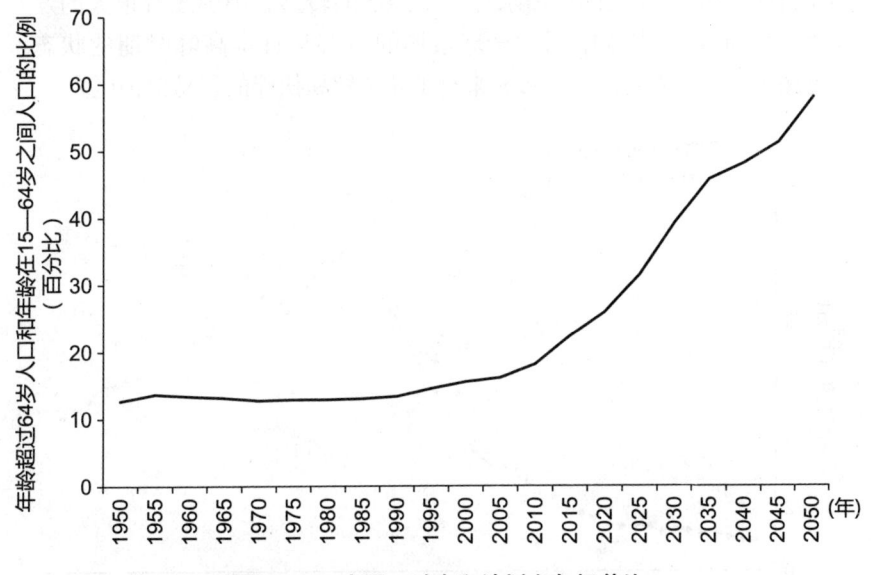

图 12.15　中国:过去和计划老年抚养比

数据来源:IMF 工作人员的评估结果。

两个经济体的工业转型相似。中国的劳动力向服务业转移类似于日本的趋势,但是中国具有更加严峻的初始条件。从1979年到2007年,第一产业的就业率从70%降至40%,而服务业的就业率从10%上升至大约30%。但是不同于日本,这种劳动力向服务业的转变伴随着21世纪第一个十年中期之前人民币的实际有效贬值和单位劳动力成本的下降——自那以后趋势反转。21世纪第一个十年中期前的单位劳动力价格下降和20世纪90年代后期国有企业的改革导致的大量下岗有关。

---

① 研究估计中国生产要素市场比例的总值几乎占 GDP 的 10%(Huang 和 Tao, 2010)。

和日本一样，中国的发展成果已经相当显著。中国经济平均每年增长10%，2009年人均GDP为1980年GDP的26倍，1980年差不多是中国开始改革的时间。到目前为止，5000万人已经摆脱贫困，而且从1978年开始估计已经创造出3.8亿的就业岗位。不过，虽然中国现在已经成为世界上仅次于美国的第二大经济体，但是仍然是发展中经济体，人均GDP只是美国人均GDP的1/10，且大大低于日本20世纪80年代的人均GDP。因此，假设中国能够实行正确的政策以有序及时地完成国内需求导向型经济的转型，中国还有很大的发展空间。但是，现今中国对全球市场的占有与日本高峰时期的状态（见图12.16）相同，这会形成来自于几个贸易伙伴的贸易保护压力。

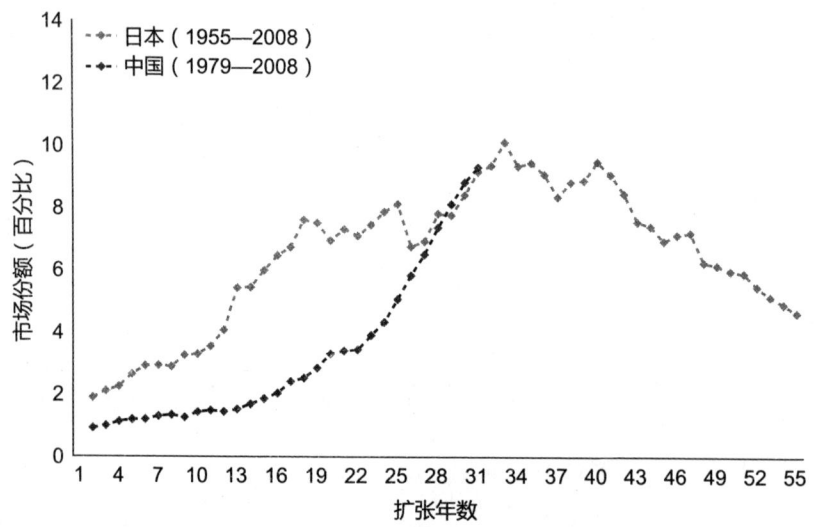

图12.16　日本和中国：扩张期间的市场份额
数据来源：IMF工作人员的评估结果。

虽然外部失衡比日本20世纪80年代中期的外部失衡更加严重持久，但是人民币升值和把经济从出口与投资向个人消费调整对中国的压力类似于日本80年代中期的情况。从2006年开始，大量经常账户盈余和赤字国家（中国、日本、美国、欧洲地区和沙特阿拉伯）之间通过多边和双边讨论达成协议，并通过共享策略减少全球失衡，这些策略包括增加国内需求的体制改革、汇率弹性以及根据国家外部地位进行财政整顿①。虽然达成以上协议，但是一直到全球

---

① 例如，参考对IMF多边磋商的概述（2007）。

经济危机爆发，解决全球失衡进展甚微。就中国本身而言，在 2006 年以后引进一系列的措施，改革养老金和医疗体系，部分降低居民预防性储蓄和刺激需求，不过尚未达到使个人消费水平符合其他相同发展水平国家的消费水平的程度。政府已经承诺继续努力调整经济，不过币值被低估的人民币将继续成为这些措施的阻力。

日本在 20 世纪 80 年代的经历为出口型增长的局限和及时完成国内需求导向型增长转型的重要性提供了有效借鉴，包括汇率的改革计划、金融自由化以及完成转型所需要的结构改革。日本的案例还突出了资产价格通货膨胀的风险和引起中国人口改变的潜在阻力。

汇率在向服务业转型中的作用

日本经历表明，向更加依赖服务业转型需要联合应用汇率增值、支持性宏观经济政策和发展不可贸易行业的结构改革①。虽然部分分析员已经把 20 世纪 90 年代日本的经济萧条归因于广场会议后的日元升值，但是并没有证据证明此影响。实际上，对广场会议的影响的分析显示，可以通过支持性宏观经济政策减轻汇率增值对增长和就业的影响。到 1988 年，正如经常账户下降约占 GDP 的 2.5%，实际 GDP 增长反弹超过 7%，并且失业率也已经开始下降（见图 12.17 和 12.18）。

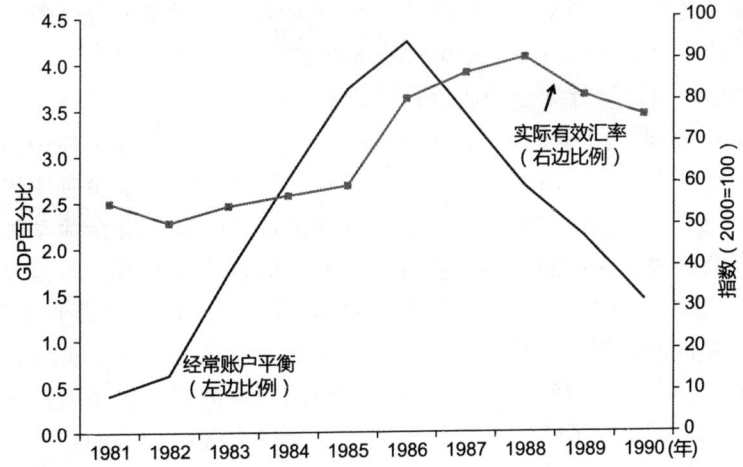

图 12.17　日本：1981—1990 年期间的经常账户平衡和实际有效汇率
数据来源：IMF 工作人员的评估结果。

---

① 参考 IMF 关于经常账户逆转教训的一般性观点（2010）。

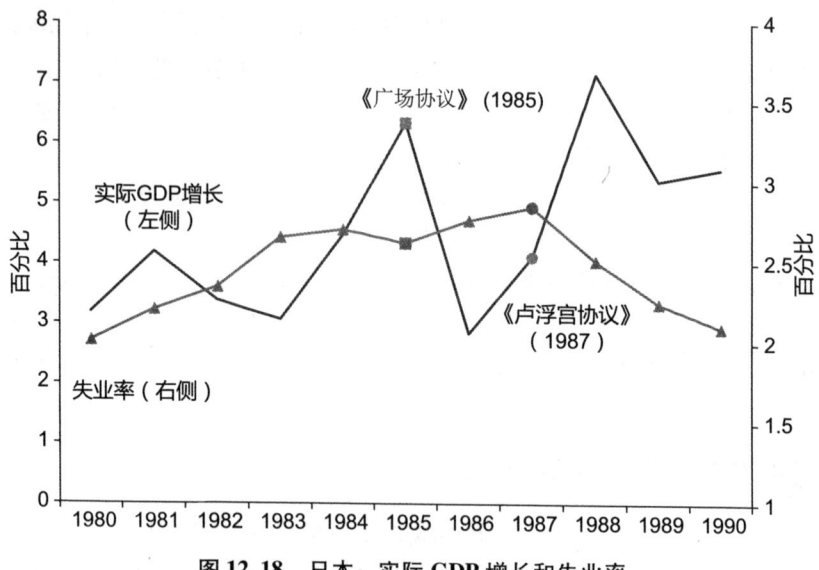

图 12.18　日本：实际 GDP 增长和失业率

数据来源：IMF 工作人员的评估结果。

中国政府确定汇率在向个人消费增长调整和增加服务业重要性中的作用，并承诺以渐进的方式改革汇率体系。从 2005 年到 2008 年中期，人民币对美元升值并具备有效条件。不过，全球经济危机的爆发使得这一政策一直暂停到 2010 年中期，但是其已经恢复。人民币的逐渐升值可以促进中国经济的调整①。但是有人认为，人民币汇率增值可能会导致经济通货紧缩和流动性陷阱的风险（McKinnon，2006）。根据这个观点，人民币升值的不确定性可能会造成使中国利率低于世界利率的消极负风险溢价，使其更加接近于 0，并使中国无力对通货紧缩的压力做出反应。这种观点建立在资本完全流动和资产完全可替代的理想状态的基础上，并同时假设未来升值具有显著不确定性。然而，从 2005—2008 年的渐进可预见的增值路径来看，此类来自于增值的不确定性的负风险溢价可以忽略不计。此外，认为中国将会经历增值所导致的通货紧缩的观点假设人民币升值超过均衡值，并忽略了随着结构性改革提高居民实际收入进而扩大国内需求可能导致的通货膨胀压力。在日本的案例中，在货币升值的同时，几个通货紧缩的源头正在形成，包括资产泡沫破裂后的需求疲

---

① 本章不包含关于支持平衡的人民币的必需增值速度问题。

软、货币传导机制的不健全和无效的货币政策,而中国目前不具备这些因素。

金融自由化

日本利率自由化的经历表明,流动性过剩的银行体系的利率自由化,若未通过适当的货币政策妥善进行,可能会导致存款利率下降,并且对经济造成计划之外的明显货币刺激(见图12.9)。不同于20世纪80年代的日本,即使在利率自由化的一些进程中,中国的金融体系仍然受到高度管制。利率自由化开始于20世纪90年代中期,包括取消同业拆借利率的上限以及回购利率、外币贷款和超出一定数量的存款利率的自由化。但是,仍然有一些限制,特别是对存款利率的上限。Feyzioglu和其他人等(2009)的模型模拟表明,考虑到银行体系的性质,中国的利率自由化可能会导致利率上升程度更高,并依赖货币政策的管理。更高的利率可能有助于减少生产效率低的行业的投资(见第三章),降低产能过剩的风险,使得服务业的投资更具吸引力,并且提高居民收入。

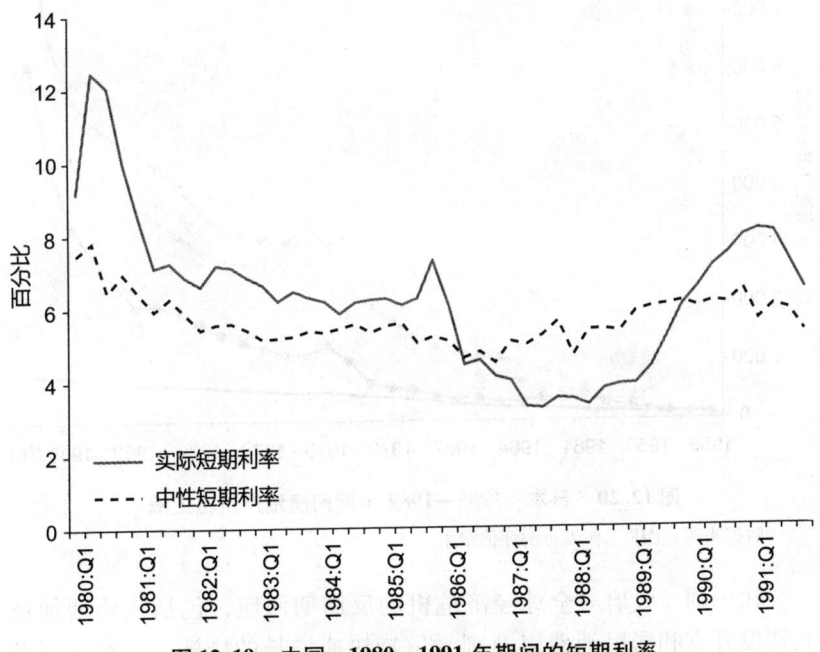

图12.19 中国:1980—1991年期间的短期利率

数据来源:Unsal,2010。

资产价格泡沫

日本的经历表明,若支持性宏观经济政策持续过久,则可能助长资产泡沫。日本在《卢浮宫协议》后转而实行宽松的货币政策,连同对消费信贷和抵押贷款进行放松管制和鼓励,使得日本净资产和土地价格快速增长(见图12.20)。日经指数以每年平均30%的速度上涨,而都市地区的土地价格则以每年平均25%的价格上涨,随之而来的是商业建筑价格的猛烈增长,不过全国范围内的土地价格上涨则相对平缓,平均每年只增长7%。然而,银行投向不动产的贷款却明显增加,贷款总额中与房地产相关的贷款比例从1980年的12.5%增长到1987年的17%(见图12.21)。随后商品和资产市场的长时间调整以及居民、银行和非金融机构的去杠杆化导致日本"失去的十年"的通货紧缩、国债累积和经济停滞不前。

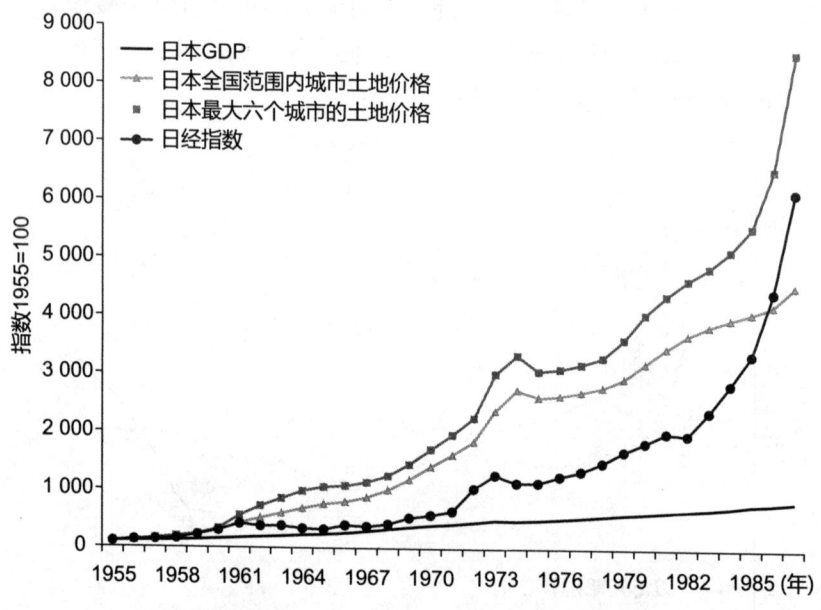

图12.20　日本:1955—1989年期间房地产价格上涨
数据来源:IMF工作人员的评估结果。

在中国,政府对全球经济危机的反周期回应,包括几项增加公共建设开支和居民消费以及刺激信贷快速增长的措施,已经强烈助长了房地产价格的上涨。面对这个问题,中国的情况与日本在20世

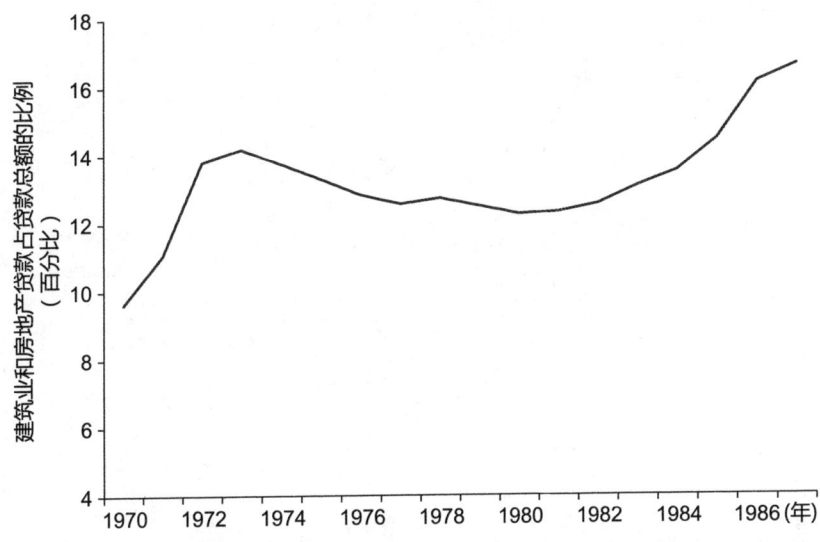

图 12.21　日本：贷款总额的建筑业和房地产贷款

数据来源：IMF 工作人员的评估结果。

纪 80 年代的情况类似，都经历了信贷快速增长、投资和房地产价格的增长（见图 12.22）。但是，这两个经济体之间存在着差异，主要体现在家庭、企业和政府资产负债表的强度、刺激房地产价格上涨的基础因素以及与房地产价格上涨有关的政策等方面。

- 杠杆作用。中国的居民债务是 20 世纪 80 年代日本居民债务的 1/5；中国企业债务约是日本企业债务的一半；相对于日本债务在资产高峰期大约占 GDP 的 67%，中国政府债务约占中国 GDP 的 20%。
- 基础因素。基础因素的差异包括城市化阶段、人口结构和中国的发展阶段，和 20 世纪 80 年代日本的 4% 相比，中国的潜在产出增长约 8%—10%。中国的这些数据意味着房地产价格的快速上涨，虽然增长没有 2009—2010 年强烈。
- 政策。在日本，过久地保持过于宽松的货币条件，可以形成杠杆作用。在中国，官方已经采取措施以阻止房地产价格的急剧增长，例如储备要求的增加、更严格的承销和审慎标准以及减慢信贷增长。

另外一个主要差异为两国相关金融行业的发展水平：日本的金融发展高度自由化，而中国的金融行业则受到严格管控。虽然存在房地产价格增长的趋势，但是政策仍然可以发挥作用。政策的正确校准——包括稳健的货币政策和实际利率的增长——应该能够使得中国避免日本所经历的繁荣—萧条的资产周期。

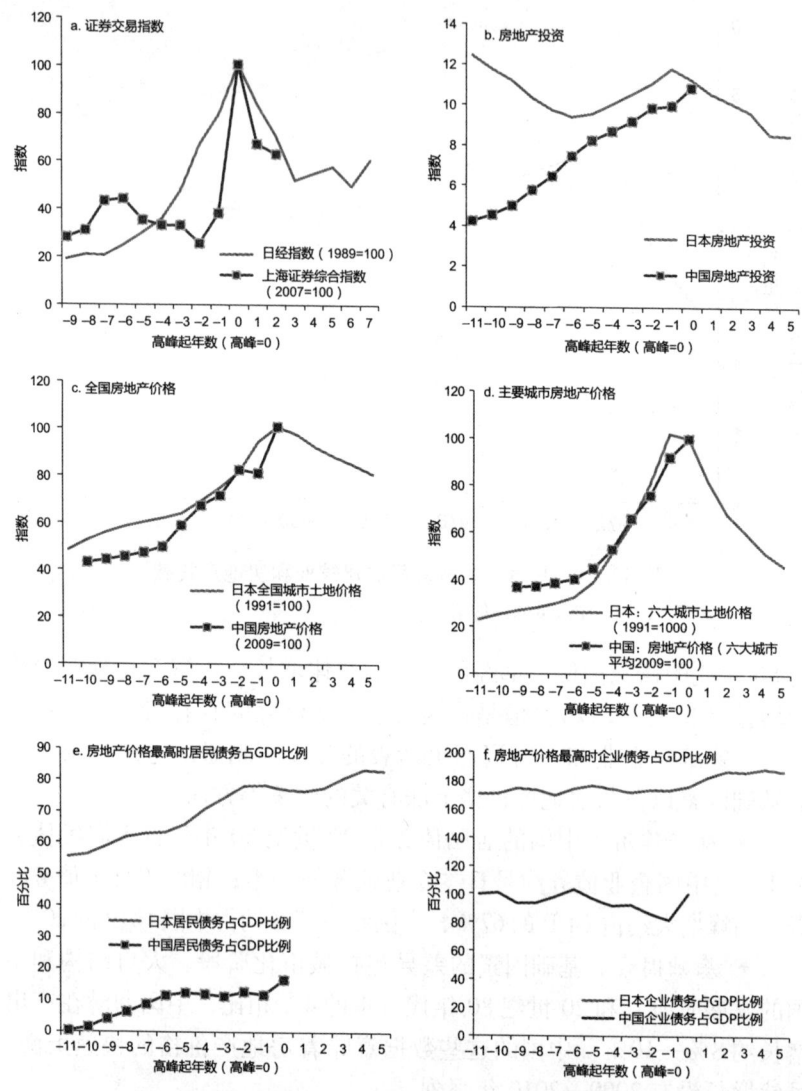

图 12.22　日本和中国：高峰期房地产价格和平衡表

数据来源：CEIC 数据库。

总体而言，日本 20 世纪 80 年代的经历为中国成功进行国内需求型经济调整和避免下降趋势提供了有效经验。特别是，日本在以下方面给出了有效借鉴：（1）出口型增长策略的局限；（2）汇率、宏观经济政策和结构改革在不可贸易行业的经济调整中的作用；（3）金融自由化的相关风险。从这些借鉴可以看出中国持续的经济调整进程相对乐观。

附件 12A. 日本和中国的金融自由化

日本	
1980	引入最低持有期限六个月的国家债券
1981	最低持有期限
1982	非居民的按日元议价证券发行的自由化规则
1983	取消部分零息债券的限制
1984	存款单的最低额度从 5 亿元降低至 3 亿元
1984	外国政府担保债券上限增加 50%
1984	信贷等级从 AAA 降低至 AA
1984	放松对日元债券发行的限制
1984	取消对国外贷款的限制
1984	取消对外汇交换的控制
1984	非居民免除外国货币政府债券的预扣所得税
1984	居民的短期欧日元贷款和欧日元证书的发行自由化
1984	放松对银行第二市场活动的限制
1985	允许未来债券交易的证券行和中介证明的抵押贷款
1985	存款单的最低额度降低至 1 亿元和期限一个月
1985	免除日本居民欧日元债券的预扣所得税
1985	允许外国银行的养老金和信托银行管理
1985	外国企业在东京证券交易所交易
1985	超过 10 亿元的定期存款的利率自由化
1986	日元贷款的信贷等级从 AA 降至 A
1986	超过 3 亿元的定期存款的利率自由化
1987	超过 1 亿元的定期存款的利率自由化
中国：利率自由化	
1996	取消银行贷款的利率上限
1997	回购利率自由化
1998—2004	逐步提高贷款利率的上限
1999	开始逐步允许不同机构协商期限超过五年和额度超过 3 000 万元的存款利率
2000	外币贷款利率自由化
2000	超过 300 万元的外币存款利率自由化
2003	取消外币存款利率的下限
2003	英镑、法郎、瑞士法郎和加拿大元存款利率自由化
2004	期限超过一年的所有外币存款利率自由化
2004	取消所有贷款利率的上限（覆盖参考利率 130% 的城市和农村信贷企业除外）
2004	取消所有存款利率的下限
2013	取消贷款利率的下限

数据来源：Guttman，1987 年以及 Feyzioglu、Porter 和 Takats，2009。

参考文献

Ahuja A., L. Cheung, H. Gaofeng, N. Porter, and W. Zhang, 2010, "Are House Prices Rising Too Fast in China?" IMF Working Paper 10/274 (Washington: International Monetary Fund).

Ando, A., and A. Auerbach, 1988a, "The Corporate Cost of Capital in Japan and the United States: A Comparison," in *Government Policy towards Industry in the United States and Japan*, ed. by J.B. Shoven (New York: Cambridge University Press).

———, 1988b, "The Cost of Capital in the United States and Japan: A Comparison," *Journal of the Japanese and International Economies*, Vol. 2, pp. 134–58.

Barnett, S., and R. Brooks, 2010, "China: Does Government Health and Education Spending Boost Consumption?" IMF Working Paper 10/16 (Washington: International Monetary Fund).

Blanchard, O., and F. Giavazzi, 2005, "Rebalancing Growth in China: A Three-Handed Approach," MIT Working Paper 05-32 (Cambridge, Massachusetts: MIT Department of Economics).

Chow, Gregory, 2002, "China's Economic Transformation" (New York: Blackwell Publishing).

Feyzioglu, T., N. Porter, and E. Takáts, 2009, "Interest Rate Liberalization in China," IMF Working Paper 09/171 (Washington: International Monetary Fund).

Guo, K., and P. N'Diaye, 2009, "Is China's Export-Oriented Growth Strategy Sustainable?" IMF Working Paper 09/172 (Washington: International Monetary Fund).

Guttman, W., 1987, "Japanese Capital Markets and Financial Liberalization," *Asian Survey*, Vol. 27, No. 12, pp. 1256–67.

Hayashi, F., 1986, "Why Is Japan's Saving Rate so Apparently High?" NBER Macroeconomics Annual 1986 (Cambridge, Massachusetts: MIT Press) pp. 147–210.

Horioka, C.Y., 1988, "Saving for Housing Purchase in Japan," *Journal of the Japanese and International Economies*, Vol. 2, No. 3 (September), pp. 351–84.

Huang, Y., and K.Y. Tao, 2010, "Causes and Remedies of China's External Imbalances," Paper prepared for the conference on "Trans-Pacific Rebalancing," jointly organized by the Asian Development Bank Institute and the Brookings Institution, Tokyo, March 3–4.

International Monetary Fund (IMF), 2007, "Staff Report on the Multilateral Consultation on Global Imbalances with China, the Euro Area, Japan, Saudi Arabia, and the United States" (Washington). http://www.imf.org/external/np/pp/2007/eng/062907.pdf.

———, 2010, *World Economic Outlook: Getting the Balance Right: Transitioning out of Sustained Current Account Surpluses* (Washington).

Ito, T., 1992, *The Japanese Economy* (Cambridge, Massachusetts: MIT Press).

Krugman, P., 1991, "Has the Adjustment Process Worked?" (Washington: Institute for International Economics).

McKinnon, R., 2006, "China's Exchange Rate Trap: Japan Redux?" *American Economic Review*, Vol. 96, No. 2, pp. 427–31.

N'Diaye, P., P. Zhang, and W. Zhang, 2009, "Structural Reform, Intra-Regional Trade, and Medium-Term Growth Prospects of East Asia and the Pacific—Perspectives from a New Multi-Region Model," *Journal of Asian Economics*, Vol. 21, No. 1, pp. 20–36.

Unsal, D. Filiz, 2010, "Box 2.1. Assessing Monetary Policy Stances in Asia," in *Regional Economic Outlook Asia and Pacific: Leading the Global Recovery, Rebalancing for the Medium Term* (Washington: International Monetary Fund).

第十三章

下一个大爆炸：中国金融改革路线图

奈杰尔·查克（Nigel Chalk）和司马喆（Murtaza Syed）

如果金融改革管理得好，它将在增长、就业和生活标准方面产生显著效益，这将有助于中国维持发展壮举，促进自身增长模式的再平衡。如果顺利推进，其将和20世纪90年代的国有企业改革一样具有重大意义。本章呈现了中国金融改革的基本原理，概述了未来三到五年实施的路线图。

简介

在传统上，流动性控制是中国稳健宏观经济管理的特点，对国家长期稳定的经济发展做出了突出贡献。自20世纪90年代中期起，官方就依靠广泛性控制系统来封锁中国经济模式产生的大量结构性流动。金融体系充满了流动性，既是因为中国不开放的资本账户在国内所拥有的高储蓄（见图13.1），也是因为和国家的国际收支顺差相关的巨大外部流入以及与历史上需要抵制汇率升值而进行的外汇干预（见图13.2）。

为了防止流动性助长次贷危机和资产泡沫，中国人民银行历史上一直采取控制手段，主要是直接手段，如定量限制银行信贷、存贷款利率规定和相对较高的法定存款准备金。

考虑到中国金融系统长久以银行为基础的特性，这些手段在过去已被证明对实行宏观经济管理是有效的。然而，这些政策的附带产物是人为地低存贷款利率，这导致银行存在分配自身贷款给大型资本集约型企业的动机，并削弱了冲销中国外汇干预的成本。

然而，随着为了应对2008—2009年全球金融危机影响的投入大量信贷刺激，中国金融面貌已经发生了令人瞩目的变化。信贷首次

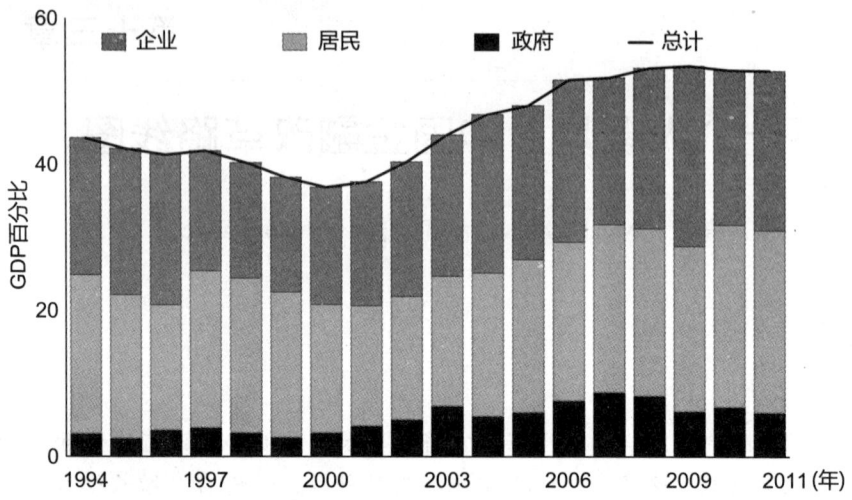

图 13.1　1994—2010 年的储蓄分布

数据来源：CEIC 数据有限公司和 IMF 工作人员的评估结果。

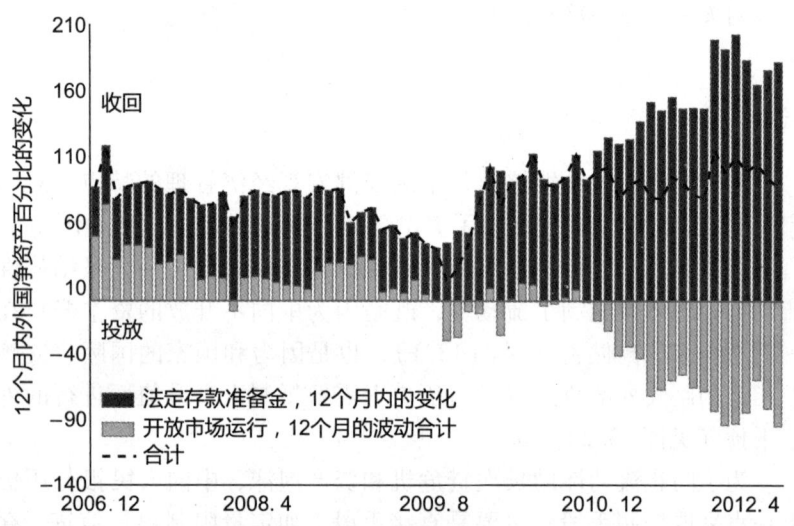

图 13.2　中国人民银行的外汇冲销

数据来源：CEIC 数据有限公司和 IMF 工作人员的评估结果。

不受银行约束，这给银行的资产负债表施加了压力，也造成了房地产价格的急剧增长。自从危机发生后，越来越多的信贷通过非银行中介机构进行，这些机构在当前体系下很难控制和管理。在缺乏改革的情况下，宏观经济和金融稳定的风险将持续增加。

这意味着什么呢？因为中国是世界第二大经济体，所以中国的安全、稳定、管理良好和有效的金融中介系统符合所有人的最大利益。

此外，若没有现代化的金融体系有效地调节储蓄和分配资本，那么维持中国的发展将变得不可能。金融改革需要实现很多"十二五"规划中的主要内容，包括：（1）通过提高储蓄回报提高居民收入；（2）通过稳健管理居民信贷以及平稳消费和规避风险的手段提高消费；（3）通过更好地进入金融服务（包括农村地区）缩小收入差距；（4）通过更合适的资本价格和向劳动密集型生产方式的转变增加就业（见图13.3）；以及（5）通过再分配市场资源和为中小型企业和新兴企业（包括服务业）创造更多资金而支持新兴产业的发展。

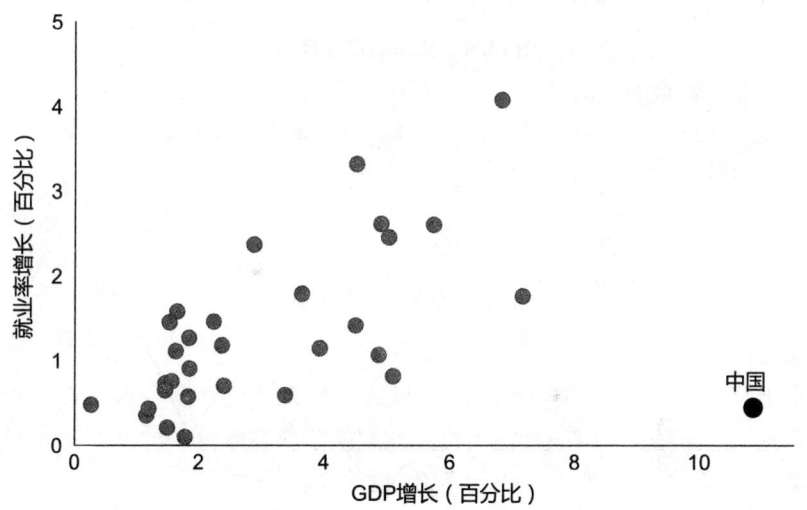

图13.3　2004—2010年工业国家和新兴市场平均就业率增长
数据来源：IMF（2011）。

值得注意的是，无论如何，中国发展使得政府直接影响信贷的分配和定价的当前体系不再适用。当然，该管理方法考虑到了中国致力于改革后而发生的强劲增长，某种程度上是因为高增长潜力行业更容易确定。但是，此系统不是很完美，形成了以产能过剩形式出现的重大下行风险、资本密集的生产手段（见图13.4）、资产泡沫趋势（见图13.5）和对公共基金支持的银行进行周期性资本重组的需求。随着中国经济规模和复杂性的增长，政府直接控制信贷的能力逐渐缩小，资源错配的成本逐渐增加。

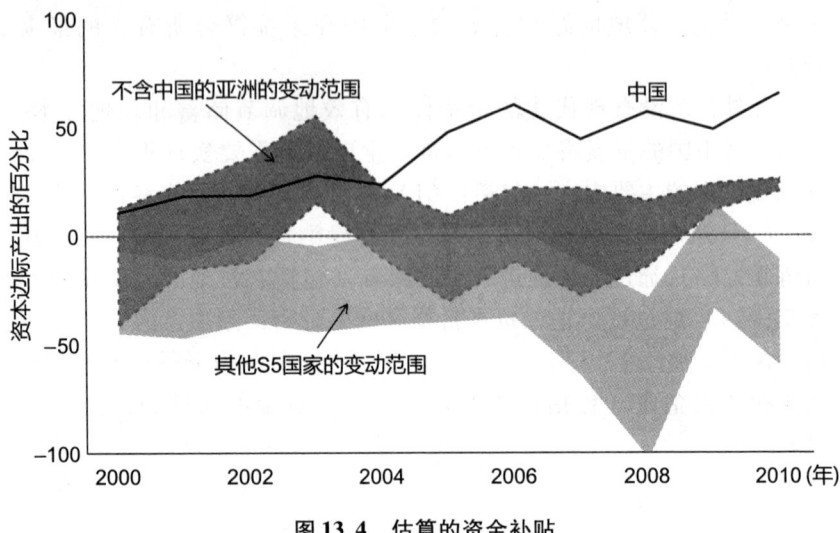

图 13.4 估算的资金补贴

数据来源：IMF（2011）。

注：不含中国的亚洲 = 印度尼西亚、韩国、新加坡和中国台湾省。其他 S5 = 欧元区、日本、英国和美国。

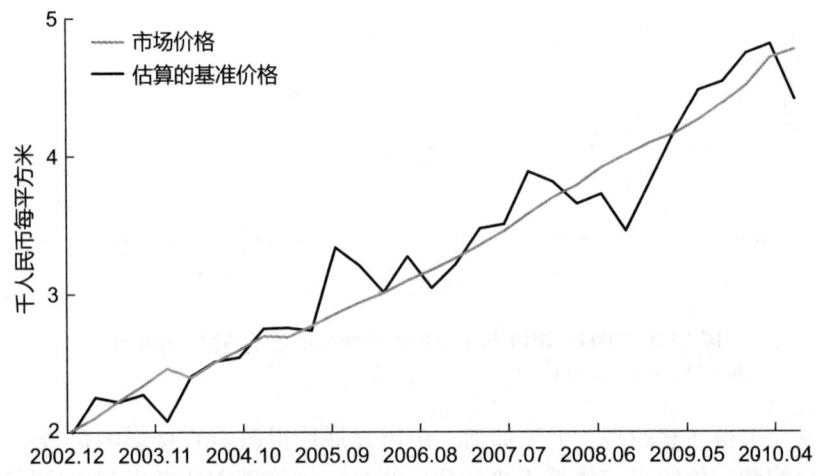

图 13.5 中国：2002—2009 年住宅价格

数据来源：IMF（2010）。

本章的其他部分结构如下：接下来两部分分别通过突显改革的潜在效益和不采取行动的风险展示中国金融改革的情况。后一部分分析了一些二十国集团成员的经验，强调了对改革的组成和顺序的经验性识别，这有助于确保获得金融自由化的所有收益以及最小化成本。将这些经验应用到中国的特殊环境下，倒数第二部分研究了中国可能会在中期应用的金融改革的大概路线图。

改革的益处

中国能从金融改革中得到什么？第一，成功执行的金融改革方案将使中国经济平稳地适应金融中介不断发展的全世界演变以及将从不同的金融市场和工具中得到的益处最大化。为银行建立可靠竞争（企业债券市场、更多更深层次流动性市场、共同基金、交易所交易基金、衍生工具以及其他金融产品）将为金融体系整体带来激励，以使其用更有效和更富成效的方式运作。资本将更有效地分配，当前难以获得银行贷款的企业特别是小型企业将有获得运营资金的选择权[①]。

第二，随着强健的监管结构横跨金融中介的所有形式并保证了管理者间的无缝协调，精心设计的改革将有助于保证金融体系继续以稳健的形式发展，不用承担过多风险，这将降低未来金融波动和瓦解的可能性。

第三，广泛性可选择的投资工具将增加储蓄收益[②]，使居民和企业储蓄者拥有更多样化的资产组合，并缓解当前显然因持有房屋以作为价值储藏首选而产生的紧张局势（见图13.6）。

第四，金融改革将促进中国向更加现代化的宏观调控手段发展，该手段能调整市场清算价格以决定信贷的可获性和成本，而不是靠政府管理贷款的价格和数量。此发展将加强货币传递机制并使得中央银行获得更多进行政策调整以改善经济状况的能力（Feyzioglu，Porter和Takats，2009）。

这些益处已为中国决策者所熟知，并且是"十二五"规划中的亮点，其中包括了不断进行中国金融体系改革的明确承诺以及领导层宣布的最新政策取向。

不改革的风险

若中国不实施改革，那么会有什么问题呢？中国长期以来的特

---

① 见本书第三章和Feyzioglu（2009）。
② 见第五章。

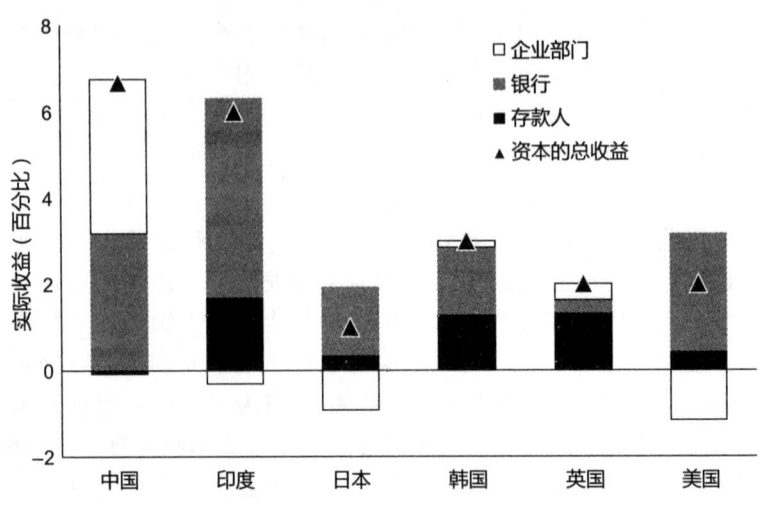

图 13.6　银行中介资本的收益分布

数据来源：本书第三章。

点是拥有一个深层次的金融体系，但该体系主要依靠银行调节庞大的居民和企业存款。但是，该银行主导型结构目前正在变化。自全球金融危机起，中国经历了金融创新的快速发展、中间储蓄新途径的发展以及银行资源转移到信托、财富管理产品和企业债券等其他金融中介（见图 13.7）。

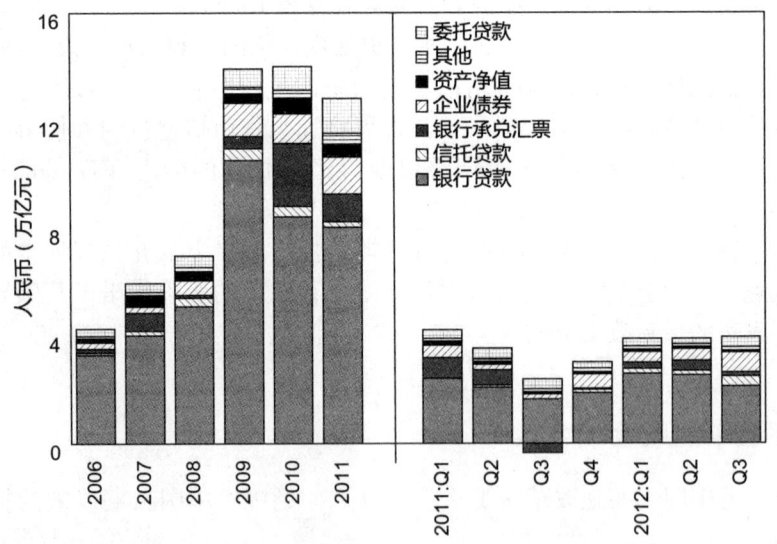

图 13.7　社会融资（中国信贷的广泛手段）

数据来源：CEIC 数据有限公司和 IMF 工作人员的评估结果。

金融市场和工具的多样化和发展一般都是有益的（见图13.8）。这促进了中国资本分配的更有效的手段，为先前不能获得银行贷款的企业开放了融资机会，并提高了居民从储蓄中得到的报酬水平。

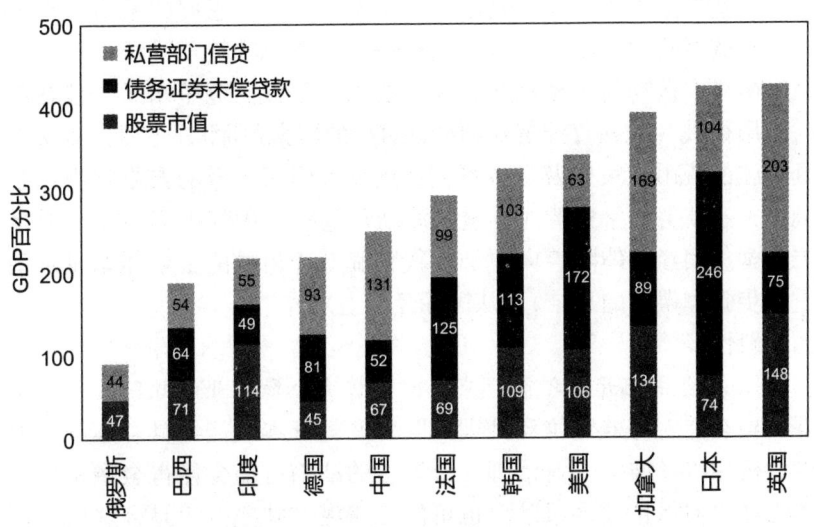

图 13.8　2010 年信贷中介

数据来源：CEIC 数据有限公司和 IMF 工作人员的评估结果。

但是，这些改变也给金融和宏观经济的稳定性形成风险这些改变也给金融和宏观经济的稳定性带来了风险。非银行中介系统的管理比银行的更加薄弱和不完善。需要注意的是，要确保银行足够健全来抵挡发展非银行系统所隐含的持续性资源损失。中国已经出现了小银行的流动性压力不断增长的迹象。此外，宏观调控的底层系统需要随着时间逐步发展。特别是，当下的利率管理扭曲了存款定价，并造成了资源从银行中转移到收益率不受控制的机构。当你可以选择一系列更赚钱的理财产品时，为什么反而要把钱放到利率低于通货膨胀率的银行存款中呢？此外，国际经验证明，运用行政手段限制银行贷款数量作为实施宏观调控手段的效果可能越来越不明显，这是因为金融改革站稳了脚跟以及越来越多非银行中介的出现。

因此，金融改革对维持中国决策者有效引导宏观经济、确保非银行渠道收益安全稳健的发展和防止银行系统被存款和资金损失逐渐破坏的能力来说是必不可少的。

取其精华而避其缺陷：国际经验的教训

一些二十国集团成员已经进行了金融改革，它们的经历提供了很重要的经验教训。在中国，改革前的金融业的特点是严重偏向于银行中介、按功能严格划分的金融机构、较低的竞争水平、公共部门作用很大（包括直接贷款和金融机构的国家担保）、主要以直接工具实施的货币政策以及资本控制。此外，国家的金融自由化受到了挑战，改革努力常常造成了金融波动和危机（见附件13A中对其他二十国集团经济体随着向更加现代化和基于市场的金融体系发展的重要步骤和误区的总结）。从国际经验上来看，以下是一些比较突出的一般性经验：

1. 在自由化开始之前，应找出并解决金融行业的缺陷，包括确保机构有能力充分定价和处理风险、调整资本或重组具有系统重要性的机构以及增强企业治理。未解决的缺陷可能会使得金融机构为了提高收益承担过多风险，也可能掩盖潜在缺陷。于是，这些缺陷将随着金融改革的开始而不断发展，并可能以具有系统重要性的机构出现失灵而告终。

2. 宏观经济政策框架早期应该向基于市场的货币政策发展，同时也应该基于间接工具，增加汇率弹性。在金融改革开始之前，货币当局需要有供其使用的充足宏观调控手段来防止贷款的意外波动或者巨额资本流入。

3. 政府对金融机构隐含的担保应在自由化早期明确地取消。应该以存款保险这种显性方案替代全面的担保支持。对银行进行硬性预算约束是确保银行系统更加商业性导向、能对风险进行正确定价并有效配置信贷的重要的前提。随着对银行活动限制的放松和新兴市场的开放，硬性限制也有助于缓和道德风险、防止银行承担不合理风险。

4. 在开始主要改革之前，金融、法律和会计框架应该改进，特别是管理和监督框架。主要前提包括：（1）对有责任的代理机构明确目的和授权；（2）监管独立性和恰当的问责制；（3）充足的资源（工作人员和资金）；（4）有效的执行和分辨力。

5. 管理和监督的范围需要足够宽，同时能进行很好的调整，以防止监管套利，并识别新出现的缺陷性问题。事实上，所有后自由化的危机都源自不充分的监督或管理未与金融状况的改变同步。在金融活动限制条件未完全放松和新兴市场发展成功之前,所有具有潜在系统重要性的金融机构,包括非银行金融机构,都需要在此范围内。应该允许管理和监督框架限制银行所有权的集中度,并要求明确识别受益人(减轻关系型借贷的风险)。非银行金融机构尤其应该密切监管;应该禁止这些机构办理存款业务。

6. 深化金融和资本市场的措施应该与银行系统改革同时发展。金融市场的发展对改善资本配置和创造竞争力来说很重要。但是,不平衡的改革步骤会逐渐破坏银行的存款基础或毁坏企业客户储备而显著影响银行的资产负债表。反过来,存款和客户的损失能增加银行的风险。

7. 金融改革的很多重要目标(包括竞争力、效率以及风险管理的加强)依赖于由市场决定的存款和贷款利率。利率自由化促进了基于市场的货币政策框架的发展,该框架是以非直接工具为基础的,并拥有有效的传导机制。利率自由化为宏观调控提供了更大的范围,以减轻随着改革而来的不稳定性风险。提高竞争力、配置效率和更强的风险管理等其他目标都依赖于允许价格(利率)提供正确的基于市场的信号。

8. 成功的利率自由化有几大前提,包括稳定的宏观经济环境、吸收过剩流动性、自由化前利率结构未处于严重不均衡状态、活跃完善的货币市场以及健全的支付系统。有力的监督政策和手段以及灵活的货币政策框架也是必需的。特别是,货币政策需要防范随着利率限制的消除而产生的信贷超额供给。在自由化的成功案例中(比如澳大利亚、比利时和加拿大),信贷扩张是用审慎的流动性遏制来控制的,并且是按实际利率增长(见图13.9和图13.10)。相反,阿根廷、智利和墨西哥等其他国家在自由化时对货币流通量失去控制,对经济投入了大量信贷和货币刺激,最终以资产泡沫和银行危机告终。

9. 向国际证券投资流动开放只应该发生在大部分金融行业改革已经完成之后。当下的全球资本流动范围和世界金融市场复杂性和互联性的不断增强给在国内金融市场的扭曲和失调未解决之前就向国际资本流动开放的经济体带来了巨大风险。资本账户自由化早期可以向直接投资等稳定的长期资金数据来源开放。但是,完全自由化(包括短期证券投资流入)只应该在大部分金融行业改革稳定下来之后落实到位。

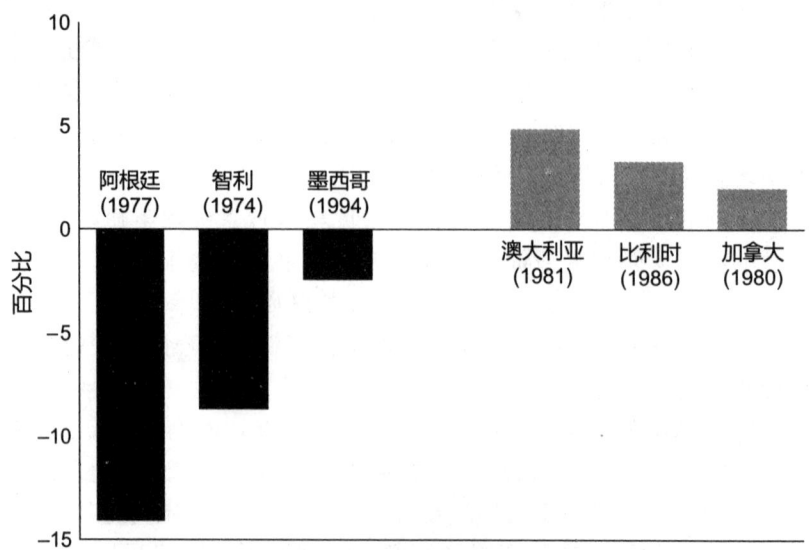

图 13.9　紧随利率自由化的实际利率（三年平均数）
数据来源：CEIC 数据有限公司和 IMF 工作人员的评估结果。

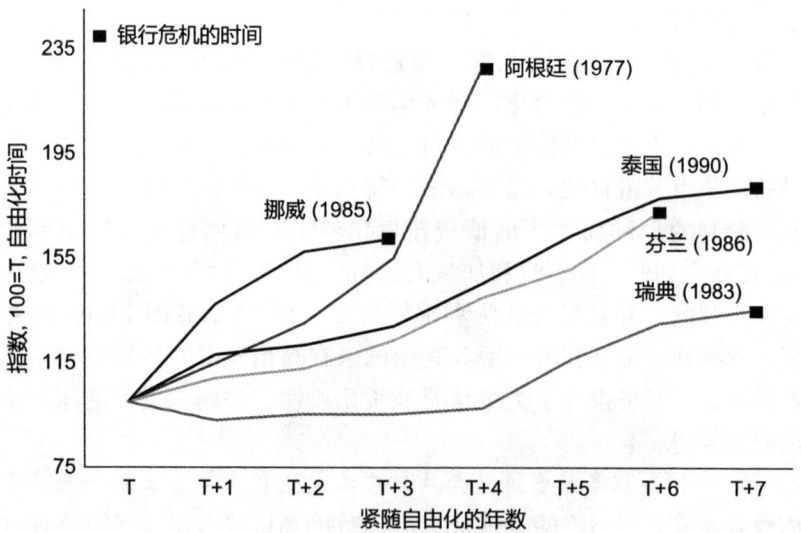

图 13.10　紧随利率自由化的私人信贷增长
数据来源：CEIC 数据有限公司和 IMF 工作人员的评估结果。

设计中国路线图

当然没有一种"万全之策"能够让金融行业自由化按部就班地进行,特别是在像中国这样复杂的经济体中。在很多案例中,合适的改革步伐和顺序将涉及多种权衡,当金融体系在实施改革的过程中以不可预知的方式发展时,必须以动态的方式加以辨别。正如很多相关国家的现状所表明的,金融改革是一项复杂的多年事业。但是,如果从现在开始行动,则有望在三到五年内大部分完成这一过程。改革的大概路线图应该包括采用全新的货币政策框架;提高实际利率;加强和扩大金融体系的监管范围,落实包含危机管理在内的全套工具;发展金融市场和其他中介;解除利率控制以及最终开放资本账户(见表13.1)。

表 13.1　　　　　　　中国:金融改革路线图

建议	实施注意事项	顺序		
		阶段 I	阶段 II	阶段 III
深化商业化和金融体系市场导向				
吸纳流动性	转向资本的"真正的"市场出清以及防止改革期间从借贷到信贷快速增长的过剩流动性			
实施公开市场操作,按市场决定的价格出售中国人民银行的票据		⟶		
稳定提高存贷款利率		⟶		
改革货币控制工具	扩展宏观调控的范围以规避改革过程的不稳定性风险以及为市场在设定利率和决定信贷增长步伐上发挥重大作用铺平道路			
更大的汇率弹性		⟶		
更多地依赖间接工具,在缩小银行间利率空间的同时,集中于市场利率		⟶		

续表

建议	实施注意事项	顺序 阶段Ⅰ	阶段Ⅱ	阶段Ⅲ
采用储备平均化来减少利率波动性		→		
按市场决定的利率来对准备金给予回报		→		
确保公开市场操作基于市场的方式实施，同时确保其数由和既定利率目标相关的市场出清平衡决定			→	
逐步结束政府对信贷的增长、配置和定价直接控制			→	
使货币框架远离货币流通量总体增长目标，转向更专门化的政策目标 政策目标（如通货膨胀和活动）	需要构建框架的设计和实现的技术能力		→	
利率自由化（为与其他建议并行解释）	为提高信贷配置效率，同时为提高银行部分竞争和风险管理铺路以及为定价其他金融产品和服务提供基准			
提高（最终消除）存款利率上限	能从存款利率解除限制开始来最小化市场份额的过度竞争和利率利润的破坏性切除。以长期存款为开始，之后扩大到活期存款 前提： 加强银行风险管理。 加强监督以确保银行不会过度压缩利润而因此破坏营利能力和资本基础。 确保货币政策足够灵活（通过流动性吸纳和宏观审慎限制应用）来防止信贷增长的突发性风险			→

续表

建议	实施注意事项	顺序 阶段Ⅰ	阶段Ⅱ	阶段Ⅲ
发展现代化金融结构				
为促进商业导向的银行和其他金融机构创造环境	完善信贷分配,加强货币政策的传播			
加强小型银行和使大型国有银行商业化。		⟶		
改变国有银行的治理结构以使地方银行与地方政府脱钩		⟶		
确保银行系统的自由进入和公平竞争的环境,包括外资银行		⟶		
促进金融市场的发展	发展非银行中介。前提:加强消费者保护、提高市场和金融机构数据的有效性和可靠性			
企业债券市场	主要问题:消除市场细分、简化利率制定过程、利率主要由市场决定		⟶	
股票市场	主要问题:提高流动性、使所有股份可交易、允许更多国内和国外企业在中国和国际市场上市、拓宽股票持有人基础		⟶	
货币市场及衍生产品	主要问题:使非银行金融机构有权进入银行间衍生产品市场,以此提高零售套期保值市场的竞争力		⟶	
共同基金和更广的机构投资者基础			⟶	
扩大商业上可利用的保险产品的范围,包括人寿保险、健康保险、养老金和私人退休金计划			⟶	

续表

建议	实施注意事项	顺序 阶段Ⅰ	阶段Ⅱ	阶段Ⅲ
扩大金融产品的使用和实用性,包括借贷和存款产品	前提:定价低于市场制定的人民币收益曲线基准	→		
考虑证券化和其他"信任"产品。	前提:受制于严格的监管和透明度			
加强监督、管理和危机管理框架	前提:确保风险随着改革推进而被控制	→		
与全球金融体系一体化				
自由化外部账户				
放宽资本外流限制。	为中国投资提供更广泛的国际资产		→	
现存控制从基于数量转变为基于价格管理			→	
扩大合格境内机构投资者范围,随之全面消除限制			→	
采取进一步措施使人民币国际化	响应市场需求		→	
外资流入自由化			→	
逐渐扩大合格境外机构投资者计划直到不再绑定配额	对国外直接投资开放,接着是长期固定收益产品。进入二级市场之前开放流入进入流动性强的一级市场。在外汇流入前允许人民币流入。最后阶段,为股票和短期债务扩大二级市场		→	
提高国外和跨国竞争力				
消除税收和监管壁垒以让境外金融机构参与国内市场,让境内机构走出去	前提:服从适当监管和风险管理		→	

数据来源:IMF 工作人员的评估结果。

货币政策新框架

金融改革应该包括对当前框架的审视,以摒弃当前体系对控制存款利率、汇率、信贷额的依赖,转向由中央银行对增长、通货膨胀和金融稳定性实行目标明确的管理。此外,中国人民银行应该拥有灵活性和对宏观审慎和货币工具的掌控权,以实现改革目标,这些是必须的。

作为第一步,金融体系现存的高水平流动性需要被吸收。但是,由于缺乏可靠的价格信号以及缺乏完全由市场决定的利率、存在对信贷的直接控制、中央银行发行的票据的价格和数量都由行政决定,导致难以获得体系内流动性的"真实"水平,判断流动性吸纳程度将会变得复杂。然而,作为第一步,公开市场操作应该按市场决定的利率发行中央银行票据,同时将存贷款利率结构转到中立的实际利率上来,以此吸纳流动性。

同时,要减少大规模外币干预,使得货币市场更加平衡,真正实现收支的双向流动和利率的双向流动,以此持续注入流动性(见图13.11)。这将减少冲销外币流入和管理货币带来的对货币工具的需求(包括法定存款准备金和公开市场操作)。与之相对,政策将会集中于国内,基于市场行为,采取反周期的方法。

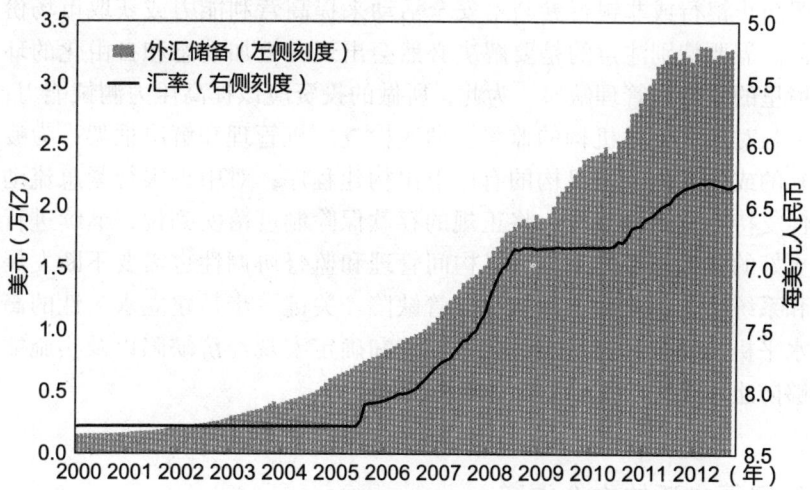

图13.11 中国:汇率和外汇储备

数据来源:CEIC 数据有限公司和 IMF 工作人员的评估结果。

随着流动性吸纳和利率清算资本市场，中央银行将接着转向使用间接货币工具来进行宏观调控。中央银行可以开始使用短期利率（比如七天回购利率）作为货币政策的有效操作目标，并可以逐步停止对信贷的增长、配置和定价的直接控制。中国人民银行将能够通过公开市场操作有效影响短期利率，并能够实施每日公开市场操作，在政策利率的既定水平上实现市场出清。引入平均储备是为了减少利率波动性，按市场决定的利率对法定存款准备金给予回报。

因为金融改革和发展使得货币需求不稳定，所以目标的广义货币供应量将不再是可行的议题，因此需要实施货币政策的新型框架。特别是，中国人民银行可以转向通过利率和宏观审慎手段联合实现增长、通货膨胀和金融稳定性目标的货币政策体制。

改善管理和监督

随着体系的变化，政府需要灵活适应由提高银行系统的商业导向、强化危机管理能力和加强监督力度以确定和管理宏观经济缺陷引起的环境变化。

为了实现管理和监督体制的进一步发展，需要确保其具有足够适应性和能动性，对流动性紧缩、间接的货币控制和最终实现利率自由化的新环境做出反应。在更自由化的环境里，严格的监督将需要防止银行或非银行参与不安全活动来提高营利能力或获取市场份额。需要特别注意的是要解决必然会出现在更加动态和自由化的环境里的监督和管理缺口。为此，所做的投资应该提高压力测试能力；加强对最大金融机构的监管；彻底检查危机管理和解决框架；为疲软的或失败的金融机构的有序退出构建程序；对中央银行紧急流动性支持制定明确规定；将正规的存款保险制度落实到位；继续进行更好的数据质量的采集。机构间管理和监督协调性也需要不断发展和系统化，同时确定和解决监管缺陷。关键一步是建立永久性的高水平机构间金融稳定委员会来监控和确定宏观经济缺陷以及实施能够防止体系风险加强的宏观审慎框架。

发展更广泛的中介渠道

加强非银行金融中介将是金融改革的一个很重要的目标。非银行机构将与银行系统竞争，提供给企业计划性融资之外的替代途径以及为居民提供更广泛的金融与投资可能性。但是，非银行中介的扩大需要与基于银行的中介改革同时发展。非银行机构的发展失败可能诱使资源更快地从银行中转出（到债券、股票、信托、租赁和财富管理产品），随之带来监管难题，使得银行系统可能出现失衡。

焦点应该是解决非银行市场和非银行工具发展的障碍，但要与新机构的监管和责任相对应的透明度一致。需要优先处理的事项包括减少市场划分、增加流动性以及简化股票和债券市场的监管要求。此外，这些努力应有广泛的机构投资者基础——包括退休金、保险和共同基金企业。

在发展更广泛的投资产品同时加强管理和监督将有助于管理金融稳定性风险。此外，需要建立关于信息披露和消费者保护的综合框架，确保投资者在资产多元化时十分清楚其所承担的风险。出于谨慎的原因，在使用证券化和信托产品等更复杂的工具前应优先考虑简单直接的工具，从中获得使用金融工具的经验。

贷款和存款利率自由化

随着强健的货币框架得以落实，利率上升到资本市场出清水平，中央银行下一步将放弃对存贷款利率的管制（见图13.12）。优先战略是逐步提高存款利率上限，允许银行在竞争基础上决定利率。竞争性将促进资金成本的提高以及贷款利率的相应提高。将在各阶段内根据存款期限而提高上限，为银行调整留出时间。

随着利率自由化，金融机构应该负责管理自身风险。特别是，监督者认为资本完善和管理完善的受管制企业将获得自行裁量权，负责按照监管框架谨慎运营。同样地，有充分的消费者保护、披露和金融知识作为补充，金融产品的消费者可以对自身的金融决定承担大部分责任。

随着此转变的发生，有必要确保其不会转化成对货币和信贷条件的非计划性放宽。由于不断发展的金融改革和自由化，预测货币增长的合适步伐会更加困难，这使得了解何时控制货币和信贷条件变得更复杂。然而，需要认真且积极地利用货币政策，以抵制利率自由化对流动性、信贷增长和货币条件的潜在不可预知影响。

随着利率越来越由市场决定，需要仔细管理这一过程（通过货

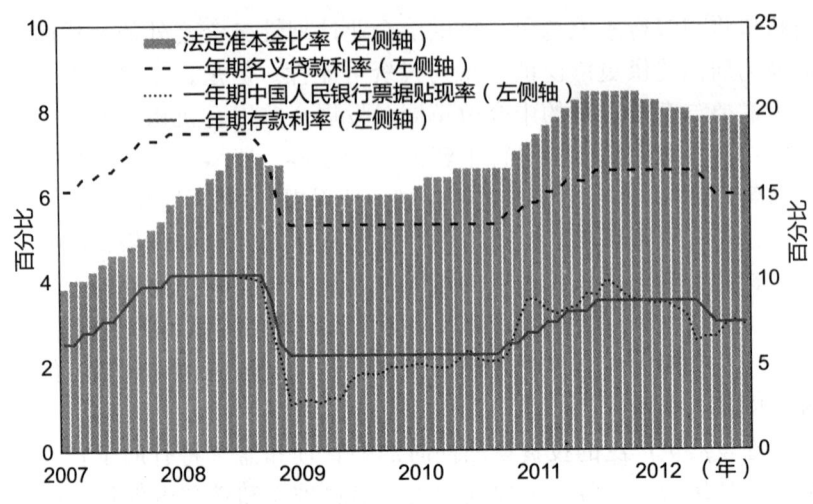

图13.12 中国：2007—2012年短期利率

数据来源：IMF工作人员的评估结果。

注：PBC = 中国人民银行。

币政策工具来适应流动性条件和宏观审慎要求）来抵制信贷增长的任何波动。特别需要注意的是确保信贷既不会急速扩张，也不会扩大到特定行业（比如房地产和消费信贷）。随着解除利率管制，必须用管理和监督工具确保银行不会过度竞争或者利用不安全活动来吸引存款、扩大贷款或压缩利润以获取市场份额。

贷款和存款利率自由化的规定将为银行更好地对风险进行管理和定价创造动机，也将使市场利率更能代表真实的金融条件。同时，市场决定的利率体系将为宏观经济政策制定提供有价值的价格信号，也将加强货币政策传递机制。

开放资本账户

随着扭曲的减少、信贷和利率逐渐接近市场出清水平，国内金融体系越来越基于市场，中国由此可以继续解除对资本流入的大范围控制体系。

资本账户自由化早期应该集中于解除对较稳定的长期资金的限制，比如直接投资流入（已经在进行中）。随着改革进程的发展（市场决定利率、强健的货币政策和合适的监管框架、灵活的货币、谨慎的银行运营和国内金融体系自由化），将逐步放宽对短期流入的限制。由于限制的放宽，可以有效利用当下的合格境外机构投资者和合格境内机构投资者系统在各阶段对不同形式的投资以不同的步伐开放账户。

结论

中国金融改革的动机十分明确。在全球危机之前，中国就已经以坚定的轨迹向能解决成熟和复杂经济体问题的更加现代化的金融体系发展。然而，当全世界金融体系遭受重创时，中国政策制定者自然而然地暂停了。但是在中期，中国需要重拾改革的步伐。

因此，令人鼓舞的是"十二五"规划和新任中国领导层对金融改革的突出作用的强调。事实上，上面所安排的路线图可以在三到五年内完成。完美执行的金融自由化将是中国所需的下一个改革大潮。它将和20世纪90年代国有企业改革一样影响深远，为中国接下来几十年持续的强劲增长奠定基础。

本章概述了包含关键要素和必须的改革努力的大概路线图。在这一领域继续推迟改革将增加风险，金融体系将以不协调和混乱的形式发展，超出政府监管能力、出现监管缺陷。

金融系统的发展也许并没有按照事先拟定的谨慎、协调的时间表来进行，而是以由市场非中介化和创新的加速来自发推进，这种可能性非常高。此轨迹既不符合中国利益，也不符合世界其他各国的利益。

附件13A. 金融改革：从其他国家经历中吸取教训

初始条件	顺序	结果	危机途径
	印度尼西亚（1982—1996年）		
金融行业改革是经济多样化和扩大私营企业作用的广泛努力的一部分。	第一阶段（1982—1986年）：引进间接货币政策工具，利率自由化，并取消信贷上限。	在改革早期，实际利率波动高于市场出清水平，而且效率更高的私人银行开始占有市场份额。	随着资本账户变得更加开放，金融体系的国内失衡连同汇率受到严格管控使得投机性资本输入增加。国内银行业大量离岸外币以资助当地货币贷款的快速增长，为阻止进行此类交易所采取的管控措施力度太小、时间过迟。
金融行业以五大国有银行为主导，政府主导型贷款比较普遍，利率受到管控（特别是短期存款负利率），以及银行贷款增长受到管理上限限制。	第二阶段（1987—1992年）：放松对银行活动的限制，减少主导型贷款，并且外国银行的运营范围更广。银行业的储备要求平等一致，取消对国有银行业优惠待遇的资源，加强严格监督和管理。资本账户自由化开始于1989年，开始稳步放松对证券投资组合与银行资本输入的控制。	宏观经济政策仍然严格，特别是稳步加紧财政政策。不过，在1987－1992年改革的第二阶段中也开始暴露出缺陷，但是这些风险的多数原因尚未查明。在很大程度上，这些风险源于薄弱的运营管理、管理和监督不到位以及鼓励大量投机性资本输入的宏观经济政策组合。	随着亚洲金融危机在1997年爆发，暴露出印度尼西亚金融行业的缺陷——包括货币和期限错配，对企业和银行的资产负债表施加压力，以全面系统性的银行危机而告终。

续表

初始条件	顺序	结果	危机途径
在资本账户中，虽然已经基本实现流量输出自由化，但是流量输入仍受到严格管控。		尽管竞争日渐增强，银行所有权仍然高度集中，并且很多附属于强大政治集团的私人银行可以通过自身的影响力避开相关贷款的管理限制。	
		大部分地区的金融公司（和其最大的借款公司）均被认为具备隐性的共担保，这种认知经由成功实施不透明的救援而有所加强，缺少解决衰败机构的透明框架，银行没有处理下滑风险的透明的激励。金融机构在几年内有所增长，刺激了贷过剩对包括房地产行业在内相关非生产行业的过度贷款。	
日本（1975—1990年）			
在金融行业环境改革之前，由银行通过限制储户的选择，管控低利率和严格控制债券发行发挥主导作用。金融行业还具备银行作使职责对金融机构进行严格分类的特点。	在早期进行资本自由化。在1980年的《外汇管制法》，大大增加了借款公司筹集海外资金的机会。	自由化发展不平衡导致银行迅速失去许多最优导借款人，而储户在把资金存于银行之外仍然只有少数选择。结果，许多大型和中型企业减少对银行投资的依赖性，并增加通过债券和非银行金融机构作为大型投资人的股票市场所获得的资金。	在20世纪90年代早期，日本的房地产价格下跌和经济增长衰退，股票价格泡沫爆发，导致房地产价格、暴露出银行资产负债表的根本性缺陷。

续表

初始条件	顺序	结果	危机途径
自由裁量是金融管理的主要方法，同时还有致力于确保金融机构同步的，暗中抑制竞争的"保护管理"。虽然开始金融自由化，但是日本事实上拥有非常开放的资本账户。	自由化具有不对称性。在储户可以选择投资工具之前，借款公司可以获得更广泛的资助选择渠道。虽然有许多新型金融投资兴起，但是零售投资商只有有限的渠道。	在1980—1990年期间，银行债务占大型公开上市制造业公司的总资产的比例几乎下降了20个百分点（下降至低于15%）。但是，因为进入投资信托业的障碍仍然较高，同时禁止银行参与市场投资管理服务业务，所以居民储蓄继续上涨。维持企业客户和占市场份额会激励银行继续投资更多面向房地产市场和较小型企业。	经济增长减缓削减了小型企业的偿还能力，随着抵押品价值急速下降，房地产不良贷款急速上涨。股票价格下降缩减银行资本。银行体系又陷入尚未完全恢复的崩溃中。
	存款利率自由化进展缓慢并且慢于贷款利率的速度。事实上，存款利率直到1994年才完全由市场因素决定。	贷款政策开始受到抵押品价值（而不是偿还能力）的严重影响，并且在1980年期间，房地产贷款翻倍。多数银行贷款余额均发放给小型企业，伴有更高的信贷风险。	

韩国（1980—1996年）

初始条件	顺序	结果	危机途径
金融行业多为国有，并且用作宏观管理，受到高度管理，货币政策通过议程的分配工具、利率、信贷上限以及准备金要求来实行。	早期改革包含银行私有化和增强竞争的措施，尽管在私有化进程中演变的银行业带有大型工业企业集团中所有权。虽然非银行金融机构逐渐为工业集团所有和控制，但是其仍有所发展。	在1994年，国家银行外币贷款的上限取消，但是仍然保持对银行从国际市场所借中期和长期款项的限制。	在1994年到1997年期间，银行迅速建立其资产负债表巨大的期限错配，而且金融业通过工业集团的交叉支持和关系借贷的复杂网络开始向不具有经济生存能力的项目进行贷款。

续表

初始条件	顺序	结果	危机途径
政府会通过直接贷款和优惠贷款利率组合把资源引向受到优待的行业。资本账户开放程度上很封闭。	在发展货币和银行业拆放市场方面也取得进步，成为向更加间接货币政策转变的重要先驱，而且政府在某种程度上也会减少对贷款的直接引导。	结果，韩国银行开始以短期外币贷款资助国内长期外币贷款。	到1997年，银行和非银行机构发现难以对境外短期外币融资进行展期，导致官方储备耗尽和全面的收支平衡危机。
	贷款分类的管理标准、准备金提取、清算和大量缺口有所改善，但是监督仍然不完善。	与此同时，对相关海外支行和境外资金的外汇缺口的审慎监管存在巨大漏洞，这可以解释短期境外债务的主要形成。	
	在1989年，资本输入的限制开始减弱，很大程度上是因为金融机构可以从境外借款。		
墨西哥（1988—1993年）			
在20世纪80年代后期，为了抵制高通货膨胀和应对低增长，墨西哥进行了一系列的改革以在经济的多个方面增强市场的作用。	墨西哥追求快速的金融改革，在改革的同时广泛进行稳定宏观经济和资本账户自由化的工作。	银行资产负债表在私有化之前和之后均增长迅速，因为银行试图在新型自由化市场中获取更多份额。作为回应，官方早在1991年和1993年期间通过把最低资本充足率从6%提高至8%，加强贷款分类和管理规定；对外汇头寸施行更加严格的限制，开始加紧审慎监管。	在自由化之后，新型私有化的墨西哥金融机构开始通过更多的发展相关的直接交易的结构性票据来为运营融资。

续表

初始条件	顺序	结果	危机途径
银行体系多为国有并且跨行业分割，利率受到管控，监督普遍薄弱。	1989—1990年：引进彻底改革的爆炸性项目，包括减少对利率的控制；用流动比率代替非常高的储备要求；取消对私营企业贷款的限制；取消行业划分（这个措施允许了通用银行的兴起）。	不过，新的管理和监督框架存在严重缺陷并且隐藏着一系列与日俱增的漏洞，不仅仅是墨西哥清算系统的薄弱环节。银行需要分出贷款（或者利息支付）中到期而未偿还的无息比例。银行还可以在银行贷款的风险分类中作出重大决定，这也使得银行提高了资本充足率。	会计规则使得银行开放外汇头寸作为赔偿。愈加增大危机和金融危机，这也是系统中所隐藏的资产负债表的缺点的扩大影响。
	1991—1992年：十八家国有银行私有化。在银行被售出之前，政府提供政府无条件支持的存款保险。	此外，通用银行并不具备合并会计，难以从团体层面判断风险。国内银行可以避开用于预防货币错配的审慎监管，而利率的巨大差异和固定汇率为进行利差交易提供了强有力的激励。	

数据来源：IMF（1999）和IMF工作人员的研究结果。

参考文献

Feyzioglu, T., 2009, "Does Good Financial Performance Mean Good Financial Intermediation in China?" IMF Working Paper 09/170 (Washington: International Monetary Fund).

———, Nathan Porter, and Elod Takats, 2009, "Interest Rate Liberalization in China," IMF Working Paper 09/171 (Washington: International Monetary Fund).

International Monetary Fund, 1999, *Sequencing Financial Sector Reforms: Country Experiences and Issues*" ed. by B. Johnston and V. Sundararajan (Washington: International Monetary Fund).

———, 2010, "People's Republic of China: 2010 Article IV Consultation—Staff Report" IMF Country Report 10/238 (Washington).

———, 2011, "People's Republic of China: 2011 Article IV Consultation—Staff Report" IMF Country Report 11/192 (Washington).

第十四章

总结

马库斯·罗德劳尔（Markus Rodlauer）

本书前面的章节解析了中国向更具包容性的服务导向型和消费基础型增长转变的新一轮决定性改革，还以对许多领域的新型分析以及区域其他经济体经历的教训为基础，展示了将会确保这种转变的主要经济改革。正如分析结果所示，中国把经济从出口和国家主导投资转向个人消费具有多维度，诚然，这种转变已经在许多地区进行。例如，近些年第三产业的就业比例上升，并且GDP中居民消费比例从2010年开始些许上升。虽然如此，成功完成这一转变已经成为更加迫切的挑战，并且得到国家决策人的适当重视。那么，在未来岁月里需要完成哪些关键性改革？

金融行业改革

宏观目标是通过继续向更加面向商业的金融体系和以市场为基础的货币政策框架转变，以刺激稳健和包容的经济增长，促进内部调整和保护金融稳定性。因为这种转型需要长时间进行并在具体实践中吸取经验教训，所以在改革早期过程中重新转移焦点对确保改革和快速变化的金融环境同步至关重要。

相对于其他高增长经济体，中国的金融深化已经先行一步。虽然中国的GDP中的银行存款和信贷比例高于其他经济体，但是金融中介需要从面向规模较大的国有企业（SOEs）转向服务行业和动态的、规模较小的企业。换句话说，就是需要通过抑制对预计会对其负债进行主权担保的大型企业的预先贷款所带来的刺激，提高信贷分配的有效性。优先顺序如下：

- 利率和自由化。利率自由化已经取得显著进步，包括2012年中期引进的更大的灵活性和2013年中期取消贷款利率的上限。下一步就是可以进一步提升存款利率的上限，这将会减少当前银行存款以外的财富管理产品的监管套利。存款自由化可能在接下来的几年内通过进一步扩大上限灵活性而完成。

- 监督管理。优先加强对非银行和资产负债表以外中介的监督和管理以确保发现风险并找出原因，保证机构具有应对潜在损失的充足能力、市场运营透明、增长速度不会过快以导致系统性风险。随着金融改革进行和利率自由化，对银行的严密监控和有效监督，特别是较小的银行，对预防不稳定的竞争至关重要。
- 制度构建。引进存款保险和改善处置框架是以可预见的有序的方式处理薄弱或者破产金融机构的关键，也是对储户、借款方和中介提供正确激励的关键。资产抵押的非存款工具的损失需由投资方承担，这对提高风险意识和预防暗中担保投资的想法尤为重要。
- 货币政策框架。随着利率继续自由化和对信贷的定量限制或指导的依赖逐渐减少，中央银行将需要把利率用作货币政策的主要工具。这种转变将会要求改善流动性管理，包括尽快向储备平均值靠拢并且使得中央银行常备融资工具的使用更加简易，这可能会为达到目标利率创造渠道。
- 继续增强银行实力和银行的商业化。从1990年开始已经在这一方面取得重要进展，包括大型国有银行上市、资本结构调整和重要机构的商业化改革。继续沿着这条道路前进对确保经改革的银行能够在新型逐步市场导向型的环境里有序安全地竞争和发挥媒介作用至关重要。

改善融资配置，特别是配置在更有活力的私营部门；促进居民资本收入支持国内调整并阻止低产能项目的投资；推动例如资本账户自由化和国有企业部门的改革等其他方面的进步，这些改革将会创造极大的经济效益。在快速变化的金融环境中，为了遏制金融行业的风险，国有企业改革已经变得越来越紧迫，而且此举也有助于宏观经济的稳定。

其他方面的改革

为了达到调整的首要目标——促进居民消费并且控制行业间的过度投资和提升生产率——需要通过服务行业、社会保障、财政框架和生产要素价格的其他改革重塑居民和企业的激励结构。除了金融行业的改革以外，优先事项如下：

- **放宽服务行业管制**。劳动力市场机会的扩大和居民可支配收入的增加需要解除进入多个行业的壁垒，特别是通讯、银行和公共事业的服务业。鼓励新企业进入和提升可竞争性可以大幅增加人均收入。从这个层面看，居民户籍系统改革将会方便劳动力的流动，促进工作岗位和工作人员更加有效的匹配，为聚集高技能工作人员和高增加值工作提供更多灵活性——若中国将要继续提升价值链，这些举措都尤为重要。
- **社会保障**。促使居民降低预防性存款将需要多方面的进一步措施。多种国家、各地方、个人和公共养老金项目应当简化便捷，并且确保养老金计划覆盖到所有人群——城市、农村和流动人口。扩大健康医疗覆盖面和减少现款支付开支还将有助于减少预防性储蓄，特别是包含灾难和慢性疾病情况的更加综合的保障。
- **财政框架**。加强和重组地方政府财政可以减少地方政府对土地使用收益的依赖性、抑制过度投资趋势。增加地方政府收入来源和更好地分配下级政府的收支责任为关键。例如，中央和下级政府之间基于更广泛基础的财产税收和新型收益分配安排可以改善地方财政。非常高的社会贡献率严重影响了居民可支配收入，降低这一比率将会提高居民可支配收入的比例、引导居民进行更多消费。这一点可以通过收益中性的方式实现，例如降低能源税收、降低国有企业的股利支付，或者把资源从投资和大型国有企业转向较小和面向国内的公司。
- **生产要素价格改革**。生产要素相对较低的价格使得经济偏向资本密集型生产。允许投入成本接近于同等经济体的水平和更好地调整资本成本及其收益可以减少企业获得的额外租金，限制投资，并转而面向国内的行业。
- **汇率政策**。国际储备累积速度在2012年明显有所减缓。从目前开始，应当允许市场在汇率决定中逐步发挥重要作用，包括在中期继续减少干预。减少干预应允许实际有效汇率在中期继续升值，并且促进对面向国内企业的资源重新分配。

上述这些领域的改革将有助于加快中国向更具包容性、服务导向型和消费基础型增长的转变。反过来，中国更加平衡和高质量的增长将对全球持续增长作出突出贡献。